JN295367

観光地の
アメニティ

田村正紀【編著】
大津正和／島津望／橋元理恵【著】

何が
観光客を
引きつけるか

東京　白桃書房　神田

はじめに

　本書はマーケティング視点からの観光研究を目指している。研究の焦点は，日本国内での観光客の創造である。各観光地は観光客の誘致を目指して競争している。その競争で何が観光地の盛衰を分けるのか。観光客の視点から見た場合に，観光地の魅力とは何なのか。その内容がわかったとしても，それを業務活動として展開していく際，どのような課題を解決しなければならないのか。

　日本国内の観光地を巡る日本人と外国人による，近年の観光行動を踏まえて，これらの問題を実証的に解明し，観光マーケターにその行動指針を提供すること，これが本書の主要課題である。観光マーケターとは，企業，行政体及びその他の組織や，そこで観光振興業務を担当している人たちである。

　近年，観光についての社会的関心が強まっている。観光立国といった言葉はその象徴である。これに対応して，巷には観光学あるいは観光と銘打った書籍があふれている。しかし，その具体的内容は様々である。その中で本書はどのような特徴を持っているのだろうか。

　たしかに，観光は人間の社会生活の領域の1つとして，極めて多様な側面を含んでいる。まず，観光には多くの行為者がそれぞれの役割を通じて何らかのかかわりを持っている。観光客だけでなく，かれらを観光地まで運ぶ輸送業者がいる。観光地では，宿泊，飲食，買物，さらに観光地の歴史，文化，自然などを，観光客吸引の目玉，つまりアメニティとして演出している多くのマーケターがいる。また旅行代理店はこれらを全体としてコーディネートしようとしている。

　さらに，観光地の住民も観光客と多様なかたちでかかわりを持つことになる。ある場合には，観光はその関連ビジネスを通じて住民に生活の糧を

与える。しかし他の場合には，交通混雑，自然破壊などを通じて，居住者の生活環境の質を悪化させるかもしれない。観光は異質な役割を持つ人々の間に，極めて複雑な関係性ネットワークを創り出している。

　観光はまた場所間で新しい関係性を創り出す。観光地にとって観光客は「よそ者」である。観光は観光客の居住地と観光地を結び付ける。国際化につれ，観光客の居住地は国内だけでなく，外国にも広がっている。異なる文化を持つ観光客の到来は，観光地の地元文化にも影響することになる。広域観光圏では，観光は観光地間にも新しい関係性を創り出す。観光客を奪い合う競争関係から，協調の関係が生まれるかもしれない。また場所間での観光客流動が激しくなると，それらの間の交通システムも大きく変貌することになる。

　観光客の行動も極めて多面的である。行動の外的側面を見ても，観光客は都市，田舎，山野，川，海，リゾート地など，あらゆる場所を訪れる。そこでかれらは買物をし，グルメを楽しみ，テーマパーク，イベント会場，美術館，博物館，あるいは歴史的な名所旧跡，温泉などを訪れる。またスキー，ゴルフ，トレッキングなどをする。それらを通じて，観光客は新しい発見をしたり，遊んだり，リラックスしたり，時には非日常性の中で新しい自分に気づくようになる。

　観光が持つこのような多面性のために，既存の多くの専門分野が観光研究にかかわりを持つようになった。とくにわが国の場合で見ると，今まで観光研究を主導してきたのは，社会学，文化人類学，経済学，サービス・ビジネス論，交通論，都市学，環境学などである。観光学部，観光学科などの制度的整備が進むにつれて，観光学なるものが提唱され，その種の表題を持つ書籍が出版され始めているが，そのほとんどは観光学の仮面をかぶった社会学，文化人類学，経済学，サービス・ビジネス論，交通論，都市学，環境学にすぎない。独自の問題，コンセプト，そして方法論を持ち，他の研究分野から独立した知の体系としての観光学なるものは，観光研究がはるかに進んでいる欧米でもいまだ確立されていない。

　観光研究は，その問題の捉え方，使用コンセプト，そして方法論に関し

て，そのベースになっている専門分野の影響を色濃く受けている。こうして，背景になっている専門分野により多様な観光学が出回ることになる。関連諸学の統合によって新しい知の体系としての観光学ができるのか，あるいは観光は種々な専門分野からアプローチできる1つの研究領域に過ぎないのか。これらは関連分野からの観光研究が出そろった暁(あかつき)に考えるべき課題であろう。

このような現状から見ると，観光に密接に関連しているにもかかわらず，いまだ本格的研究が出ていないのはマーケティングからの観光研究である。実務書はかなり出ているが，観光客創造の観点から観光市場の現状と将来を検証し，観光マーケターが取り組むべき課題とその解決指針を解明しようとする研究は存在しない。

本書の狙いは，この間隙を埋め，マーケティング視点に立つと，観光問題はどのように捉えられ，解明されるのかを示そうとしている。マーケティング視点の重要な特質は，景観，自然，文化，歴史など，観光地魅力の各側面を絶対視しないところにある。他の諸学からの観光研究では，これらの側面の価値を絶対視して，観光地振興にとって価値あるものかどうかを問わない。これに対してマーケティング視点では，観光客（消費者）のまなざしにてらして，これらの価値を相対評価し，順序づけるのである。

このため，本書は観光地アメニティをキー・コンセプトとしている。それは観光客吸引の決め手になっているような観光地それ自体の魅力である。各章はこのキー・コンセプトに基づき，種々な角度から日本の国内観光におけるマーケティング問題を取り上げている。

Ⅰでは，全国市場の中で観光地の観光客シェア格差がアメニティ格差によって生み出されていることを指摘し，アメニティの実体は何かを検証している。Ⅱでは観光客が求めるアメニティ内容の変化の兆しを消費者意向の中で探っている。Ⅲでは，期待アメニティの観点から，近年に急速に増加している観光外客の行動を検証している。

観光客を吸引できるアメニティの内容が観光客行動の検証から明らかになっても，それを業務活動として展開できるかどうかは別問題である。業

務展開に際してとくに重要な課題は，観光商品を支える事業ネットワークの構築である。観光客が楽しめる舞台としての観光地は，このような事業ネットワークによって支えられている。観光客の要求するアメニティが変化すれば，それに対応するには事業ネットワークの再編が不可欠になる。Ⅳではこの問題を事例研究により検討している。

観光ビジネスはサービス・ビジネスでもある。顧客が現れなければ，多くの遊休キャパシティが発生する。しかし，多くの観光地が観光需要の大きい時季変動に悩んでいる。需要平滑化は多くの観光地にとって永遠の課題である。Ⅴでは，この課題を解決するためのアメニティ開発の方向性が比較事例分析によって解明されている。

最後のⅥは，マーケティング視点による以上の諸章での研究を，日本における観光研究上に位置付けるプラットホームを提供している。マーケティング視点から取り上げられる問題，コンセプト，方法論などが，他の専門分野をベースとする観光研究ではどのように取り上げられているかを中心に，日本における観光研究の展望を行っている。観光研究の初学者であれば，この章から読み始めてもよいだろう。

これらの諸章は，ⅠからⅢ（田村正紀），Ⅳ（島津望），Ⅴ（橋元理恵），Ⅵ（大津正和）で分担執筆した。未定稿原稿ができるごとに相互に原稿を交換し，議論し修正しながら最終的なかたちにまとめ上げていった。この意味で本書は共著者一同の共同産物である。（株）日本統計センターには，観光データベースの整備に関してご協力をいただいた。最後に，出版事情が厳しいにもかかわらず，本書の出版を快く引き受け，編集の労をおとりいただいた白桃書房社長，大矢栄一郎氏に御礼を申し上げておきたい。

2012年4月15日

田村　正紀

◆ 目次

はじめに ……ⅰ

Ⅰ アメニティが決める観光地の魅力　　1

1. 観光地，観光客，そして観光地魅力……2
▶観光地は種々な集計水準で捉えることができる……3
▶観光客とはだれか……5
▶観光地の魅力を決める2つの要因……8

2. 観光客の地域集中……11
▶観光客は特定地域に集中する……11
▶観光地の階層体系……14

3. 観光地階層を生み出すものは何か……17
▶観光客の吸引要因は何か……17
▶観光地の魅力とは何かを探る……18
▶アメニティによって変わる商圏形状……22
▶観光流動ネットワークにおける観光地の位置……27
▶アメニティ格差が観光地階層を生み出す……29

4. アメニティの実体は何か……32
▶魅力点の多様な概念化……32
▶消費者視点から見たアメニティの4側面……33
▶消費者はアメニティをどう認識しているか……36
▶戦略的魅力素に注目せよ……38
▶戦略的魅力素から見た観光地……40

補論1-1　観光地階層別に見た出向率と距離の関係の推定……45

II アメニティ変化の兆し　49

1. 将来市場の動態　50
- ▶観光先訪問状態の推移図式……50
- ▶均衡訪問状態……54
- ▶均衡訪問率の全体像……56

2. 消費者意向での観光地選択　57
- ▶消費者意向から見た将来の観光先……57
- ▶観光地の新しい選択基準……59
- ▶初訪問意向率と再訪問意向率……62

3. 将来市場を目指したマーケティング　63
- ▶多様なコミュニケーション活動……63
- ▶初訪問意向率の促進……66
- ▶再訪問意向率の促進……69

4. 消費者意向はどのように実現されていくか　76
- ▶所得と高齢化の影響……76
- ▶旅行マニアによる先導……79
- ▶求められる観光産業革命……81

補論2-1 日経調査における「訪問」関連データの性格について……85
補論2-2 初訪問意向率の計算……86
補論2-3 均衡訪問状態ベクトルの導き方……87

III 外客が求めるアメニティ

1. 外客市場の位置 …… 90
- ▶なぜ外客なのか …… 90
- ▶外客はどこから来るのか …… 92
- ▶外客増加は観光客に先導されている …… 94
- ▶多様化する観光客パターン …… 96

2. 観光外客にとってのアメニティは何か …… 99
- ▶観光外客はトリップ連鎖・ベースでみよう …… 99
- ▶観光外客の経済学 …… 101
- ▶観光外客はアーバン的アメニティで吸引される …… 103

3. 観光外客の内部多様性 …… 106
- ▶観光外客のアメニティ期待は居住国によって異なる …… 106
- ▶食事と買物のアメニティの多様性 …… 110
- ▶訪問先の多様性 …… 115

4. 観光外客の将来 …… 118
- ▶次回訪日機会で期待すること …… 118
- ▶訪日リピーターの観光先は多様化する …… 121
- ▶訪日リピーターの求めるアメニティ …… 124

IV 事業ネットワークとしての観光商品　127

1. 従来の観光事業ネットワーク　128
- ▶観光地ライフサイクル論……128
- ▶マス・ツーリズムと観光地ライフサイクル……130
- ▶旅行会社と観光地のサプライヤーとの関係―協力会……132
- ▶自発的な再生の試み……135

2. 観光商品の事業ネットワーク構造　139
- ▶事業ネットワーク……139
- ▶団体・パッケージ旅行の場合……140
- ▶個人・グループ旅行の場合……143
- ▶修学旅行の場合……146

3. 新しい政策としての観光圏　147

4. 雪国観光圏のアメニティ再設計の取り組み　152
- ▶新しい観光地のあり方としての観光圏……152
- ▶雪国観光圏の概要……153
- ▶雪国観光圏のアメニティ再設計……158

5. アメニティ再設計戦略の基本的方向　160
- ▶観光形態の変化と旅行会社の役割……160
- ▶事業ネットワークとしての観光商品……161

補論4-1　観光圏……163
補論4-2　雪国観光圏の事例を取り上げる理由……163

V 需要平滑化のためのアメニティ開発

1. 観光事業の特性と経営の課題 …………………………… 170
- ▶観光需要の時間的変動……170
- ▶サービスの特性……170

2. 観光需要の現状 …………………………………………… 173
- ▶観光宿泊客の月別変動……173
- ▶月別変動係数……173
- ▶都道府県の月別変動係数……174
- ▶観光地の月別変動係数……175
- ▶四季別変動係数……177
- ▶需要変動と観光地のアメニティ……182
- ▶アイドル・キャパシティ率……184

3. 需要平滑化の取り組み事例 ……………………………… 186
- ▶季節性のあるアメニティ……186
- ▶通年的なアメニティ……190

4. 需要平滑化のアメニティ開発の視点 …………………… 192
- ▶需要を創出するアメニティ……192
- ▶地域連携によるアメニティの強化……194
- ▶一般観光客以外の市場への着目……196

5. アメニティ開発を補完するもの ………………………… 197

補論5-1 「観光カリスマ」による需要平滑化の事例の概要 …… 200
補論5-2 オペレーションによる収益とコストのマネジメント ………… 206

VI 日本における観光研究の展望

1. 観光者をどのように捉えてきたのか ……………………… 212
   - ▶観光の動機・目的……212
   - ▶観光形態……215
   - ▶観光者タイプ……216
   - ▶観光者の意識・行動に影響する社会経済的要因など……218

2. 観光地のアメニティをどう捉えてきたのか ……………… 223
   - ▶観光資源……223
   - ▶アメニティ要素……224
   - ▶観光地イメージ……230

3. 旅行者と観光地の関係性をどう捉えてきたのか ………… 232
   - ▶観光事業……232
   - ▶観光地の競争力……235
   - ▶顧客の期待，満足，忠誠……237
   - ▶地域ブランド論……238
   - ▶情報，交通システムの影響……240

資料編 …… 245
索引 …… 259

I
アメニティが決める観光地の魅力

　魅力ある観光地づくりの議論が盛んである。この議論は官民にわたり，中央から地方にまで拡大している。官について見ると，わが国の観光立国の推進体制を強化するため，観光庁が2008年に発足した。観光庁は観光行政の総合的な窓口として，観光統計の整備や種々の施策を精力的に展開し始めている。都道府県や市町村など地方自治体も観光地づくりに積極的に関与し始めた。この十数年来続いた地方の衰退を食い止め，地方を再生，復権して活性化するための切り札の1つとして観光に期待するからである。

　民について見ると，観光に関与する産業は極めて多様である。それは旅行業，宿泊業，輸送業，娯楽施設業，飲食業，小売業，土産品業，旅行用品業など，極めて多様な産業にまたがっている。またこれらの産業は全国企業だけでなく，特定地域だけで活動している中小企業も多く含んでいる。

　魅力ある観光地をつくり，観光客を増やすことができれば，その効果はこれらの産業に及ぶ。観光庁の推計によれば，2009年度で国内旅行だけの消費額を見ても，22.1兆円に上り，その生産波及効果は48兆円に上るという。[*1] この巨大市場の分け前を得るために，多くの企業が魅力的な観光地づくりに取り組み始めた。

　このように魅力的な観光地をつくり，観光客を誘致しようとするマーケターは極めて多様である。マーケターとは，観光産業に所属する企業やそ

れを支援しようとする行政体，あるいはそこでの観光振興担当者たちの総称である。しかし，観光地の魅力とはいったい何だろうか。

　その具体的内容になると，マーケターの意見は百家争鳴の感がある。それは観光（ツーリズム）を形容する種々の言葉の氾濫に表れている。例えば，都市観光，ルーラル・ツーリズム，エコ・ツーリズム，グリーン・ツーリズム，文化ツーリズム，歴史ツーリズム，買物旅行，体験型観光，グルメ・ツーリズムなどである。

　観光地の魅力を巡るこれらの多様な議論にも共通している点がある。そのほとんどが観光地の魅力とは何かについて，明確な検証を欠いていることだ。議論の多くは，単なる意見，見解，印象，希望，想い，あるいはそうあって欲しいというマーケターの夢を語っているに過ぎない。観光地に魅力があるかどうか。それを決めるのは消費者としての観光客である。多くの議論で欠落しているのは，この観点からの検証である。

　このような現状から一歩前進するためには，観光地の魅力とは何なのかの検証が何よりも重要である。大切なことは，観光マーケターの想いだけではない。それよりもむしろ観光客を吸引できる魅力の具体的内容を観光客の動向を踏まえて明らかにすることである。その際の観光客は，特定観光地を訪れている観光客だけではない。その観光地を訪問選択肢の１つに過ぎないと考えている観光市場全体の観光客である。このような観点に立って，この章ではまず日本人の国内観光に焦点を絞って，魅力ある観光地とは何かについて検証してみよう。

1．観光地，観光客，そして観光地魅力

　魅力的な観光地には多くの観光客が押し寄せる。来訪する観光客数は，その観光地の魅力そのものではないが，明らかにその観光地が持つ魅力を反映している。また，多くの観光地間でその魅力を比較しようとすれば，日本中の観光客のうちでその観光地に来る観光客の割合，つまり観光客シェアを見ればよいだろう。観光客シェアは他の観光地との比較で見たその

観光地の相対的魅力を反映している。観光地の魅力についての検証は，疑うことのできないこれらの事実から出発しなければならない。

しかし，観光地の観光客数や観光客シェアが観光地の魅力を探る出発点であるといっても，それらを直ちに実証的に把握できるというわけではない。観光客数や観光客シェアは，観光客とはだれか，そして観光地とはどこかを，どのように定義するかによって異なった数値になるからである。観光客と観光客シェアの実証的把握を行うには，検証に利用できるデータの種類も念頭に置きながら，観光地や観光客といった基本用語を明確に定義することから始めねばならない。

▶**観光地は種々な集計水準で捉えることができる**

観光地は観光の行き先となっている目的地であり，消費者の観光行動の選択肢である。しかし観光行動の特徴は，この目的地の地理的範囲が旅行によって極めて多様であり，それらをすべての旅行にわたって統一的に定義できないという特徴がある。国内旅行に限れば，目的地は都道府県のような広い地理領域にまたがる場合もあれば，特定都市として設定される場合もあろう。またもっと狭く，東京ディズニーランドに行ってみたい，東京の銀座に行ってみたいというように，より狭い地理的範囲に設定される場合もある。

さらに観光地は周遊ベースで捉えられることもある。例えば東北地方への4～5泊の旅を考えてみよう。仙台から一関の平泉に行き，それから奥入瀬，弘前，角館などを巡る周遊では，観光地は周遊場所の連鎖が及ぶ地理的範囲として捉えられる。観光庁が観光圏整備法に基づいて，近年推進している広域観光圏構想などは，このような周遊ベースでの観光地の領域設定である。

同庁の定義によれば，観光圏とは，[2]「自然，歴史，文化等において密接な関係のある観光地を一体とした区域であり，その観光地同士が連携して2泊3日以上の滞在型観光に対応できるよう，観光地の魅力を高めようとする区域」である。多くの観光圏は，同一都道府県内部に留まっているが，[3]

群馬，長野，新潟にまたがる雪国観光圏のように，複数の都道府県にまたがるものもいくつかある。

　観光地をどのような地理的範囲で設定すればよいのか。これは観光地のゾーニング問題[*4]と呼ばれる。これについての確定的な解答はない。観光旅行の種類によって，観光地の地理的範囲が種々な集計水準で設定されることは観光旅行の本来的特徴だからである。どのような集計水準が消費者によって選ばれるのか。それを決定する最大の要因は旅行期間であろう。旅行期間が長くなると，観光旅行は各地を周遊するという形をとる。それにしたがって，より大きい地理的範囲が観光先として設定されるだろう。逆に，旅行期間が短くなるほど，観光地はより狭い地理的範囲に限定されることになる。また交通ネットワークにおけるアクセス便宜性も周遊の範囲に影響する。

　観光地魅力の検証という観点からすれば，観光地のゾーニングは，データの利用可能性によっても大きく制約される。観光についての全国的なデータ整備は著しく立ち後れている[*5]。とくに日本全国にわたる観光地の魅力を問題にしようとすれば，この課題を達成するために利用できるデータは少ない。消費者行動と観光地特性の両面にわたる全国的なデータは，主として都道府県を分析単位とする場合しか利用できない。しかもこの種のデータも最近の数年間しか利用できない。

　このような事情から，以下での検証は主として都道府県を観光地の単位として取り扱うことによって行おう。たしかに特定地域での観光行動様式の詳細を検討するには，都道府県単位データでは不十分な場合もある[*6]。しかし，日本人の国内観光旅行の平均宿泊数が1.6泊であること[*7]から見ると，多くの観光旅行は市町村レベルでは複数の観光地に及ぶが，その周遊範囲は同一都道府県内に留まっている場合がほとんどである。

　都道府県単位で観光客シェアを測定すれば，そのシェアは各都道府県の観光地としての魅力を反映したものであろう。以下で明らかにするように，国内観光地の魅力を，全国的な視座から検証しようとする際には，この種の都道府県単位データでも，十分にその目的を達成することはできるので

ある。

▶観光客とはだれか

　都府県単位での観光客シェアを問題にするにしても，観光客とはだれなのかが明確にならなければシェアは計算できない。観光客とは観光地を訪れ，そこで観光をする人である。だから観光とは何かをまず明確にしなければ観光客を把握できない。そこで観光とは何かを明確にしておこう。

（1）観光とは何か

　通常の定義にしたがえば，観光は人間の活動であり，自由時間帯で行われる非日常生活圏での遊びである[8]。この定義には，3つの観点が含まれている。時間，場所，そして目的である。この定義は極めて明確であるように見えるけれども，観光客の範囲を検証していく際には避けて通れないいくつかの問題を含んでいる。この定義に含まれる3つの観点からその問題を見てみよう。

　時間という観点から見ると，人間活動は仕事・勉学・家事などいわゆる業務時間とそれ以外の自由時間に大別できよう。前者は社会生活を営む上で拘束される一定時間であり，後者は個人が自由に裁量できる時間である。観光は主として自由時間を使って行われる活動であるとみなされてきた。

　活動が行われる場所という点から見ると，日常生活圏と非日常生活圏に大別できよう。この区別は，居宅以外での宿泊を要するかどうかである。日常生活圏は居宅を起点にして日常生活が営まれる地理的範囲である。日常生活には戸内活動と戸外活動がある。戸外活動でも，日帰り範囲の活動は日常生活圏内の活動であるとされている。一般の理解にしたがえば，観光は非日常生活圏での活動であるとみなされている。だから日常生活圏での野球見物，映画，観劇などは余暇活動であっても観光とはみなされていない。観光は日常生活圏からの脱出であり，非日常生活圏への旅とそこでの宿泊を不可欠の要素として含んでいる。

　目的という観点から見るとどうなるだろうか。戸外活動に限って見ても，

活動には種々な目的がある。その多くは，ビジネス・仕事，教育・研修，社会的交際，日常的買物など，いわば業務活動である。これらは時間における業務時間に対応している。戸外活動にはこの業務時間以外に遊びという目的がある。ここでは遊びという言葉を，楽しみ，休養し，リラックスし，ストレスを解消し，趣味を追求したりするために行われる活動の総称として使っている。遊びで人々は業務を離れて解放感を味わい楽しみを求める。目的という点から見ると，観光はこの遊びを目指すものである。

以上のように見れば，観光は自由時間を使った非日常生活圏での遊びということになる。日常生活圏が日帰りできる範囲に設定されるから，非日常生活圏で遊ぼうとすれば居宅以外での宿泊を伴う。したがって観光は宿泊旅行によって行われる。

この種の活動はいわば観光の典型であり，観光活動の中核を構成している。そして観光客の中心部分もこのような典型的観光を行う人からなる。しかし，観光はかならずしもその範囲が明確に定義され，その境界が画定している活動ではない。その境界は開いており，現実生活の変化に対応して揺れ動いている。この点を典型的観光を定義した時間，場所，目的の2分カテゴリーの重層関係から見てみよう。

表1.1はこの重層関係によってできる種々な活動タイプの例を示している。その中には，典型的観光の範囲ではないが，それと近接している活動タイプがある。日帰り旅行と，会社団体旅行，学生団体旅行などの会社や学校が組織する旅行がそれである。

表1.1　時間，場所，目的から見た活動例

		日常生活圏		非日常生活圏	
		業務	遊び	遊び	業務
業務時間		・通勤 ・通学 ・家事	・職場リクレーション	・会社団体旅行 ・学生団体旅行	・出張旅行
自由時間		・習い事 ・社会的交際	・日帰り旅行	・典型的観光	・留学

（2）観光客の範囲はゆれ動く

　日帰り旅行は，日常生活圏の範囲内の旅行であり宿泊を伴わないので，典型的な観光ではない。しかし，自由時間を使った遊びである点で典型的観光との共通要素は多い。社員団体旅行は組織の一体感を強め社員の慰労のために行われるという点で仕事に関連している。また学生団体旅行は教育の一環として行われる。業務から離れた自由時間を利用した活動ではないという点で典型的観光ではない。しかし，非日常生活圏での遊びという点では観光と共通している。

　日帰り旅行と典型的観光との境界はたえず揺れ動いている。この境界を揺さぶっているのは主として交通システムの変化である。この数十年間に，国内交通システムは革命的に大変化した。その内容は，主要地域を結ぶ新幹線，地方空港の開設と空路の整備，そして高速道路の整備とマイカーの普及である。これらによって地域間移動に要する時間が大幅に短縮された。それまでは宿泊を要する地域間移動が日帰りできるようになった。

　これに伴い日帰り旅行と典型的観光（宿泊旅行）の境界が揺れ動く。交通システムの革命が起きる前には宿泊旅行であった観光地が，日帰り旅行の対象になる。例えば，鳥取県の米子に居住する人にとって四国の高松などは，従来，典型的観光の目的地であった。しかし，高速道路が整備され四国架橋が実現した現代では，多くの人が日帰り旅行として行っている。同じようなことは交通システムが迅速化した全国各地で生じている。観光地での宿泊が高速な地域移動によって代替されている。観光地での宿泊需要は高速交通によって奪われているのである。

　このように典型的観光（宿泊旅行）と日帰り旅行との境界は流動的であり，典型的観光は日帰り旅行の動向によって大きく影響される。観光の実態を捉えるには典型的観光だけでなく日帰り旅行も射程内に置く必要がある。こうして観光庁も共通基準による観光入込客統計の整備に乗り出している。入込客とはその観光地への訪問者であり，宿泊客と日帰り客を足し合わせた和である。

2009年には，観光に熱心な都道府県によってそれまでばらばらに行われ

ていた入込調査を統一するため，観光庁は観光入込客統計に関する共通基準を設定し，2010年から共通基準に沿った調査の実施を推進した[9]。こうして2012年現在では，大阪，福岡を除く残りの都道府県で統一的な調査が行われるようになった。

調査結果は都道府県別に公表され始めているが，2012年現在で，東京，神奈川，京都，兵庫，宮城などの重要地区はまだ集計中であり，大阪と福岡はまだ調査自体を実施していない。このような事情から，以下の検証では，主として宿泊旅行を観光とみなし，宿泊観光客を観光客として検証を進めよう。宿泊観光客については，2007年度から行われている観光庁の「宿泊旅行統計調査」のデータから都道府県別に推計が可能である。日帰り客の影響などは，データが得られる限りにおいて付随的に検討することになる。

会社団体旅行や学生団体旅行も，典型的観光と密接な関連を持っている。歴史的に見ても，観光という活動を広く普及させる先鞭になったのは会社団体旅行や学生団体旅行であった。消費者はこれらによってまず観光の楽しさを知り，それから個人，家族，友人仲間などによる典型的観光に向かったのである。現在でも，多くの観光地の観点から見ると，これらの団体客は顧客の重要部分を占めている。さらに，以下で観光地の魅力検証に使われる「宿泊旅行統計調査」データでは典型的観光客だけでなく，これらの団体客も含めており，それらを統計表象上で区分していない。このため以下の検証では，これらの団体客も観光客として取り扱うことにしよう。

▶観光地の魅力を決める2つの要因

国内だけに限っても，観光地は全国に散在し，それへの観光客も全国に散在して居住している。観光は本来的に居住地から観光地への地理的移動，つまり旅を含んでいる。旅が行われる地理空間は，観光地の魅力を検証する際の最も基本的なコンテキストである。観光地の魅力は，観光を地理空間行動として見る視座から解明されなければならない。

全国に散在する居住者がどこの観光地に向かうのか。観光客の多寡によって，観光地間で観光客シェアの差異が生まれる。観光地の魅力はこの差

異を生み出す最も基本的な要因であると考えられてきた。しかし，観光地の魅力とは何だろうか。観光が地理空間上の行動である点から見ると，観光地の魅力は基本的には2種の要因に分けることができよう。

（1）観光地への距離

1つはその観光地への距離である。距離が短ければその観光地の魅力が増し，距離が遠くなると魅力は低下する。観光地の魅力要因としての距離は，アクセスの便宜性といった用語で表現されてきた。この距離はその観光客がどの都道府県に居住しているかによって異なっている。東京ディズニーランドのある千葉県の魅力は，アクセスの便宜性という点で，東京居住者と沖縄居住者では大きく異なっている。

しかし，一口に距離といってもいくつかの測り方がある。都道府県間の距離を測る場合には，県庁所在地間の直線距離を測るのも1つの方法である。しかし観光地魅力を検証する上で，この直線距離はかならずしも適切な尺度ではない。山間部を多く含む国土から見ると，直線距離はアクセスの便宜性を正確には表していない。とくに問題は直線距離が一定不変であり交通システムの影響をまったく受けないことである。だれでも知っているように，新空路，新幹線，新高速道路の開通，開設といった交通システムの変化は，アクセスの便宜性に大変化をもたらし，観光客を流動パターンを変える。

これらの事情を考慮した距離のより適切な尺度は時間距離である。時間距離は直線距離よりも正確にアクセスの便宜性を表しているとともに，交通システムの変化を反映することができるからである。観光地の魅力の検証に以下で使う時間距離は，47県庁所在地最寄り駅間の最短時間距離である。最短時間距離は，飛行機，新幹線，有料特急，JR路線，高速バス，連絡バスを利用した場合の最短時間（分）である。「駅すぱあと」を利用してデータ収集を行った。調査時点は2011年7月である。

（2）アメニティ

観光地の魅力を決めるもう1つの要因は以下でアメニティと呼ぶもので

ある。アメニティとは，観光客の観点から見て観光地を楽しくまた快適にする場所としての特徴である。観光地への距離が観光客の居住地によって多様に異なるのに対して，アメニティは観光地の場所そのものの特徴であり，観光客の居住場所に依存せず同じものである。観光地のアメニティが増加するにつれて観光地の魅力は増加する。距離との関連でいえば，観光地の魅力は距離には反比例するが，アメニティには比例して大きくなる。

　アメニティは多様な要素から構成されている。この要素を以下では魅力素と呼ぶことにしよう。日経リサーチは，2006年度から隔年で全国の消費者を対象に「地域ブランド戦略サーベイ」（以下，「日経調査」と呼ぶ）を実施しその調査結果を販売している。その中で47都道府県について，消費者の観点から見た魅力点を調べている。そのうちで観光地アメニティの魅力素にかかわる項目は，2010年度について見れば，**表1.2**に示すようなものである。

表1.2　アメニティの魅力素

□ 農水畜産物　　□ ご当地料理　□ 工芸品や工業製品　□ 土産物
□ 名所や旧跡　　□ 歴史・伝統　□ 町並み・景観　　□ 自然　□ 気候・風土
□ イベント・祭り　□ 郷土芸能　　□ 宿泊施設　　□ 温泉
□ テーマパーク・動物園など娯楽施設　□ 百貨店・商店街など商業施設
□ 美術館・博物館など文化施設

　これらの項目について，日経調査は「魅力を感じる」と回答した消費者比率（%）の都道府県ランキングを多くのエクセル表によって示している。魅力素の測定には客観的尺度とイメージ尺度がある。例えば，商業施設の客観的尺度は売り場面積，百貨店数，ブランド専門店数などである。文化施設の客観的尺度は美術館や博物館の数である。魅力素の中には，このような客観的データが得られる項目もあるが，すべてにわたってのデータはない。日経調査では，魅力素はイメージ尺度によって測定されている。この尺度を使うと，すべての項目についてデータが得られるだけでなく，魅力素の質的側面もカバーできる。観光客を動かすのは，魅力素の客観的状態というよりも，むしろそれについてのイメージである。

この調査は全国の16から69歳の一般個人男女19,801人を対象にインターネット調査で行われた。性別構成比は男性（48%），女性（52%）である。年齢別に見ると，20代以下（10.3%），30代（29.6%），40代（32.4%），50代以上（27.6%）である。抽出は日経リサーチ・アクセスパネルから行われた。1人の回答者に全地域の回答を得るのは困難であるので，地域に分けて調査が行われた。1地域あたり450人程度の回答数が得られている。

　表1.2に示したアメニティの魅力素は，観光地のアメニティとして今まで指摘されてきた要因のほぼ全域をカバーしている。この意味で日経調査は都道府県レベルでの魅力素のイメージ状態を全国的に統一的に示す唯一のデータである。しかし，日経調査はアメニティを巡る観光議論でほとんど利用されていない。その理由は販売されている調査結果が，各項目についての都道府県ランキングを示す多くのエクセル表だけから構成されており，全体としてデータベースの体をなしていないからである。観光地アメニティの以下の検証では，2010年の調査結果を都道府県の名寄せを通じて1つのデータベースに統合したものを利用しよう。

　その際，検証の焦点になるのは，表1.2の魅力素のどれが観光地アメニティとして働いているのかということである。魅力素そのものは観光地のアメニティではない。たんにその候補であるに過ぎない。アメニティと呼べるには，それらの魅力素が観光客の吸引に実際に作用していなくてはならない。何がアメニティであるかは，この検証を経て初めて明らかになることである。

2. 観光客の地域集中

▶観光客は特定地域に集中する

　観光客とはどのような旅行者であるのか。以上の議論を踏まえて以下では，観光目的で1泊2日以上の宿泊旅行者を観光客とみなそう。かれらがどのような都道府県を観光地として選択しているのか。全国ベースでのこ

のデータは，観光庁の「宿泊旅行統計調査」によって得られる。この調査は国内宿泊旅行の実態を捉えるため，観光庁によって2007年から本格実施された調査である。国内の宿泊所を対象として，宿泊者数や宿泊者の居住地などのデータがとられている。

　この統計では，宿泊客そのものが観光目的であるのかビジネス目的であるのかは区分していない。しかし，宿泊施設を観光目的の宿泊者が50％以上かそれ未満かによって区分し，この区分ごとの宿泊者数を分けている。このデータを使えば，宿泊数をビジネス客と観光客に近似的に分けて捕捉することができよう。

　以下では，

ビジネス客＝観光目的の宿泊者が50％未満の宿泊施設（ビジネス用施設）での宿泊者
観光客＝観光目的の宿泊者が50％以上の宿泊施設（観光用施設）での宿泊者

であると，操作的に定義しよう。もっとも実際に観光客がビジネス施設に宿泊し，ビジネス客が観光用施設に宿泊することもあろう。しかし，この操作的定義によっても，都道府県間を観光客がどのように選んでいるかの基本パターンを捉えることはできる。

　上述の観光客の操作的定義によると，かれらが宿泊客の何割を占めているのか。この観光客比率（観光用施設宿泊者数÷宿泊者数×100）を上位5位と下位5位に分けて示すと表1.3のようになる。観光客比率の高い都道府県は観光府県で占められ，一方で下位5位はビジネス中心地で占められている。これらのデータから，実際の観光客の大部分が，「観光目的の宿泊者が50％以上の宿泊施設（観光用施設）での宿泊者」であることはたしかである。

　観光立国が叫ばれて以来，全国の都道府県が観光振興に熱心である。しかし，観光客の選択先を見ると，特定地域への集中がかなり激しい。観光客の全国計に占める各都道府県の観光客数を観光客シェアと呼ぼう。観光

表1.3 宿泊客に占める観光客比率（％）

上位5位		下位5位	
奈良	93.4	大阪	23.6
沖縄	89.6	愛知	23.6
和歌山	88.9	福岡	23.5
山梨	83.7	東京	19.6
京都	82.4	埼玉	16.3

出所：観光庁「宿泊旅行統計調査」2009年のデータより作成。

客を観光目的の宿泊者が50％以上の宿泊施設（観光用施設）での宿泊者とすれば，観光客シェアは次式で計算される。

$$都道府県iの観光客シェア = \frac{都道府県iの観光客数}{観光客数の全国計} \times 100$$

このシェアの高い順に47都道府県を並べる。そうした場合の累積観光客シェアを縦軸に取り，横軸に累積地区数が47に占める比率，つまり累積地区数シェアをとる。こうしてデータをプロットしてみると，**図1.1**のようになる。

観光客が各地区に均等に分散していれば，**図1.1**の45度線上にデータが並ぶはずである。しかし，実際のデータは45度線よりも上方にかけて弧を描く。この種の曲線はローレンツ曲線と呼ばれる。この曲線と45度線の間の面積が大きくなるほど，観光客は地区間で不均等に分散し，特定地区に集中していることになる。

実際に地区数で11％を占めるにすぎない観光客シェア上位5地区を取り上げてみよう。この地区に観光客の42％が集中している。地区数で20％を占める上位地区にまで拡げれば，観光客の56％が集中する。一方で地区数で20％を占める観光シェア下位地区には，観光客の6％が出向しているに過ぎない。データが利用できる他の年度について見ても，同じような地域集中が見られる。全国的に見ると，観光客の地域集中は観光先選択パターンの最も重要な基本構造である。

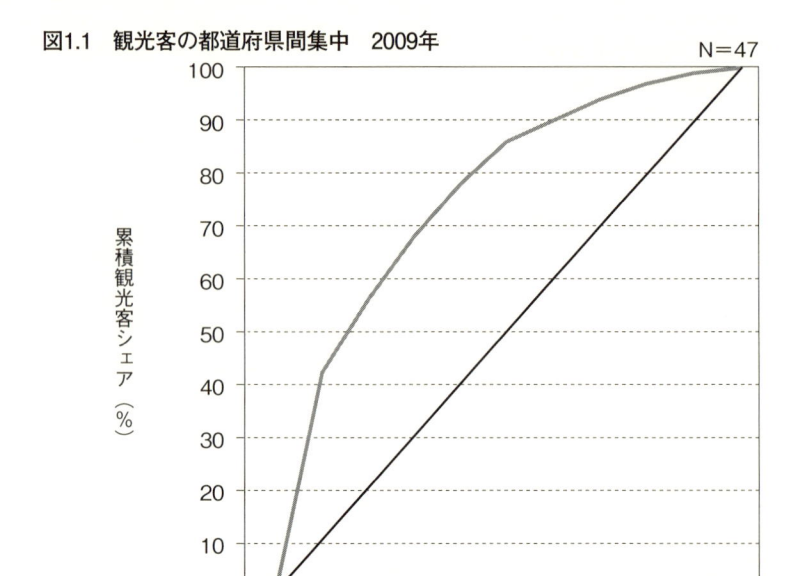

図1.1 観光客の都道府県間集中　2009年　　　　　　　N＝47

	1	2	3	4	5	6	7	8	9	10	11
累積地区数シェア	0	11	19	30	40	51	60	70	81	89	100
累積観光客シェア	0	42	56	68	78	86	90	94	97	99	100

注：観光客とは「観光目的の宿泊者が50％以上の施設の延べ宿泊者（居住地不詳を含む）」。
出所：観光庁「宿泊旅行統計調査」2009年のデータより作成。

▶観光地の階層体系

　観光客の地域集中度は極めて高い。観光地間でその魅力に大きい格差がある。この格差を反映して，観光地としての地位は都道府県間で同じではない。いわば観光地間でその魅力格差を反映した階層秩序がある。この階層秩序を探るために，地域集中の内容をより詳細に検討してみよう。

　図1.1のローレンツ曲線は湾曲している。それへの接線の傾きは，累積地区数シェアの増加につれて次第に減少していく。当初は45度線より急な傾きを持っているが，やがて45度線と同じ傾きになり，それを過ぎると45度線よりも緩やかな傾きになる。都道府県の観光客シェアを降順に並べる場合，ちょうどローレンツ曲線への接線の傾きが45度線と同じようになる都道府県が観光地かどうかの分岐点になる。それより上位の都道府県は，47分の1以上の観光客を吸引し，分岐点より下位の都道府県は

表1.4 観光客シェア順位 2009年（%）

全国型
千葉（12.2），北海道（11.3），沖縄（8.5），東京（5.6），京都（4.7）
地域型
神奈川（4.3），静岡（3.7），兵庫（3.2），大阪（3.0），宮城（2.9），群馬（2.5），新潟（2.4），長崎（2.1），長野（2.1），滋賀（2.1），福島（2.0），和歌山（2.0），栃木（2.0），石川（2.0），鹿児島（1.9），福岡（1.5），岩手（1.5），三重（1.5），岐阜（1.4），熊本（1.3）
近隣型
愛知（1.0），山梨（1.0），香川（0.8），宮崎（0.7），山口（0.7），奈良（0.7），広島（0.7），秋田（0.7），大分（0.6），山形（0.6），青森（0.6），愛媛（0.6），島根（0.5），福井（0.5），茨城（0.5），佐賀（0.4），岡山（0.4），高知（0.4），鳥取（0.3），富山（0.3），徳島（0.3），埼玉（0.2）

出所：観光庁「宿泊旅行統計調査」2009年のデータより作成。

47分の1以下の観光客しか吸引していない。

したがって，都道府県を観光地かどうかに2分するとすれば，この分岐点が境界になるだろう。表1.4は観光客シェアを降順で示しているが，この観光地分岐線は長野あたりにある。長野以上の観光客シェアを持つ地区は，47分の1以上の観光客を吸引し，それ以下の地区の観光客は47分の1に満たない。

しかし，観光地分岐線の近隣の都道府県間では，観光客シェアの格差はそれほど大きいものではない。したがってこのあたりに位置する地区を観光地とするか非観光地とするかはファジーである。観光客シェアを降順で並べた場合，その数値をプロットすると，図1.2に示すようにガレ場（スクリー）のような形状を描く。観光地階層体系を識別するには，このようなスクリー・プロットをより詳細に検討する必要がある。

このスクリー・プロットで段差が発生する箇所や傾きが急に変わる箇所も，階層を分ける分岐線と考えられよう。表1.4の全国型，地域型，近隣型といった区分は，このような配慮によって設定したものである。観光客シェアで見る限り，全国型は圧倒的に高く，近隣型は圧倒的に低い。地域型はその中間であり，観光地分岐線の両側近傍に位置している。

全国型，地域型，近隣型といった階層の性格付けは，それぞれの地区が観光客をどのような地理的範囲から吸引しているかによるものである。後述するように，全国型はすべての都道府県から観光客を吸引する。地域型

図1.2 都道府県観光客シェアのスクリー・プロット 2009年（％）

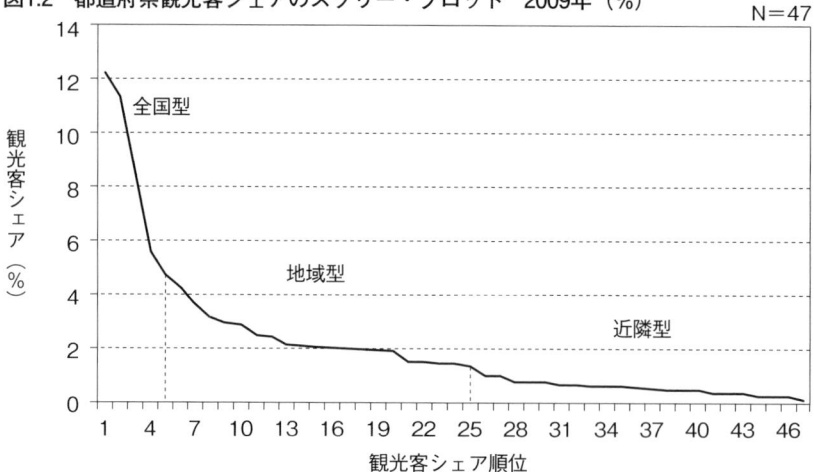

図1.3 各観光地階層の地理的位置

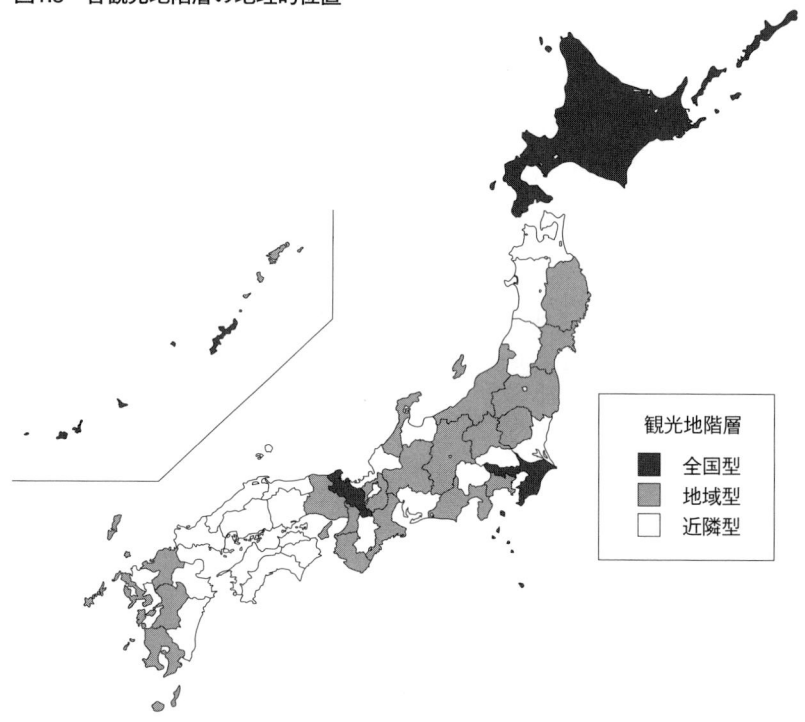

は東北,関東甲信越といった地域から吸引し,近隣型は隣接府県から吸引するに過ぎない。

図1.3は各階層が全国的にどのように分布しているのか,それぞれの位置を示している。東北日本海側,首都圏北側周辺部,中四国,東九州には近隣がとくに集中している。北海道や沖縄に代表されるように卓越したアメニティがあれば,長距離でも観光客を吸引できる。しかしそのようなアメニティがない時,交通の不便さが観光客の誘致に大きく影響することになる。近隣型の多くはこのような事情で発生する。東北の日本海側,山陰,四国,東九州の観光地はその例である。より詳しく検討してみよう。

3. 観光地階層を生み出すものは何か

▶観光客の吸引要因は何か

観光客シェアの格差によって,都道府県間に観光地階層が生じる。観光客シェアは各観光地への観光客数の結果である。しかし,ここで注意すべきことは,各観光地への観光客数は観光地魅力だけでなく,同時に観光地魅力以外の他の種々な要因の影響も受けることである。観光地の魅力とは何なのか。この解明にはまず各観光地の観光客数を決める要因群を明らかにし,その中で観光地魅力というものを位置付けて行かねばならない。そこでまず,各都道府県への観光客数を生み出す要因を検討しよう。それはどのような要因だろうか。

観光は地理空間的な移動(旅)である。この地理空間移動の視座から見ると,ある観光地jへの観光客数を規定する基本的な要因とそれらの関連は図1.4のようになろう。この図の基礎になっている認識は,観光が観光客の居住地から観光地への地理的移動を含む空間行動であるということである。そして分析単位は都道府県であるから,各都道府県は居住地であるとともに観光地でもある。居住地を添え字i($i = 1, 2, \cdots, 47$),観光地を添え字j($j = 1, 2, \cdots, 47$)で表すことにしよう。

特定観光地jの観光客は，すべての居住地からその観光地に向かう観光客の総和である。特定居住地iから特定観光地jへ向かう観光旅行をトリップと呼ぼう。各トリップの観光客数S_{ij}は，居住地iの観光人口R_i，例えば1年間に宿泊観光旅行を行った延べ人数に，居住地iから観光地jへの出向率P_{ij}を乗じたものである。

例えば，群馬県の観光人口が65万人であるとし，沖縄への出向率がその8％であるとすれば，群馬から沖縄への観光客数は5.2万人になる。特定居住地の観光人口は，その居住者の観光旅行機会数を表している。これはその居住地の人口，個人所得水準や，年令分布に影響される。また，居住地iから観光地jへの出向率P_{ij}は，その観光地のアメニティA_jとその観光地への距離D_{ij}によって決まるだろう。

▶観光地の魅力とは何かを探る

観光地魅力とは何か。その解明の第1歩は，階層格差の生成要因を探ることである。このために，図1.4に示された各要因を掘り下げて検討してみよう。

47の都道府県は観光客の居住地であるとともに観光先でもある。したがって，47の都道府県間で相互的な観光客の流動が発生する可能性がある。観光客の相互的な流動によって結ばれて，47都道府県は1つの観光流動ネットワークを構成している。観光流動ネットワークの全体像は，表1.5に示すような，居住地iから観光地jへのトリップの観光客数S_{ij}を要素とする観光流動行列によって表すことができる。

表1.5で観光流動行列は行計と列計を除いた部分である。ここでいう行列は数学用語であり，数字をまとめて長方形あるいは正方形に配列したものである。この表で列計は各観光地への観光客数を表し，行計は各居住地から出発する観光客数を表している。この観光流動行列のデータは，観光庁の「宿泊旅行統計調査」における，宿泊客の宿泊地と居住地のクロス集計表から得ることができよう。

観光流動行列は観光地にとって有用な種々なデータを生み出す源泉であ

図1.4　特定観光地への観光客数の規定因

居住地をi（＝1, 2, …, 47），観光地をj（＝1, 2, …, 47）で表す

```
観光地jの
アメニティ        居住地iから
A_j              観光地jへの
                 出向率
居住地iから        P_ij
観光地jへの
距離                              居住地iから
D_ij                             観光地jへの      すべての居住地     観光地j
                 ×    →        観光客数    →    について     →    への観光
居住地iの                         S_ij            S_ijの総和        客数
人口                                                              S_·j
                 居住地iの
居住地iの         観光人口
個人所得    →    R_i
居住地iの
年令分布
```

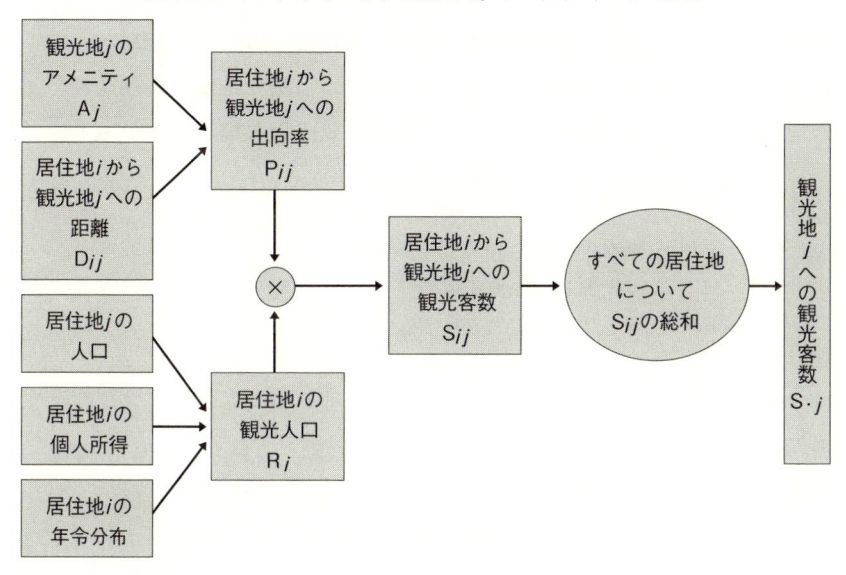

表1.5　観光流動行列

		観光地 j						行計
		1	2	·	·	·	47	
居住地 i	1	S_{11}	S_{12}	·	·	·	S_{147}	$S_{1.}$
	2	S_{21}	S_{22}	·	·	·	S_{247}	$S_{2.}$
	·	·	·				·	·
	·	·	·		S_{ij}		·	$S_{i.}$
	·	·	·				·	·
	47	S_{471}	S_{472}	·	·	·	S_{4747}	$S_{47.}$
列計		$S_{.1}$	$S_{.2}$	·	$S_{.j}$	·	$S_{.47}$	$S_{..}$

る。この種のデータでとりわけ重要なのは観光地の商圏データである。観光地商圏は，観光地がその客をどのような地理的範囲から吸引しているかを示す。表1.5のデータを利用すれば，観光地の商圏構造は2つの観点から見ることができる。

(1) 観光客依存率から見る観光地商圏

1つは，観光地の観点，つまり観光流動行列の列の観点から見る方法である。これによって，ある観光地への観光客がどのような居住地から来ているか，その構成比がわかる。言い換えれば，各観光地がその観光客をどの地区に依存しているかを示すものである。このために，

居住地iへの観光地jの観光客依存率

$$= \frac{\text{居住地}i\text{から観光地}j\text{への観光客数}S_{ij}}{\text{観光地}j\text{への観光客数，つまり列和}S_{\cdot j}} \times 100$$

を計算すればよい。

すべての観光地についてこのような計算をすれば，この観光客依存率を要素とする行列が得られる。これを観光依存行列と呼ぼう。参考のために，全都道府県についての観光依存行列は，本書末の**付表1**に示されている。これによって，例えば長野県の観光客依存率を見ると，自県依存率は12.2％に過ぎない。しかし，首都圏については東京（28.8％），千葉（5.1％），埼玉（5.6％），神奈川（7.5％）となっており，合わせて47.5％になる。長野県への観光客のほぼ半分は首都圏からである。これら以外には愛知（9.7％），大阪（6.1％）である。夏が涼しく自然に恵まれた長野県は，その観光客の大半を大都市圏に依存している。

観光依存行列のデータは各観光地の経営にとって重要である。しかしそれはかならずしも観光客の空間行動を表すものではない。なぜならあるトリップの観光客数S_{ij}は，居住地の観光人口R_iと，居住地iの人が観光地jに行く出向率P_{ij}（確率表示）の積，つまり

$$S_{ij} = R_i \times P_{ij}$$

によって決まるからである。観光客数S_{ij}は居住地の観光人口R_iの影響を大きく受ける。例えば居住人口の大きい東京都を出発地とする観光客数は非常に大きい値になる。

都道府県間での人口分布は極めて不均等である。また大都市圏など人口

集積地区の個人所得は相対的に高い。観光客数はこの所得の影響を大きく受ける。このことを反映して，各居住地における観光客数は，都道府県間で極めて不均等である。

　2009年度の「宿泊旅行統計調査」のデータを使って計算してみると，日本人の国内観光客（観光目的の宿泊者が50％以上の施設の宿泊者）は，71,532,577人である。このうちで首都圏居住者は，東京（22.6％），千葉（3.8％），埼玉（4.1％），神奈川（6.7％）であり，計37.2％となる。観光客の3分の1以上が首都圏に居住する。京阪神都市圏居住者は，京都（1.9％），大阪（8.7％），兵庫（3.7％）からなり，計で14.3％である。愛知県は6.0％である。3大都市圏をなす8つの都府県居住者は観光客の57.5％を占める。観光客の居住地は地域的に集中している。観光地の総観光客$S_{\cdot j}$は，その観光地が日本列島のどこに位置するかによって大きく左右されるかもしれない。

（2）出向率から見る観光地商圏

　観光地商圏のもう1つの見方は，各居住地消費者の各観光地へ出向率P_{ij}に注目する。出向率は比率（％）のかたちで表示される。つまり

$$出向率 P_{ij} = \frac{居住地 i から観光地 j への観光客}{居住地 i の観光人口} \times 100$$

である。100をかけなければ確率表示になる。この場合は出向確率と呼ぶことにしよう。観光移動行列の各要素S_{ij}を各行和$S_{i\cdot}$で除すれば，出向率P_{ij}を要素とする47×47の出向行列が得られる。それは各地区の居住観光客が各観光地に出向するパーセントを表している。47都道府県についての出向行列は，本書末の**付表2**に示されている。

　観光地魅力の解明のために，消費者の観光行動を検討するという目的から見ると，観光依存行列よりも出向行列の方がより適切である。この行列の要素である出向率が，距離とアメニティとからなる観光地魅力に直接に関連しているからである。

　以下でこの出向率に焦点を合わせて検討を続けよう。その際の課題は，

観光地魅力におけるアメニティと距離要因の相対的重要性を評価することである。この作業を行うためには，まず観光地のアメニティの総合的な指標を考案しなければならない。そして次に都道府県間の観光流動ネットワークの中で観光地の距離要因を表す指標を考案しなければならない。これは観光流動ネットワークの中でその観光地の位置指標を考えるということである。

▶アメニティによって変わる商圏形状

観光地のアメニティを表す総合指標としてどのようなものが考えられるだろうか。出向率の検討を通じて，総合指標としてのアメニティ指数を考案してみよう。

居住地iから観光地jへの出向率P_{ij}は，観光地の魅力を直接的に反映している。各居住地の消費者にとって，観光地jの魅力はそのアメニティA_jに比例し，そこへの距離D_{ij}に反比例して決まるだろう。[10] この様子は各観光地の商圏の形状に端的に表れてくる。一般に，商圏の形状は，その観光地への距離が遠くなるにつれて，出向率がどのように低下していくのかというかたちで描かれる。しかし，とくに観光地魅力における距離とアメニティの役割を検討する上で重要な点は，この低下の仕方が観光地のアメニティを反映して観光地階層によって大きく異なるという点である。

（1）首都圏の事例

まず，首都圏近郊の観光地のうちで，観光地階層が異なる3種の県，つまり千葉（全国型），群馬（地域型），茨城（近隣型）を事例として取り上げてみよう。

縦軸に観光地への出向率を取り，横軸にその観光地への距離を県庁所在地間の最短時間距離[11]でとる。各観光地についてのデータをプロットすれば，図1.5のような結果が得られる。いずれの観光地についても，距離が長くなるにつれて，出向率が低下するという基本傾向が見られる。各図で観光地は1つであり，アメニティは同じ水準になるから，この傾向は主として出向率と距離の関係のみを表している。時間距離が同じ水準でも出向率に

図1.5 観光地階層による商圏構造の相違

A 千葉（全国型）

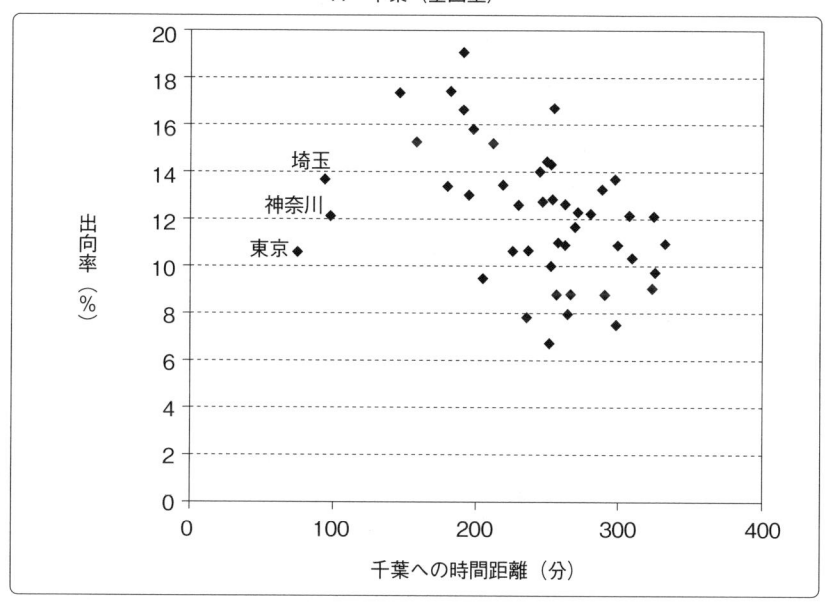

縦軸：出向率（%）
横軸：千葉への時間距離（分）

ラベル：埼玉、神奈川、東京

B 群馬（地域型）

縦軸：出向率（%）
横軸：群馬への時間距離（分）

I アメニティが決める観光地の魅力 23

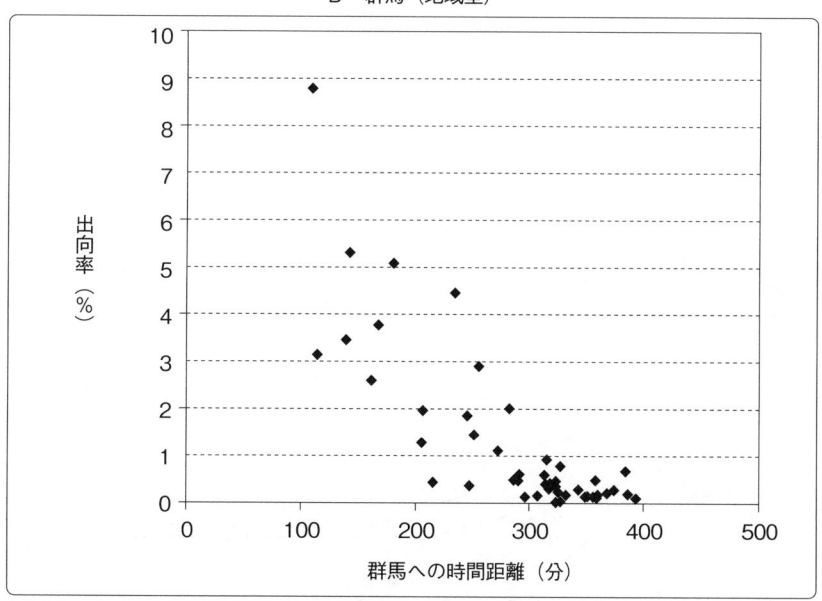

C　茨城（近隣型）

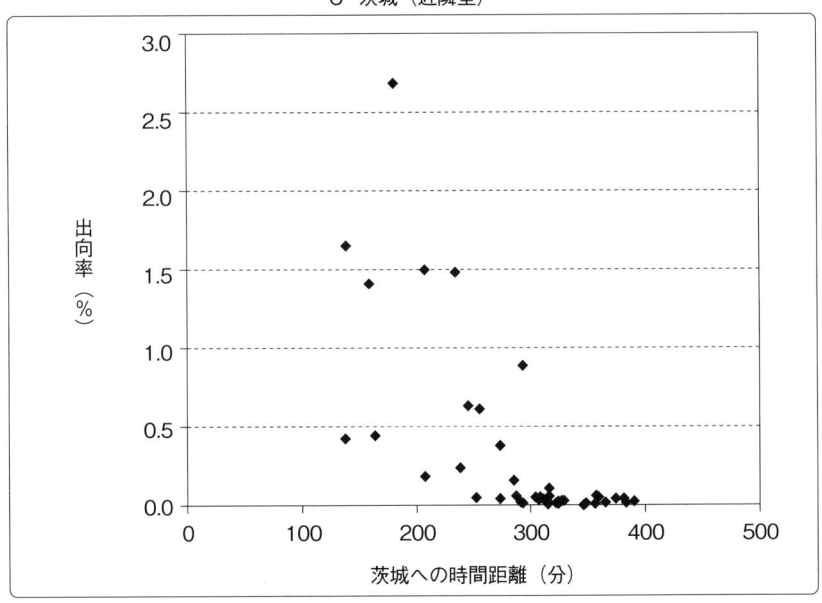

縦軸：出向率（%）
横軸：茨城への時間距離（分）

D　観光地類型による商圏の相違

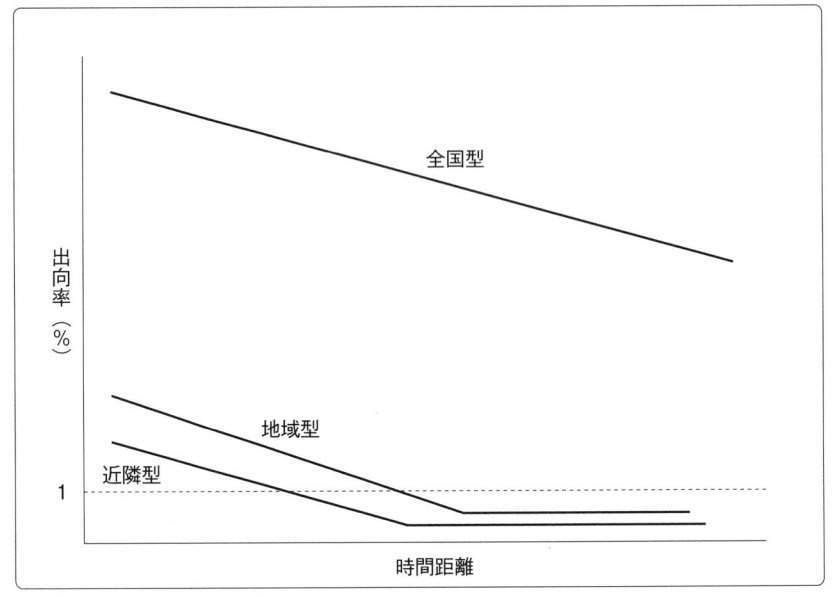

全国型
地域型
近隣型

縦軸：出向率（%）
横軸：時間距離

バラツキが出るのは，所得や年齢分布などの要因の影響である。

　図1.5 - Aの千葉県の場合，東京，埼玉，神奈川が外れ値になっている。1つの原因は，出向率が宿泊観光客に基づいて計算されているためであり，もう1つの原因はこれら3地区の居住者にとって，千葉県への距離はすべて100分未満という近距離であるということにある。つまり，これらの地区の居住者のかなりの部分にとって，千葉県にある東京ディズニーランドなどは日帰り旅行の対象であって，宿泊旅行の対象ではないのである。このため，近距離であるにもかかわらず，千葉県への（宿泊）出向率が低くなっている。

　これらの外れ値の特殊事情を考慮すれば，都道府県にまたがる観光旅行について，距離が長くなると出向率が低下するという傾向が見られる。これは観光だけでなく，買い物などほとんどあらゆる空間行動に見られる傾向である。

　観光地階層間の相違は，この傾向の基本パラメータの相違に現れる。観光地階層別に出向率と距離との関連をより正確に推定（補論1を参照）して図示すれば，**図1.5 - D**のような関係になっている。この関係を観光商圏線と呼ぶことにしよう。観光地階層にかかわらず，いずれの観光商圏線も距離が遠くなるにつれて，右下がりに低下していく。それはその観光地から離れるほど，そのアメニティの吸引力が低下していく様子を示している。その低下率は観光地階層間で大きい相違はない。

　階層間の相違は，次のような点に現れる。全国型の商圏線はかなり上方に位置している。つまりすべての距離圏において，最も高い出向率を維持している。商圏線は右下がりであるが，最も遠い居住地においても1％を下回ることはない。つまりその商圏範囲は全国的である。地域型になるとその商圏線はかなり下方に位置し，近隣型の商圏線はさらにその下方に位置する。この結果，地域型や近隣型の商圏線は，距離が遠くなると出向率1％線を下回るようになる。出向率1％未満の地区は実質的にはその観光地の商圏とはいえないだろう。観光客の観点からいえば，その種の観光地は出向先候補として想起されていないのである。

出向率を山の高さに例えれば，全国型は高い山であり，そのすそ野は広大な地理的範囲に広がっている。近隣型は小高い山である。山の高さは低く，すそ野の地理的範囲も極めて狭い。地域型はこれらの中間に位置している。

　観光地階層別の商圏線の相違は，とりわけ観光地が持つアメニティA_jの相違を表している。観光地階層が高くなるほど，商圏線はより上方に位置する。これは観光地のアメニティが階層が高くなるほど大きくなるからである。全国型観光地が全国にわたってすそ野を広げる高い山のような商圏形状を描く理由は，何よりもそのアメニティの大きさである。このように観光地階層の異なる観光地を比較すると，その差異を通してアメニティが姿を現すのである。

（2）アメニティ指数

　しかし，各観光地についてそのアメニティを総合的にどのように測ればよいのだろうか。[12] 47都道府県間の出向率と時間距離のデータは利用可能である。また，出向率がアメニティに比例し，時間距離に反比例するという関係があることもわかっている。この関係に基づいて，出向率と時間距離から，各観光地のアメニティ指数を計算できないだろうか。

　図1.5－Dに示した観光地階層の異なる観光地の商圏線の位置と形状がそのヒントを与えている。つまり，アメニティが大きくなるほど，商圏線はより上方に位置する。したがって，アメニティの大きさは出向率の大きさに反映されている。しかし，その観光地への距離が遠くなるほど，出向率は低下していく。これは出向率に反映されるアメニティの大きさは，距離が遠くなるほど距離によって割り引かれているということである。そうだとすれば，各居住地から見た観光地のアメニティa_{ij}は，次式

$$a_{ij} = P_{ij} \times D_{ij}$$

のようなかたちで現れているはずである。

　出向率P_{ij}はアメニティを反映しているが，観光地への距離が遠くなるにつれて，アメニティの吸引力が低下し，P_{ij}の値は減少していく。各居

住地から見たアメニティの値を計算するには，まずこの距離の影響を割り戻す必要がある。このために出向率に距離を乗じているのである。

しかし，アメニティそのものは観光地に付随しており，観光客の居住地によって変わるわけではない。そこでアメニティの推定値を得るために，各居住地から見たアメニティa_{ij}の，自地区内を除く他の46の居住地についての平均を求め，それをある観光地のアメニティA_jの推計値としよう。つまり，

（2）　　観光地jのアメニティ指数 $= \sum_{i=1}^{46} a_{ij}/46$

である。$\sum_{i=1}^{46} a_{ij}$ は自県を除く46居住地のa_{ij}の総和である。

自地区を除いているのは，自地区内についての時間距離について信頼できるデータが得られないからである。アメニティ指数は全国の観光客のまなざしから見た，各観光地のアメニティの総合指標である。

▶観光流動ネットワークにおける観光地の位置

次に都道府県間の観光流動ネットワークの中で，観光地の距離要因を表す指標を考案してみよう。

観光客シェアは各観光地が吸引した観光客数によって決まる。図1.4に示したように，観光地jへの観光客数は，すべての居住区からその観光地へのトリップを総計した結果である。アメニティ指数はこれらすべてに共通して働いている影響因である。観光客シェアにはさらに，図1.4で示したように距離や観光人口が影響する。

しかしながら，距離や観光人口の影響は直接的には，トリップ特殊的であり，そのトリップの出発地（観光客の居住地）によって異なる。観光地階層の生成要因を検討するには，トリップ特殊要因を総合化して，距離要因を観光地自体に関連付ける指標が必要になる。この種の指標を考案するために，都道府県間の観光流動ネットワークでの各観光地の位置に着目す

る必要がある。

　観光流動ネットワークの中では各都道府県がネットワークのノード（結び目）である。各地区は観光出向の出発点ともなれば到達点にもなっている。各地区は観光客流動だけでなく，さらに交通システムなどによるネットワークでも結ばれている。この交通ネットワークは，機能的に見れば47都道府県間の時間距離によって表すことができよう。各観光地への観光客数はこの複合ネットワークの中で決まっていく。このネットワークでの観光地の位置に着目することによって，距離や観光人口などトリップ特殊要因を観光地自体に関連付ける指標を考案してみよう。このような指標として次の3種がある。

(1) 商圏の地理的範囲

　まず商圏の地理的範囲がある。出向率が1％未満の地区を実質的に商圏外の地区とみなせば，この基準以上の地区数が商圏の地理的範囲の指標になる。

　　　商圏範囲＝出向率が1％以上の地区数

地理的範囲はその観光地の商圏の地理的広さを表している。商圏範囲が広いほど，観光地階層は上昇していくはずである。

(2) アクセス不便性

　通常はある観光地へのアクセス不便性は，出発点に依存してトリップ特殊的である。ここではこのようなトリップ特殊的なアクセス不便性ではなくて，全国の観光客のまなざしから見た特定観光地への総合的なアクセス不便性を問題にしている。それはその観光地への時間距離の全国平均によって測ることができよう。

　　　アクセス不便性＝その観光地への他地区からの時間距離の平均

　このようなアクセス不便性は，まずその観光地の地理的位置の影響を受

ける。日本国土の中心に位置する東京などの観光地のアクセス不便性は，その両端，周辺に位置する観光地，例えば北海道や沖縄などよりも小さくなろう。また時間距離を使っているので，アクセス不便性は交通ネットワークの影響も受ける。一般に人口集積地区への交通システムは他の地区に比べてより整備される。このため大都市圏など人口集積の高い観光地へのアクセス不便性は小さくなろう。

（3）潜在市場規模

最後に，観光地の商圏になっている各居住地の観光人口を総合化した指標として，各観光地の潜在市場規模がある。観光客の居住地は全国にわたって不均等に分布している。また，観光行動には距離抵抗がある。時間距離の近いところに多くの観光客が居住していれば，その限りで潜在市場規模は大きくなるが，時間距離が長いところに同じように多くの観光客が居住していても，その地域からの観光客の潜在市場規模は小さくなるだろう。したがって，観光客数は同じでも，観光地の地理的位置によって，その潜在市場規模は異なってくるであろう。

各観光地の地理的位置から見て，その潜在市場規模は全国的にどの程度であるのか。各地区の居住観光客数がその観光地の潜在市場規模になる程度は時間距離によって異なってくるはずである。この点を考慮に入れると，各地区の居住観光客数を観光地への時間距離で除し，その総和を観光出発地区全体についてとれば，潜在市場規模の指標を得ることができる。時間距離が短い範囲に多くの居住観光客をかかえている観光地ほどこの指数は大きくなる。

$$潜在市場規模 = \sum_{i=1}^{46} \left(\frac{S_{ij}}{D_{ij}} \right) = \frac{居住地iの観光客数}{居住地iから居住地jへの距離} の総和$$

▶アメニティ格差が観光地階層を生み出す

全国型，地域型，近隣型という観光地階層は，観光地魅力を反映した観

図1.6　観光地階層間での指標平均値の相違

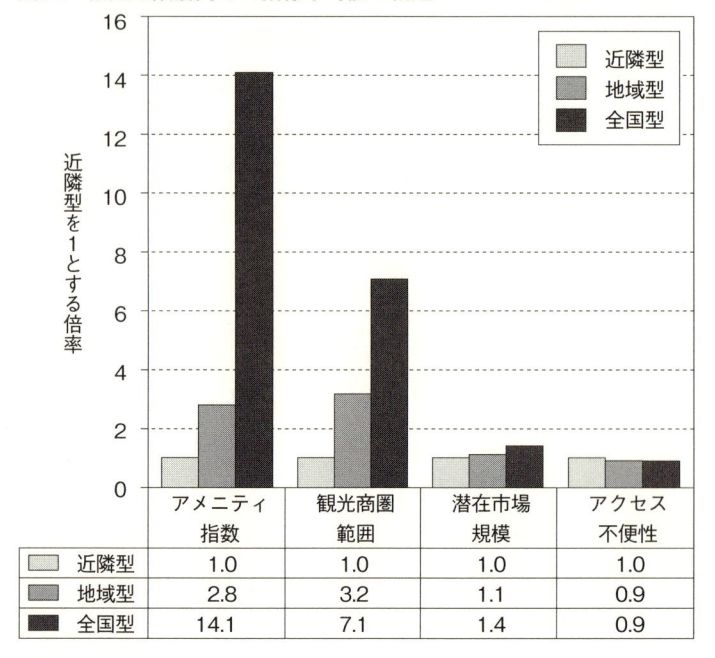

	アメニティ指数	観光商圏範囲	潜在市場規模	アクセス不便性
近隣型	1.0	1.0	1.0	1.0
地域型	2.8	3.2	1.1	0.9
全国型	14.1	7.1	1.4	0.9

光客シェア格差によって生じている。アメニティ指数と，観光流動ネットワーク上の位置を表す商圏範囲，アクセス不便性，潜在市場規模のいずれについて，観光地階層間格差があるのか。これを確認すれば，観光客シェアが主としてどのような要因に規定されているのかが明らかになるはずである。図1.6はこれら4種の指標について，近隣型の指標値を1とした場合の他の階層の指標値倍率を示している。

　階層間で最も大きい格差が現れているのはアメニティ指数である。全国型は近隣型の14.1倍，地域型の5倍である。次いで格差が大きいのは観光商圏範囲である。全国型は全国各地でその居住観光客の1％以上を吸引している。出向率1％以上を商圏地区とすれば，全国型の場合には46地区である。しかし，地域型の観光地になると，その平均値は21地区と大きく低下し，さらに近隣型になると，その商圏地区数の平均は7地区になる。したがって，近隣型の指標値を1と置けば，地域型はその3.2倍，全国型

は7.1倍になる。

　観光地階層を分ける観光客シェアの格差は，このような観光商圏範囲の格差によって生み出されているのである。全国観光客シェアの増加は，商圏範囲をいかに拡大できるかに依存している。各階層を全国型，地域型，近隣型というように商圏範囲の広さに対応して命名した理由はこのような商圏範囲格差にある。

　しかし，観光商圏範囲はアメニティと密接に関連している。観光商圏範囲はアメニティ指数以外にもアクセスの影響を受けると考えられるが，47都道府県について標準回帰分析で確かめてみると，

　　観光商圏範囲 = 0.747 × アメニティ指数 − 0.246 × アクセス不便性
　　自由度調整済み決定係数　$\bar{R}^2$ = 0.642，回帰係数は0.1％で有意

という結果が得られた。自由度調整済決定係数$\bar{R}^2$が示すように，観光商圏範囲の変動の64.2％がこのモデルで説明されている。両方の規定因が有意になっているが，影響力の点ではアメニティ指数の方が圧倒的に大きい。**図1.6**に示すように，観光地階層間では，アクセス不便性の格差はない。階層間での商圏範囲格差は主としてアメニティ指数の格差によって生じている。

　潜在市場規模も観光客シェアに影響を与えそうに思われる。実際に，潜在市場規模は全国観客シェアと0.275の相関を持っている。しかし，その関連度は低い。さらに，観光地階層が上がるほど潜在市場規模は少し大きくなる傾向があるが，その格差はわずかである。全国型をとってみても，東京，千葉，京都のように潜在市場規模が大きい観光地もあるが，北海道，沖縄のようにそれが相対的に小さい観光地も含まれている。

　以上の分析結果によれば，観光地の階層位置はその観光地の地理的位置というよりも，主としてその観光地が持つアメニティによって決まるということである。アメニティの高い観光地には，北海道や沖縄のようにその立地場所に関係なく全国から観光客が押しかける。アメニティの高い観光地を開発できれば，高階層の観光地を全国のどの地点でも開発できるとい

うことである。魅力的な観光地開発の機会は，全国各地に存在しているといえよう。要は強力なアメニティを持つ観光地を開発できるかどうかである。

4. アメニティの実体は何か

▶魅力点の多様な概念化

　観光客を吸引する上で重要なのは，その観光地の地理的位置よりも，圧倒的に観光地が持つアメニティである。それではこのアメニティの実体はどのような魅力点によって構成されているのだろうか。

　団体旅行から個人旅行への移行傾向が鮮明になるにつれて，消費者が観光に求めるアメニティは多様化した。これを概念化するために，種々の試みが行われている。例えば，大衆観光に代わるオルタナティブ・ツーリズムとして，観光庁が推進を図っているニュー・ツーリズムなどはその例である。ニュー・ツーリズムとは，産業観光，エコ・ツーリズム，グリーン・ツーリズム，ヘルス・ツーリズム，文化観光，長期滞在型などである。これらは，「従来の物見遊山的な観光旅行に対して，テーマ性が強く，体験型・交流型の要素を取り入れた新しい形態の旅行」であるといわれる。[13]

　ニュー・ツーリズムは何を魅力点にして観光客を吸引できると想定しているのだろうか。ニュー・ツーリズムは観光地の地元との交流を重視する。しかし交流そのものは魅力点としては二次的である。交流のテーマそのものが魅力的でなければ，交流も発生しない。ニュー・ツーリズムが掲げるテーマは，地域特有の自然，歴史・伝統，産業，生活文化など，これまで旅行対象として認識されなかった地域資源である。このテーマ性は，テーマ・タイプとそれを構成する魅力素からなる。タイプ別にその内容を要約的にまとめれば，表1.6のようになる。

　ほとんどの旅行商品にはテーマがある。テーマは，いくつかの魅力素の組み合わせとその特徴をコンセプトとして表したものだ。テーマのタイプは消費者の視点よりも，旅行商品の提供者の観点から設定される場合が多

表1.6 ニューツーリズムのタイプとその魅力素

テーマ・タイプ	魅力素
産業観光	・歴史的・文化的価値のある工場やその遺構 ・最先端技術を備えた工場
エコ・ツーリズム	・地域の自然環境 ・地域の風俗慣習などの生活文化
グリーン・ツーリズム	・農作業・農産物加工体験,食育 ・地域の自然・文化 ・農林漁業家民宿
ヘルス・ツーリズム	・自然 ・温泉 ・健康料理
文化観光	・歴史・伝統
ロングステイ	・地域滞在

出所:国土交通省,観光庁,観光産業課「ニューツーリズム旅行商品 創出・流通促進ポイント集」平成22年3月より作成。

い。この点は表1.6に示すように,ニュー・ツーリズムの場合も同じである。ニュー・ツーリズムのテーマは,地域産業振興,地域再生といった供給者側のねらいや想いが色濃くにじみ出ている。

▶消費者視点から見たアメニティの4側面

　しかし,消費者の視点から見た場合に,観光魅力点をどの認識レベルで捉えているのだろうか。それはテーマ・レベルか,それとも魅力素レベルだろうか。これは旅行商品として,例えば「エコ」を強調したらいいのか,それとも地域の自然環境や生活文化そのものを強調したらいいのかという問題である。この点を日経調査「地域ブランド戦略サーベイ:地域総合評価編」のデータも加えることによって検討してみよう。

　日経調査には,すでに紹介したように,ニュー・ツーリズムの魅力素のほとんど含まれている。工芸品・工業品,自然,気候・風土,イベント・祭り,郷土芸能,農水畜産物,ご当地料理,温泉,歴史・伝統などである。さらにこの調査では,従来の旅行商品の魅力素となってきた主要項目が含まれている。それらは,土産物,名所・旧跡,町並み・景観,宿泊施設,テーマパーク・動物園など娯楽施設,百貨店・商店街など商業施設,美術館・

表1.7 魅力素の因子分析結果 網かけは各因子を定義する魅力素　N＝47

魅力素	因子 1 歴史遺産	因子 2 グリーン	因子 3 アーバン	因子 4 郷土文化	共通度
名所・旧跡	0.953	−0.055	−0.018	0.120	0.927
歴史・伝統	0.932	−0.067	−0.097	0.210	0.927
町並み・景観	0.835	0.064	0.444	0.109	0.911
工芸・工業品	0.582	0.163	0.308	0.254	0.525
自然	0.131	0.902	−0.148	0.043	0.854
気候・風土	0.076	0.881	−0.021	0.155	0.806
農水畜産物	−0.143	0.849	−0.051	0.229	0.797
温泉	−0.134	0.700	−0.080	−0.294	0.600
土産物	0.524	0.608	0.325	0.359	0.880
商業施設	0.047	−0.376	0.870	0.145	0.922
娯楽施設	−0.106	−0.039	0.857	0.068	0.751
宿泊施設	0.305	0.284	0.852	0.030	0.901
美術館・博物館	0.530	−0.368	0.686	0.114	0.900
イベント・祭り	0.142	−0.006	0.277	0.862	0.840
郷土芸能	0.537	0.129	−0.151	0.708	0.829
ご当地料理	0.325	0.486	0.115	0.558	0.667
合計	4.0	3.8	3.2	2.0	
分散の %	24.7	23.9	20.3	12.6	
累積 %	24.7	48.6	68.8	81.5	

出所：「日経調査」2010年のデータによる分析。

博物館といった項目である。これらについて，「魅力を感じると回答した」消費者比率（％）のデータが都道府県別に利用できる。

　データを分析してみると，これら魅力素の項目間にはいくつかの高い相関関係が見られる。これは都道府県が観光地として，魅力素の特定の組み合わせを訴求してきたことを反映している。因子分析によって，魅力素間でどのような組み合わせが形成されるかを見てみよう。同じ組に入れば，その構成魅力素は相互関連が強く，観光地間で共変動する。この結果は**表1.7**に示されている。

　16種の魅力素が持つ分散の81.5％は4種の組（因子）にまとめられる。

　第1は，名所・旧跡，歴史・伝統，町並み・景観，工芸・工業品からなる。これらの魅力素に共通する特性から判断すれば，この因子は歴史遺産と呼ぶことができよう。第2はグリーン因子と解釈できる魅力素からなる。

それは自然，気候・風土，農水畜産物，温泉，土産物からなる。これらの魅力素は観光地間で共変動する。

　第3の因子は百貨店・商店街など商業施設，テーマパーク・動物園などの娯楽施設，宿泊施設，美術館・博物館である。これらの魅力素の立地には大きい人口集積が必要である。これらの魅力素は都市観光の主要な魅力点である。したがって共通する特徴はアーバンと呼べよう。最後に郷土文化と呼べる因子がある。それらはイベント・祭り，郷土芸能，ご当地料理といった魅力素から構成されている。

　これら4つの観光因子によって，16種の魅力素に含まれていた情報の81.5%が要約されている。各魅力素は特定因子だけに高い相関（因子負荷量）を持つという単純構造を示しているだろうか。いくつかの魅力素はこの単純構造から外れている。まず，土産物はグリーン因子だけでなく，歴史遺産因子とも関連している。美術館・博物館はアーバン因子だけではなく歴史遺産因子とも関連する。また郷土芸能は郷土文化因子だけでなく歴史遺産因子とも関連する。しかし，全般的には因子解釈が容易な単純構造を示しているといえよう。

　観光因子はいくつかの魅力素から構成され，観光魅力点のテーマ・レベルに対応している。しかし，観光地を都道府県レベルで見る限り，ニュー・ツーリズムのテーマに直接に対応する因子は少ない。グリーン因子と郷土文化因子が文化観光と対応しているぐらいである。消費者がイメージとして魅力素をテーマに統合する様式は，ニュー・ツーリズムにおける統合の様式とはかならずしも一致しない。

　消費者の目線から見ると，観光地としての都道府県はこれら4種の観光因子によって特徴付けられる。因子得点を推定すれば，各観光地がこれら4種の観光因子から見てどの位置にあるかを判断できよう。観光因子得点はこれらの因子から見た観光地のアメニティを表している。観光地階層別に見ると，**図1.7**のようになる。

　因子分析で因子得点は平均がゼロになるように推定される。全国型はすべての観光因子に関して，平均をはるかに上回る因子得点であり魅力を備

図1.7　観光地階層別の観光因子得点

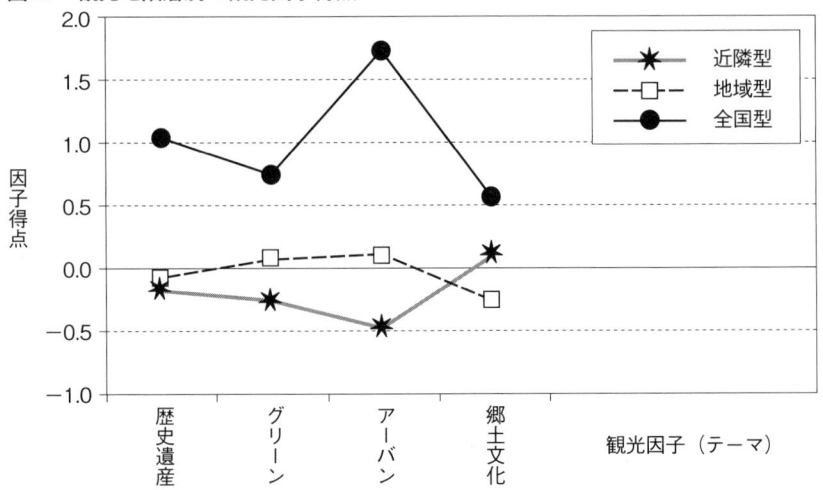

えている。とくにアーバン因子で圧倒的な格差を付けている。地域型は近隣型に対して，グリーン因子やアーバン因子の魅力で優れているが，歴史遺産因子の魅力は同じであり，郷土文化因子の魅力では負けている。

▶消費者はアメニティをどう認識しているか

消費者が観光地のアメニティをどのようなレベルでイメージ的に認識しているのだろうか。

観光テーマかそれとも魅力素か。この点を確認するために，観光テーマや魅力素がアメニティ指数とどのような相関を持っているかを見よう。[*14] **表1.8**がそれを示している。

まず，観光テーマに関連した因子得点とアメニティ指数との相関係数を見ると，アーバン因子（0.540），グリーン因子（0.255），歴史遺産因子（0.141），郷土文化因子（0.099）である。アメニティ指数と，アーバン因子はかなり強い関連を持ち，グリーン因子も少し関連を持つ。しかし歴史遺産や郷土文化を表す因子はアメニティ指数と関連はない。この点は**図1.8**の回帰分析結果からも確認できるように，アーバン因子とグリーン因子は影響を与えているが，歴史遺産因子や郷土文化因子はアメニティ指数に影響を与

表1.8　アメニティ指数との相関係数

N=47

歴史遺産因子	0.141	アーバン因子	0.540
名所・旧跡	0.178	商業施設	0.266
歴史・伝統	0.162	娯楽施設	0.771
町並み・景観	0.343	宿泊施設	0.581
工芸・工業品	0.234	美術館・博物館	0.229

グリーン因子	0.255	郷土文化因子	0.099
自然	0.198	イベント・祭り	0.158
気候・風土	0.323	郷土芸能	0.170
農水畜産物	0.138	ご当地料理	0.268
温泉	−0.082		
土産物	0.450		

注：濃い網かけ数字は5％水準で有意。薄い網かけは10％水準で有意。

図1.8　アメニティ指数への観光因子の影響

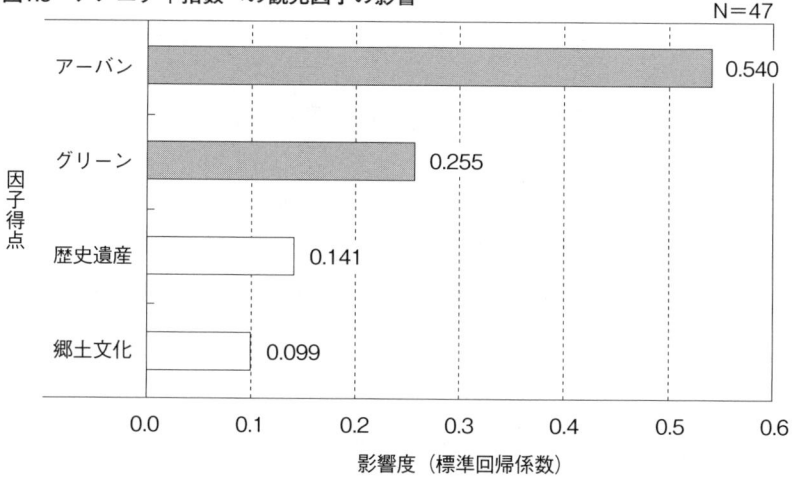

N=47

- アーバン: 0.540
- グリーン: 0.255
- 歴史遺産: 0.141
- 郷土文化: 0.099

因子得点／影響度（標準回帰係数）

注：自由度調整済み決定係数$\bar{R}^2$=0.328。網かけは5％有意。

えていない。

　しかし，**表1.8**に示すように，重要な点は，消費者のアメニティ認識レベルという観点から見ると，アメニティ指数が因子（テーマ）レベルよりも，むしろ魅力素レベルで高い相関を持つということである。例えば，アーバン因子との相関は上述のように0.540であるが，その構成魅力素との相関を調べると，娯楽施設（0.771），宿泊施設（0.581）などと高くなる。また

I　アメニティが決める観光地の魅力

グリーン因子との相関は0.255であるが，その構成魅力素に対しては土産物（0.450），気候・風土（0.322）となっている。さらに，郷土文化因子との相関は0.099と極めて低く有意ではないが，その構成魅力素のご当地料理とは0.268と有意な相関を持つ。

▶戦略的魅力素に注目せよ

　これらの結果を見ると，観光地のアメニティを見る消費者のまなざしは，魅力素を組み合わせたテーマ・レベルよりも，むしろ個々の魅力素レベルに注がれている。アメニティの実体は，テーマよりもむしろ魅力素にそくして検討する必要がある。それでは，どのような魅力素が消費者にとってアメニティとして作用しているのか。それは，他の競合観光地に対して，強力な差別性を持つ魅力素である。平たくいえば，他を以て代え難いその観光地の魅力素である。

　魅力素がこのような高い差別性を持つためには，2つの条件が必要になる。まず，その魅力素が消費者にとって重要でなければならない。アメニティ指数と高い相関を持っている魅力素は，消費者にとって重要な魅力素であろう。次に，その魅力素がその観光地独自のものでなければならない。日経調査は各魅力素について，各都道府県に他とは違う独自性を感じている消費者の比率を調べている。この独自性との相関の高い魅力素は，独自性を発揮しやすい魅力素である。

　他を以て代え難いその観光地の魅力素は，消費者にとっての重要性と独自性によって支えられている。観光地を競争相手と差別化するには，消費者にとって重要なアメニティを備えるとともに，そのアメニティが他の観光地には見られない独自のものでなければならない。言い換えれば，観光地のマーケターが注目すべき魅力素は，アメニティ指数に大きく影響するとともに独自性が発揮しやすいものである。このような魅力素を戦略的魅力素と呼ぼう。これが観光地の競争優位性の主要基盤になる。

　図1.9はアメニティ指数と独自性に対して，魅力素がどのような相関を持つかを示したものである。図中で右上方に位置する魅力素が，アメニテ

図1.9 戦略的魅力素

N＝47

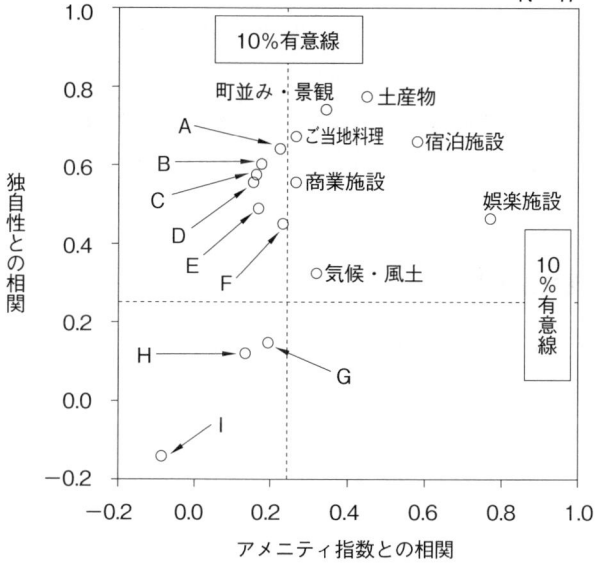

注：A美術館・博物館，B名所・旧跡，Cイベント・祭り，D歴史・伝統，E郷土芸能，F工芸・工業品，G自然，H農水畜産物，I温泉。

ィ指数と独自性の両方に有意な相関を持っている。これらが戦略的魅力素である。戦略的魅力素はアメニティの実体を構成する中核的要素であるといえよう。

　戦略的魅力素の中でも，とくにテーマパーク・動物園などの娯楽施設，宿泊施設，土産物がとくに重要である。テーマパーク・動物園など娯楽施設のアメニティのトップ5をその回答比率とともに挙げると，千葉（43％），東京（34％），大阪（27％），北海道（23％），神奈川（21％）である。千葉の東京ディズニーランド，東京の上野動物園や多くの劇場，大阪のユニバーサルスタジオ，北海道の各地にある個性的なテーマパーク・動物園，神奈川の横浜大世界・中華街などがその具体的内容であろう。

　宿泊施設のアメニティ・トップ5は，東京（14％），北海道（12％），京都（10％），沖縄（9％），神奈川（8％）である。これらには一流のシティ・ホテルやリゾート・ホテルがある。また京都，神奈川には卓越した旅

I　アメニティが決める観光地の魅力　39

館が多い。土産物のトップ5は，北海道（42%），京都（32%），沖縄（29%），鹿児島（21%），大阪（18%）である。全国的に著名で手頃な価格の地域ブランドや特産品を多く持つ地区が上位に名を連ねている。都道府県間の観光客シェアの大半は，現状ではこれらの戦略的魅力素の状態によって決定されているといってもよいであろう。これらがアメニティとなっているのである。

▶戦略的魅力素から見た観光地

　これまでの議論をまとめると，都道府県間で観光客シェアには大きい格差が存在した。この格差は各観光地の商圏の地理的範囲に大きく現れた。これらの格差に基づいて，観光地は全国型，地域型，そして近隣型という階層に分けられた。この階層分化は観光地の地理的位置よりもむしろ各観光地のアメニティによって生み出された。消費者は観光地魅力をテーマよりむしろ魅力素のレベルで認識している。この魅力素の中でも，アメニティ指数と有意な関連を持つだけでなく独自性を発揮しやすい観光素が戦略的観光素である。

　観光地間競争の中で，観光地の優位性はこの戦略的観光素の状態によって決まる。**図1.10**はこの状態が観光地階層間でいかに異なっているかを示している。全国型は地域型や近隣型に圧倒的格差を付けている。とくにテーマパーク・動物園などの娯楽施設，土産物，町並み・景観での格差が大きい。また，地域型も近隣型に対してすべての戦略的観光素に関して上位にあるがその格差はわずかである。このような格差構造は，明らかに**図1.2**で示した観光客シェアのスクリー・プロットのプロフィールに対応しているといえよう。

　7種の魅力素のそれぞれがアメニティ指数や観光客シェアにどのような影響を与えているのか。これを回帰分析などによって推定することは難しい。戦略的要素間にかなり高い相関関係が存在し，それが回帰分析における多重共線性問題を引き起こすからである。実際に，戦略的観光素を因子分析にかけてみると，**表1.9**に示すように，2種の因子が現れる。

図1.10 観光地階層間での戦略的魅力素の相違

N=47

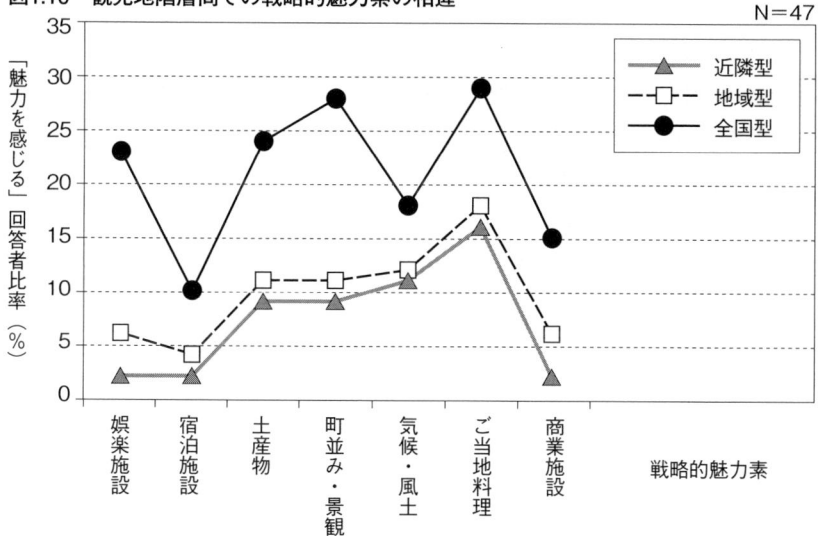

縦軸:「魅力を感じる」回答者比率（％）
横軸: 戦略的魅力素（娯楽施設、宿泊施設、土産物、町並み・景観、気候・風土、ご当地料理、商業施設）

凡例: 近隣型、地域型、全国型

表1.9 戦略的魅力素の因子分析

網かけは因子を定義する変数　　N=47

戦略的魅力素	因子 3 準アーバン	因子 4 風土グルメ	共通度
商業施設	0.914	−0.176	0.867
娯楽施設	0.829	0.004	0.688
宿泊施設	0.822	0.386	0.825
土産物	0.320	0.911	0.933
ご当地料理	0.105	0.856	0.745
気候・風土	−0.178	0.840	0.738
町並み・景観	0.605	0.472	0.588
合計	2.7	2.7	
分散の %	38.7	38.2	
累積 %	38.7	76.9	

　戦略的魅力素間の相関が高いので，これらの因子によって，7種の戦略的観光素の情報の76.9%が要約されている。因子1と高い相関（因子負荷量）を持つ魅力素を見ると，ショッピング，娯楽，そして宿泊施設に関連した魅力素から構成される。この因子の背後には，快適な宿泊施設に滞在しショッピングや娯楽を楽しむアーバン・リゾート的な観光の姿が浮かぶ。

Ⅰ　アメニティが決める観光地の魅力　41

図1.11 町並み・景観（魅力を感じる比率％）のトップ10

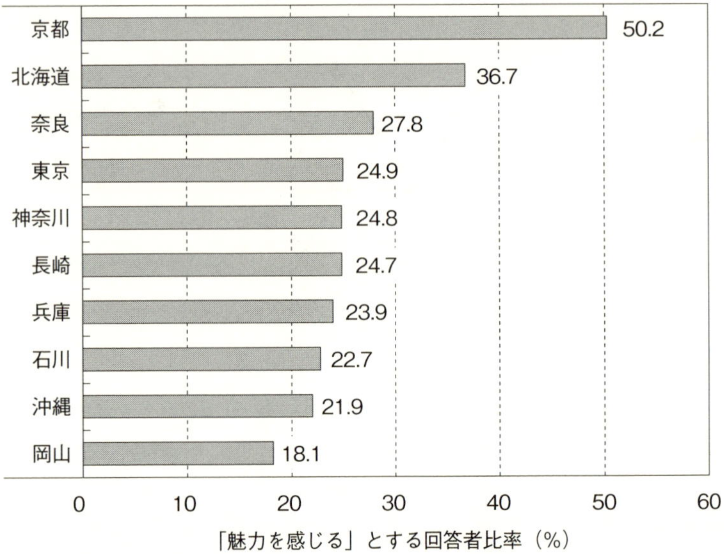

順位	都道府県	比率(%)
1	京都	50.2
2	北海道	36.7
3	奈良	27.8
4	東京	24.9
5	神奈川	24.8
6	長崎	24.7
7	兵庫	23.9
8	石川	22.7
9	沖縄	21.9
10	岡山	18.1

出所：「日経調査」2010年。

　この因子の魅力素内容に，美術館・博物館が含まれていないことを除けば，**表1.7**で抽出したアーバン因子と同じである。したがってこの因子は準アーバン因子と呼んでも差し支えないであろう。

　因子2は土産物，ご当地料理，気候・風土から構成される。これらの魅力素は**表1.7**の分析ではグリーン因子と郷土文化因子の魅力素であったものである。日常生活の環境とは異なった気候・風土を楽しみ，それらが創り出したご当地料理を楽しみ，そこでしか買えない食料品を中心にした土産物を持って帰る。これらの共通の根は，そのような場所に行かなければ味わえない風土に依存したグルメ指向である。したがってこの因子を風土グルメと名付けよう。

　町並み・景観以外の魅力素はこれら2種の因子に対して単純構造を示しているが，町並み・景観は2つの因子に対して関連を持っている。町並み・景観は観光地のほぼ共通した魅力点になっているといってよい。**図1.11**はそのトップ10を示しているが，いずれも独自の魅力的な町並み・景観

図1.12 アメニティ指数への風土グルメ因子と準アーバン因子の影響   N=47

- 風土グルメ: 0.333
- 準アーバン: 0.538

影響度（標準回帰係数）

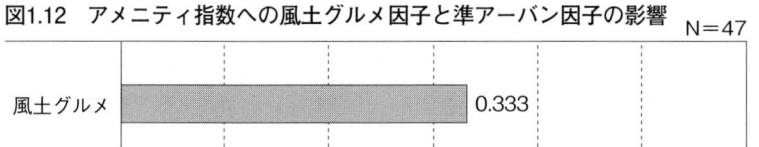

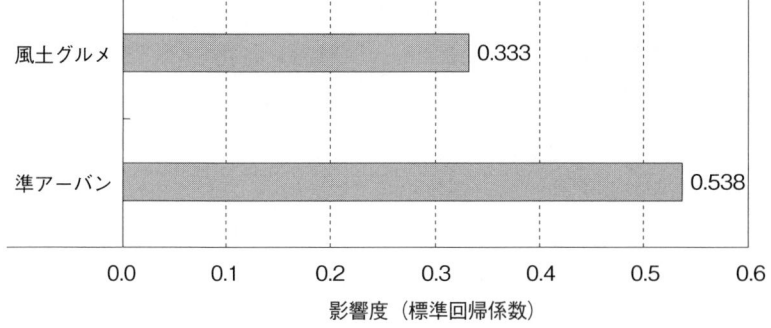

注：自由度調整済み決定係数 $\overline{R}^2 = 0.373$。各回帰係数は0.1％水準で有意。

図1.13 観光地の戦略的位置   N=47

観光地階層
- ○ 近隣型
- △ 地域型
- ▽ 全国型

縦軸：準アーバン型アメニティ
横軸：風土グルメ型アメニティ

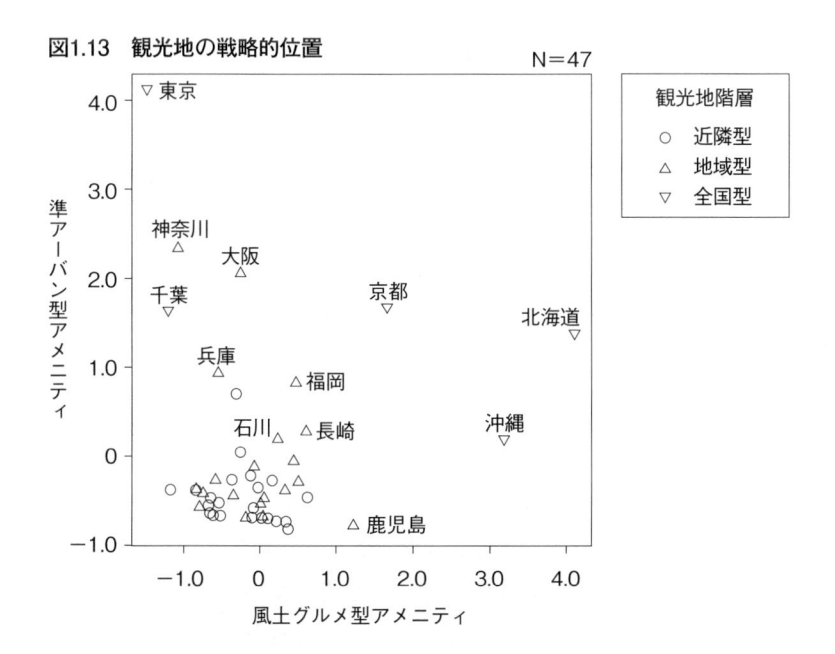

を持つ地区が並んでいる。

　これらの因子得点がアメニティ指数に与える影響は図1.12に示されている。風土グルメよりも準アーバンが大きい影響を与えている。

　町並み・景観を別にすれば、戦略的魅力素は大別して準アーバンと風土グルメという2つの側面に分かれる。図1.13は観光地の階層があがるに

つれて，これら2つの側面から見た観光地のタイプが分化していくことを示している。とくに全国型の観光地にあっては，この分化が極めて明確である。東京と千葉はほぼ完全に準アーバン魅力に特化している。一方で，北海道と沖縄は風土グルメ型に特化している。京都はこれらの両側面をバランスよく併せ持っている。

　これらのことは観光地の魅力強化のアメニティ・ミックスの方向として3方向があることを示している。準アーバン型，風土グルメ型，バランス型の3方向である。地域観光地の中にもその方向が現れだしている地区がある。鹿児島，長崎，石川などは風土グルメ型へ，神奈川，大阪は準アーバン型へ，そして福岡はバランス型へ一歩踏み出しているように見える。しかし，多くの地区はまだその方向が明確に見えていない。いずれかの方向で他の地区に差別化ができなければ観光客を吸引することはできない。

　自然条件，歴史遺産，あるいは都市計画によって印象深い町並み，景観を創り出すことは観光客を吸引するための必要条件である。これについては，住民の支持を背景に官民の観光マーケターの共同作業が必要であろう。しかしこれだけでは観光客を吸引できない。

　さらに準アーバン型のアメニティか風土グルメ型のアメニティを付け加えねばならない。準アーバン型アメニティは大規模な娯楽施設や優れた商業施設，宿泊施設を含んでいる。したがってその足下に巨大な人口集積が必要になる。準アーバン型アメニティの充実は大都市圏に位置する観光地の方が有利である。しかし，風土グルメ型アメニティの充実はこの人口規模に関連はない。ご当地料理や土産物になるような地域ブランドの開発は，地域資源を活かすマーケターの創意に大きく依存している。観光振興は地域ブランド開発との連携をもっと強化しなければならない。

　全国の観光客のアメニティ欲求を踏まえ，それに地域の観光資源を整合して，どのようなアメニティ・ミックスを創造するのか。これはすべての観光マーケターに課せられた課題である。

補論1-1 観光地階層別に見た出向率と距離の関係の推定

各トリップの出向率を被説明変数とし，各居住地から見たアメニティa_{ij}と時間距離を説明変数とする回帰分析を行ってみると，下の表のような結果が出た。トリップ出向率の変動はいずれの場合も90％前後説明されている。アメニティ魅力a_{ij}が時間距離を除く，観光地のアメニティに関連していることはたしかである。また，近隣型や地域型の観光地では，出向率1％未満のトリップでは時間距離の回帰係数は極端に小さくなっている。これは時間距離の長短がトリップ出向率にほとんど影響を与えていないことを示している。

これらの推定式を使って，トリップ出向率と時間距離の平均的な関係を導出するには，各推定式に，確率で計算したアメニティ魅力a_{ij}の平均値を代入すればよい。この平均値は出向率1％以上のトリップについて，近隣型は4.007，地域型は5.807である。全国型は12.111である。これらを推定式に代入して整理すれば，各観光地階層でのトリップ出向率と時間距離の平均的な関係式は次のようになる。

近隣型：トリップ出向率（％） = 4.150 − 0.010 × 時間距離（分）

地域型：トリップ出向率（％） = 7.055 − 0.019 × 時間距離（分）

全国型：トリップ出向率（％） = 12.111 − 0.023 × 時間距離（分）

表補論1.1　トリップ出向率を被説明変数とする回帰分析

説明変数	近隣型		地域型		全国型
	出向率1％以上	出向率1％未満	出向率1％以上	出向率1％未満	
定数	2.034	0.354	3.96	0.473	5.772
居住地iから見た観光地jのアメニティ魅力a_{ij} (注)	0.528	0.345	0.533	0.318	0.401
居住地iから観光地jへの時間距離D_{ij}	−0.01	−0.001	−0.019	−0.001	−0.023
調整済み決定係数$\bar{R}^2$	0.895	0.929	0.849	0.962	0.928
標本数（トリップ数）	138	874	398	522	230

注：出向率を％ではなく，100で除した確率で計算している。各係数はすべて0.1％水準で有意。

トリップ出向率が1％以下になる時間距離を計算すると，近隣型は314分，地域型は344分，全国型は483分になる。これらは商圏のすそ野の広さを示している。近隣型と地域型との差はわずかであるが，全国型とはそのアメニティの差異によって大きく開いている。時間距離が交通体系の変化の影響を受け，実質的な距離範囲が変動すことはいうまでもない。

注

*1　観光庁「旅行・観光産業の経済効果に関する調査研究」2009年。
*2　http://www.mlit.go.jp/kankocho/shisaku/kankochi/seibi.html。
*3　2012年現在，8地区が広域観光圏として設定されている。これらの詳細については，http://www.mlit.go.jp/common/000164797.pdf　をみよ。
*4　原田保，三浦俊彦編著『地域ブランドのコンテキストデザイン』同文舘出版，2011年。
*5　観光庁「我が国の観光統計の整備に関する調査報告書」(http://www.mlit.go.jp/common/000059503.pdf)。
*6　山根啓典ほか「観光統計を活用した地方の観光構造に関する空間分析〜越境圏での観光特性分析及び交通インフラ整備による観光経済分析を例に」(http://www.mlit.go.jp/kankocho/siryou/toukei/ronbun.html)。
*7　観光庁『観光白書』2010年。
*8　例えば，観光政策審議会「今後の観光政策の基本的な方向について（答申第39号）」平成7年6月2日。
*9　http://www.mlit.go.jp/kankocho/siryou/toukei/irikomi.html。
*10　これは地理空間行動モデルにおける標準的な定式化である。これに関しては膨大な研究蓄積がある。総合的な展望は，S. Brown, *Retail Location: A Micro-Scale Perspective*, Avebury, 1992.を参照。
*11　これは利用可能な交通機関を利用した場合の県庁最寄り駅間の時間距離（分）である。エキスパートにより，2011年7月に計測した。
*12　1つの直接的なアプローチは消費者サーベイであろう。各都道府県の観光資源に消費者が感じる魅力度を調査することである。しかし，調査対象者は全国にわたって設定しなければならない。そのため，必要標本数は大きくなりデータ収集費用は巨額になる。幸いにこのような調査が行われたとしても，観光資源の種類は，歴史，自然，文化，グルメ，遊覧施設，買物施設など多岐にわたっている。これらの観光資源への消費者の態度データを分析し1つの魅力度指数にまとめるにも，時間と費用がかかる。
　　費用と時間からいってより望ましいアプローチは，「宿泊旅行統計調査」などのデ

ータから，観光地の総合的魅力度を簡便に推定する方法である。
*13　国土交通省，観光庁，観光産業課「ニュー・ツーリズム旅行商品　創出・流通促進ポイント集」平成22年3月。
*14　標準的な手法では，アメニティ指数を被説明変数とする回帰分析が考えられよう。しかし，魅力素間の多くに極めて高い相関関係が存在するため，この手法によっては個々の魅力素がアメニティ指数とどのように関連しているかを分析することは困難である。
*15　田村正紀『ブランドの誕生―地域ブランド化実現への道筋―』千倉書房，2011年。

II

アメニティ変化の兆し

　日本人国内旅行の現状は，観光先が少数の観光地に集中することであった。観光客全国シェアで見ると，千葉，北海道，沖縄，東京，京都など全国型観光地への集中度が高く，残りの都道府県に対して圧倒的な格差を付けている。その主要な原因はこれらの観光地のアメニティが圧倒的に高いことであった。そのアメニティの中核は，準アーバン型アメニティと風土グルメ型アメニティである。前者の魅力素は，テーマパーク・動物園などの娯楽施設，百貨店・商店街などの商業施設，そして宿泊施設であり，後者はご当地料理，土産物，気候・風土からなる。これらのアメニティの圧倒的格差によって，全国型観光地への集中が生じている。

　このような観光パターンは将来も続くだろうか。観光客のまなざしの変化によって，観光客の地域集中やアメニティの内容に関して何らの変化が生じるのだろうか。本章ではこれらの問題を，将来の観光地選択についての消費者の意向データを分析することによって明らかにしてみよう。これらの意向データは，日経リサーチの「地域ブランド戦略サーベイ：地域総合評価編」（有料公表，以下で日経調査と呼ぶ）をデータベース化したものである。この分析では各観光地への初訪問意向や再訪問意向が焦点になろう。

1. 将来市場の動態

▶観光先訪問状態の推移図式

　個々の観光地についていえば，消費者は訪問したことがあるか，それともまだ訪問していないかのいずれかである。各観光地について，これらのの消費者比率をあわせて訪問状態と呼ぼう。例えば，ある観光地に対して，消費者全体の訪問率が30%であり，未訪問率が70%とすれば，訪問状態は次のような行ベクトルVで表すことができる。

　　V = (30　70)

　ベクトルの最初の要素は訪問率，次の要素は未訪問率である。長方形，あるいは正方形に配列した数値などを数学ではひとまとめにして行列と呼ぶが，行ベクトルは1行からなる行列である。

　この訪問状態は観察期間の長さによって異なる。「今まで」という過去すべての期間をとるのか，それとも昨年1年間など特定期間をとるかによって訪問状態の区分は異なる。しかしこの期間を特定すれば，訪問者か未訪問者かのいずれかの状態に区分できる。例えば，日経調査では，「今まで」という期間を取り，訪問者と未訪問者を次のように定義している。

　　訪問者＝「住んだことがある」，「行ったことがある」とした回答者
　　未訪問者＝回答者全体−訪問者

　前章で検討したように，各都道府県の観光客シェア（%）は，その府県が観光地として占める地位を表している。このシェアに基づき都道府県は，全国型，地域型，近隣型といった観光地階層に分けられた。この階層別に日経調査における訪問者と未訪問者の回答者比率を調べてみると，**図2.1**のようになる。

　観光地階層は観光庁の「宿泊旅行統計調査」2009年の宿泊旅行者数に基づき区分されている。一方，訪問率は日経調査による標本データである

図2.1 観光地階層別の訪問状態

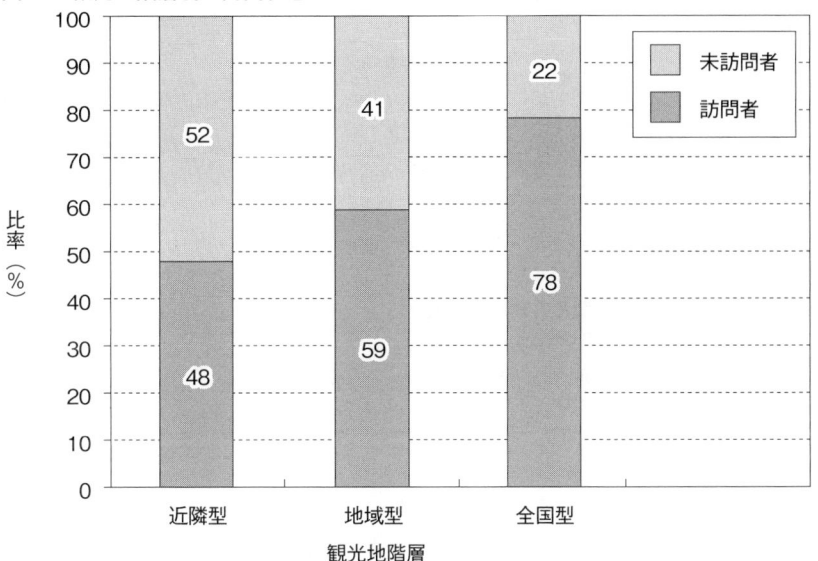

グラフ：観光地階層別の訪問状態（比率％）
- 近隣型：訪問者 48、未訪問者 52
- 地域型：訪問者 59、未訪問者 41
- 全国型：訪問者 78、未訪問者 22

出所：「日経調査」2010年。

が，その訪問コンセプトは宿泊観光よりも広い。「訪問」は宿泊しない訪問も含んでいる。さらにそれは，観光だけでなく居住を含んでいる。これらの相違にもかかわらず，図2.1は観光地階層間での訪問状態の性格をよく表している。補論2－1で示すように，日経調査の「訪問」関連データは，居住よりも観光の側面をより強く持っているからである。

近隣型観光地へは，未訪問の消費者が5割を超えている。これに対して，全国型観光地では平均で2割強にすぎない。観光客の誘致に関しては，近隣型は初訪問者を増やすことが極めて重要である。これに対して，全国型観光地では再訪問率をあげることが課題になる。地域型観光地はこの中間の位置にいる。

特定観光地の訪問状態は，時間の経過とともに変動するだろう。今まで未訪問者であった人が初訪問を行ったり，またすでに訪問した人が再訪問しなくなったりするからである。訪問状態を例えば1年間といった一定期間に限って定義すれば，訪問者はこの間に訪問した人であり，未訪問者は

図2.2 観光地訪問状態の推移図式

推移図式：

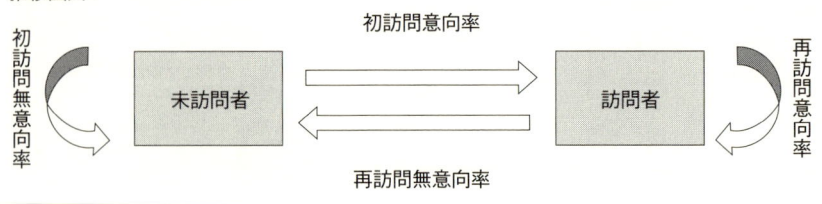

```
        初訪問意向率
初訪問   ┌─────┐  ──────→  ┌─────┐   再訪問
無意向率 │未訪問者│          │訪問者│   意向率
  ↺     └─────┘  ←──────  └─────┘    ↻
        再訪問無意向率
```

推移率（確率表示）：

　　初訪問意向率A＝初訪問意向者／未訪問者
　　再訪問意向率B＝再訪問意向者／訪問者
　　初訪問無意向率C＝1－A
　　再訪問無意向率D＝1－B

		未訪問者	訪問者
推移行列T＝	未訪問者	1－A	A
	訪問者	1－B	B

そうでない人である。そして，今後に訪問する意向があるかないかを問えば，その意向が実現した場合，将来の訪問状態が変化することになる。**図2.2**の推移図式は，意向が実現した場合に起こる訪問状態の変化の様子を示したものである。

　訪問者と未訪問者からなる将来の訪問状態は，4種の推移率によって生じる。初訪問意向率，初訪問無意向率，再訪問意向率，そして再訪問無意向率である。現在をt期とし，将来の期間が，($t+1$) 期，($t+2$) 期といったように離散的に区切られているとしよう。そして，4種の推移率が各期間にわたって不変であり，意向の実現による推移が各期で生じるとしよう。

　各期での新しい訪問者は，前期の未訪問者のうちで初訪問した人と，前期の訪問者のうちで再訪問した人からなる。これを比率の点からいえば，新しい訪問率は，前期の未訪問率に初訪問意向率を乗じ，また前期の訪問率に再訪問意向率を乗じ，そしてこれらの結果を足し合わせたものである。同じように，新しい未訪問率は，前期の未訪問率に初訪問無意向率を乗じ，

また前期の訪問率に再訪問無意向率を乗じて，これらの結果を足し合わせたものである。

図2.2の下方に示すように，これらの推移率は，まとめて推移行列Tで表すことができる。さらに，t期と$t+1$期の訪問状態ベクトルをそれぞれV_t及びV_{t+1}と表せば，新しい期での訪問状態を計算する以上のような作業は，前期の訪問状態ベクトルの右から推移行列を乗じることと同じである。つまり，

$$(1) \quad V_{t+1} = V_t \times T$$

である。

例としてディズニーランドをかかえる千葉県の事例を取り上げてみよう。日経調査によれば，千葉県の場合，訪問者は82.5%であるから，その状態ベクトルV_tは，

$$V_t = (0.175 \quad 0.825)$$

である。また，同調査によれば，未訪問者の55.3%が初訪問意向を持ち，訪問者の67.3%が再訪問意向を持っている。[*2] したがって，千葉県の推移行列は次のようになる。

$$T = \begin{bmatrix} 0.447 & 0.553 \\ 0.327 & 0.673 \end{bmatrix}$$

次期の状態ベクトルV_{t+1}は，式（1）によれば，

$$\begin{aligned}
V_{t+1} &= (0.175 \quad 0.825) \begin{bmatrix} 0.447 & 0.553 \\ 0.327 & 0.673 \end{bmatrix} \\
&= (0.175 \times 0.447 + 0.825 \times 0.327 \\
&\qquad 0.175 \times 0.553 + 0.825 \times 0.673) \\
&= (0.372 \quad 0.628)
\end{aligned}$$

に変化する。未訪問者は34.8%，訪問者は65.2%に変わる。さらに次の期

の状態ベクトルV_{t+2}を計算するには、さらにV_{t+1}の右から推移行列を乗じればよい。

▶均衡訪問状態

推移行列が変わらない限り、このような推移過程が続いていく。その果てには、訪問率と未訪問率、つまり訪問状態ベクトルはどうなるだろうか。

数学理論（単純マルコフ過程）によれば、この過程は均衡訪問状態を生み出すことが知られている。均衡訪問状態になると、推移行列を右から乗じても次の期の訪問状態ベクトルの値は変化しなくなる。推移行列にしたがって推移は生じているが、それが訪問状態ベクトルの値を変えないのである。つまり、訪問率と未訪問率は一定の値で均衡するようになる。

均衡状態とはどのような状態をいうのか。均衡状態にある訪問状態ベクトルをEとしよう。Eは均衡訪問率e_1と均衡未訪問率e_2を要素にしている。つまり、

$$E = (e_1 \quad e_2)$$

である。均衡訪問状態ベクトルEとは、次期の訪問状態ベクトルを計算するために、右から推移行列Tを乗じても、同じようにEが得られる状態である。つまり

（2）　　$E = E \times T$

である。推移行列による推移は生じるけれども、それによって今期と次期の訪問状態ベクトルの値は変化しない。均衡状態とはこのような状態である。

均衡状態にある訪問率と未訪問率は、**図2.2**に示した推移率を使って、次式で求めることができる（補論2-3を参照）。

（3）　　$$均衡訪問率 = \frac{初訪問意向率A}{1 + 初訪問意向率A - 再訪問意向率B}$$

（4）　　均衡未訪問率 ＝ 1 － 均衡訪問率

この均衡式を利用して千葉県の場合の均衡訪問率を求めてみると，A = 0.553，B = 0.673であるから，

$$均衡訪問率 = \frac{0.553}{1 + 0.553 - 0.673} = 0.628$$

であり，均衡未訪問率は0.372になる。つまり，均衡状態ベクトルは（0.372　0.628）である。このことを確認するために，この均衡状態ベクトルに上記の千葉県推移行列を右から乗じると，

$$(0.372 \quad 0.628) \begin{bmatrix} 0.447 & 0.553 \\ 0.327 & 0.673 \end{bmatrix}$$

$$= (0.372 \times 0.447 + 0.628 \times 0.327 \quad 0.372 \times 0.553 + 0.628 \times 0.673)$$

$$= (0.372 \quad 0.628)$$

となり，状態ベクトルの値は変化しないから，均衡状態であることが確認できよう。

均衡訪問率は何を意味しているのだろうか。

均衡訪問率は式（3）の均衡式が示しているように，初期の訪問状態ベクトルには依存せず，推移行列によって決まる。推移行列はその観光地への消費者の意向を表している。均衡訪問率はこの消費者意向が一定であれば，その意向実現に基づく推移によって将来にどのような訪問率が生じるかを示したものである。意向が消費者の将来行動を表し，そのまま実現するとすれば，均衡訪問率はその観光地の将来の訪問率を示しているといってもよいだろう。均衡訪問率は，消費者意向が将来の訪問率に対して持つ含みを明らかにしたものである。

以下では，均衡訪問率を将来訪問率の予測数値としてではなく，消費者意向の訪問率への含みを明示するために使用しよう。予測数値として使うには，元になる日経調査のデータが不完全だからである。最も重要な点は，推移に要する期間が設定されていないことである。初訪問や再訪問の意向

は，例えば1年以内といった特定期間での意向ではなく，いつか訪問したいといった期間限定のない意向である。また，訪問率も過去1年の間といった特定期間での訪問率ではなく，今までの訪問率である。これらの事情のため，均衡訪問率は予測数値としては使えない。

しかし，式（3）の均衡訪問率の定義から明らかなように，均衡訪問率は訪問率ベクトルの初期状態に依存せず，推移行列の値だけによって決定される。実質的には，式（3），（4）に示したように，初期訪問率と再訪問率だけによって決定される。そして，推移行列が変わらない限り，均衡訪問率はいったんそれに達した後は永遠に同じ値になる。この意味で，均衡訪問率は消費者意向が将来の訪問率に対して持つ含み，つまり消費者意向がそのまま実現されるとすれば，究極的に将来の訪問率がどこに落ち着くかを示している。

▶均衡訪問率の全体像

47都道府県のすべてについて均衡訪問率を計算してみると，全体としてどのような特徴が現れるだろうか。

この特徴を把握するため，初期訪問率（現在の訪問率）を，消費者意向を反映した均衡訪問率と比較してみよう。図2.3では，横軸に訪問率順位を昇順で取り，縦軸に2種の訪問率の値をとり，訪問率順位が下がるにつれて初期と均衡の訪問率がどのように下がっていくかのスクリー（ガレ場）の全体像をスクリー・プロットで示している。

均衡訪問率のスクリー・プロットは，初期訪問率のそれと比べると，明らかによりなだらかである。その両端は初期訪問率と同じような傾きを持つが，それらに含まれる観光地の数は極めて少ない。中間の広い範囲にわたって，均衡訪問率はよりなだらかに傾斜しているのが特徴である。言い換えれば，観光地間の階層格差が急速に縮まるのである。均衡訪問率のこのようなスクリー・プロットの背後で何が起こっているのだろうか。

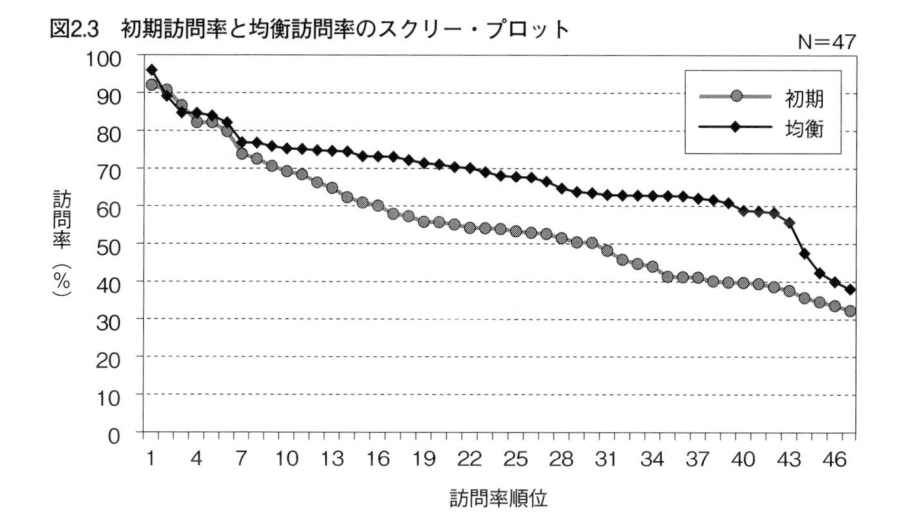

図2.3 初期訪問率と均衡訪問率のスクリー・プロット　　N=47

2. 消費者意向での観光地選択

▶消費者意向から見た将来の観光先

　均衡訪問率は，どの観光地に行きたいかの消費者意向を反映している。この意味で均衡訪問率は，観光客シェアから見た観光地の将来市場の大きさの指標でもある。近年，国内観光市場は減少傾向に転じている。小さくなるパイに対して，観光客シェアを上昇させることが各観光地にとってますます重要になっている。均衡訪問率を各観光地について現時点での訪問率と比較すれば，観光地の将来市場成長率の指標となろう。この成長率指標を各観光地について次式で計算することにしよう。

$$(5)\quad 将来市場成長率=\frac{均衡訪問率}{初期（現在の）訪問率}\times 100$$

　観光地を観光地階層別に分けてこの将来市場成長率を示すと**表2.1**のようになる。

　注目すべき点はいくつかある。まず観光地階層別に平均を見ると，全国

表2.1 将来市場成長率（％）

全国型 平均＝113		地域型 平均＝122		近隣型 平均＝149	
沖縄	177	鹿児島	252	秋田	220
北海道	136	岩手	167	高知	212
京都	93	石川	146	青森	193
東京	81	長崎	145	島根	184
千葉	76	和歌山	142	宮崎	181
		熊本	137	富山	170
		宮城	130	愛媛	169
		福岡	127	鳥取	162
		新潟	117	徳島	156
		三重	114	佐賀	156
		岐阜	111	山形	152
		福島	111	大分	148
		兵庫	103	山口	147
		滋賀	100	香川	135
		長野	99	福井	135
		静岡	98	広島	117
		神奈川	96	岡山	112
		大阪	87	山梨	103
		栃木	83	愛知	92
		群馬	76	奈良	88
				茨城	73
				埼玉	57

型は13％，地域型は22％，近隣型は49％である。訪問率が増えれば，観光客シェアも増える。したがって，階層を下るほど将来市場成長率は高くなるということは，階層間格差が縮まるということである。均衡訪問率のスクリー・プロットをよりなだらかにしているのはこのような変化である。

　しかし，同じ階層内でも成長率は大きく異なっている。例えば，全国型を見ると沖縄と北海道は伸びるけれども，東京，千葉，京都は減少する。とくに観光客シェアで1位である千葉の落ち込みが大きい。地域型や近隣型でも事情は同じである。

　地域型では鹿児島，岩手，石川，長崎，和歌山が成長するのに対して，長野，静岡，神奈川，大阪，栃木，群馬では停滞する。近隣型ではとくに秋田，高知，青森，島根，宮崎などが大きく伸びるが，愛知，奈良，茨城，

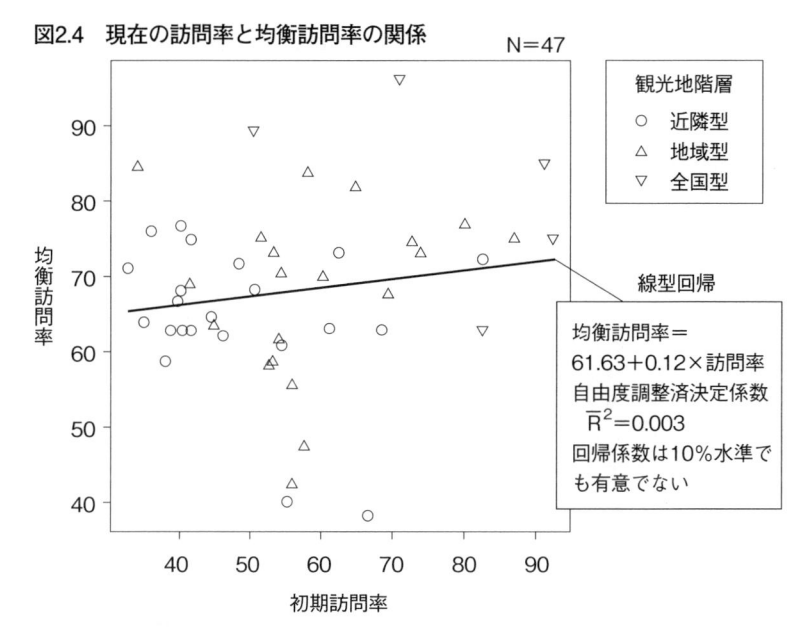

図2.4 現在の訪問率と均衡訪問率の関係

N=47

観光地階層
○ 近隣型
△ 地域型
▽ 全国型

線型回帰

均衡訪問率＝
61.63＋0.12×訪問率
自由度調整済決定係数
$\overline{R}^2$＝0.003
回帰係数は10％水準でも有意でない

出所:「日経調査」2010年のデータに基づき計算。

埼玉では停滞する。いずれの階層でも３大都市圏及びその近郊では停滞するのに，これらの地域から離れた，いわば周辺部の観光地の成長が著しい。

以上のことを全体としてみると，将来市場の成長率は今までの観光地階層や訪問率に依存しないということである。このことは図2.4の散布図に明確に現れている。均衡成長率は初期訪問率とは無関係に広く分散している。決定係数$\overline{R}^2$の値は極めて低く，初期訪問率は均衡訪問率の変動をほとんど説明しない。これらの結果は何を意味しているのだろうか。それは将来に訪れたい観光地を選ぶ消費者の選択基準が従来の選択基準と大きく変わり，観光地選択様式の大転換が生じようとしているのかもしれないということである。

▶観光地の新しい選択基準

　推移行列は消費者意向を反映している。この推移行列による均衡訪問率は，従来の訪問率とはほとんど関連がない。この背後には，観光地の選択

表2.2 観光魅力素との相関比較 網かけは5％水準で有意　N＝47

観光魅力素	初期(現在の)訪問率	均衡訪問率
歴史遺産：		
町並み・景観	0.557	0.619
名所・旧跡	0.285	0.511
歴史・伝統	0.219	0.503
工芸・工業品	0.340	0.390
グリーン：		
土産物	0.295	0.720
気候・風土	−0.245	0.498
自然	−0.265	0.337
農水畜産物	−0.273	0.329
温泉	−0.232	0.088
アーバン：		
宿泊施設	0.634	0.524
美術館・博物館	0.686	0.370
商業施設	0.683	0.255
娯楽施設	0.635	0.250
郷土文化：		
ご当地料理	0.066	0.700
イベント・祭り	0.193	0.488
郷土芸能	−0.009	0.485
アクセス便利	0.810	0.100

出所：「日経調査」2010年のデータに基づき計算。

基準の大きい変化が予想できよう。この点を確かめるために，**表2.2**によって初期訪問率と均衡訪問率に対し，種々な観光魅力素がどのような相関を持つかを比較してみよう。

前章で行った因子分析の結果によれば，観光地の魅力素は歴史遺産，グリーン，アーバン，郷土文化という，4種のアメニティ次元を持っていた。**表2.2**はこれらの次元別に魅力素をまとめて現在の訪問率及び均衡訪問率との相関係数を示している。

この分析結果を見ると，観光地選択の将来基準は，これまでの基準から大きく変化している。これまでの訪問地は主としてアーバン型アメニティによって選ばれていた。その内容は宿泊施設，美術館・博物館，百貨店・商店街などの商業施設，テーマパーク・動物園などの娯楽施設であった。

初期訪問率はこれらのアーバン型魅力素のすべてとかなりの相関を持っている。すでに前章で検討したように，これらの魅力素における観光地間の格差は大きい。それによって，全国型，地域型，近隣型からなる観光客シェアや商圏範囲の階層構造が生まれていた。

　その他の魅力素について見ると，町並み・景観，工芸・工業品，土産物が若干の相関を持つに過ぎなかった。その結果，テーマとして歴史遺産やグリーンは初期訪問率にほとんど関連を持たなかった。とくに郷土文化に関しては，それを構成する魅力素のいずれも初期訪問率とは有意な関連を持っていない。そしてアクセスの便利さが初期訪問率と大きい相関を持っている。「アクセス便利」とは，日経調査でその観光地へのアクセスが便利であると回答した消費者の比率（％）である。この結果は観光客が交通体系上の幹線結節点を指向し，二次交通利用を必要とするような周辺僻地へは観光のまなざしを向けなかったこと意味している。

　表2.2でとくに注目すべきことは，将来訪問したいという観光地は，従来の観光地とは大きく異なる魅力素を持つ観光地であるという点にある。これらの観光地は，歴史遺産に関して優れた魅力素を持つ観光地であり，またグリーンというテーマに関しても優れた魅力素を持つ観光地である。将来の観光地選択では，歴史遺産やグリーンが消費者を吸引するテーマとなる。さらに郷土文化というテーマも大きく浮上し始めている。温泉は相変わらず魅力素にならないが，ご当地料理，イベント・祭りそして郷土芸能が吸引力を持つ魅力素として浮上してくるからである。

　これらの新しいテーマや魅力素に対して，従来は観光客を引きつけてきたアーバン的なテーマはその吸引力を低下させている。これはアーバン型観光の中核を構成していた商業施設や娯楽施設が吸引力を失い，また美術館・博物館もその吸引力を低下させるからである。そしてアクセスの便利さは訪問先選択と関連を持たなくなる。これは観光客が従来の交通体系から見ると，周辺僻地にまなざしを向けようとしていることを意味している。これらは観光のまなざしのまさしく大転換と呼ぶべき変化である。

表2.3　初訪問意向率と再訪問意向率のトップ10

初訪問意向率%		再訪問意向率%	
北海道	92.4	北海道	96.5
沖縄	77.3	沖縄	90.9
長崎	74.0	京都	88.0
鹿児島	73.9	鹿児島	87.0
青森	68.5	長崎	86.2
京都	67.8	福岡	85.7
福岡	67.1	長野	82.0
高知	66.4	神奈川	81.4
東京	64.9	石川	80.9
宮崎	64.9	兵庫	80.0

出所:「日経調査」2010年。

▶初訪問意向率と再訪問意向率

　式（3）に示したように，均衡訪問率は初訪問意向率と再訪問意向率によって決まる。すなわち，未訪問者のうち何割に初訪問したいと思わせるか（初訪問意向率），訪問者の何割に再訪問したいと思わせるか（再訪問意向率）によって決まるのである。これらのトップ10となる地区を見ると，**表2.3**のようになる。

　北海道はいずれの意向率でもダントツの1位である。全国型観光地では沖縄と京都が両意向率のトップ10に入っている。北海道，沖縄，京都が将来も観光地としての地位を維持し続けることは明らかである。しかし，全国型観光地の中で，東京は初訪問意向率ではトップ10に入るが再訪問意向率では入っていないし，千葉はいずれの意向率でもトップ10には入らない。これらの地区には一度行けばよいと思っている人が多いのだろう。少なくとも消費者意向の点ではこれらの観光地はその地位を下げている。

　地域型の観光地では長崎，鹿児島，福岡の九州3県が両意向率でともにトップ10に入っている。これに対して青森，高知，宮崎は初訪問意向率に関してトップ10に入るが，再訪問意向率ではトップ10に入らない。これらの観光地は一度は訪れてみたい観光地なのであろう。一方で，長野，神奈川，石川，兵庫は初訪問意向率ではトップ10に入らないが，再訪問意向率ではトップ10に入る。訪問してみて初めてそのアメニティがわかり，

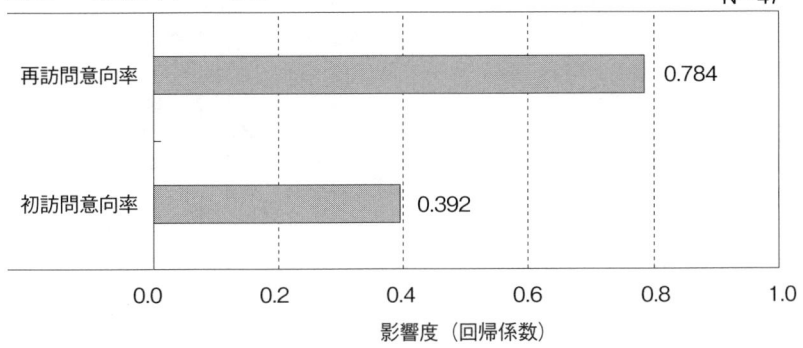

図2.5 均衡訪問率への影響　　　　　　　　　　　　　　　　　N=47

	影響度（回帰係数）
再訪問意向率	0.784
初訪問意向率	0.392

注：自由度調整済み決定係数$\bar{R}^2$ = 0.993。回帰係数はともに0.1％水準で有意。

再訪問したくなる観光地なのである。

いずれにせよ，これらの意向率が高まれば，均衡訪問率は上昇する。しかしこれらの均衡訪問率への相対的影響度はどうなのだろうか。この点を回帰分析で検討してみると，図2.5に示すように，再訪問意向率の方が，より大きい影響度を持っている。回帰係数から判断すると，再訪問意向率が1％上昇すれば均衡訪問率は0.784％上昇する。これに対して，初訪問意向率が1％増えると，均衡訪問率は0.392％上昇するに過ぎない。

消費者の訪問意向は観光地の将来市場に大きく影響する。均衡訪問率はこの将来市場の重要な指標である。均衡訪問率を高めるには，観光地のマーケターは再訪問意向率の向上を主軸としながらも，初訪問意向率の向上にも留意しなければならない。これらのために，マーケターはどのようなマーケティング活動を展開しなければならないのだろうか。次にこの問題の検討に移ることにしよう。

3. 将来市場を目指したマーケティング

▶多様なコミュニケーション活動

消費者は実際の訪問以外にも種々の媒体によって観光地情報と出会う。

表2.4 観光地階層別に見た接点情報媒体の平均到達率（％）

観光地階層	近隣型	地域型	全国型
商業広告：			
テレビCM	4.0	4.4	18.6
パンフレット	7.1	8.6	15.6
交通広告	6.2	7.3	12.6
新聞広告	4.0	3.9	9.8
雑誌広告	2.8	3.2	8.0
インターネット広告	1.2	1.1	3.6
マスコミ記事・広報：			
テレビ番組	37.3	40.8	55.6
新聞記事	13.1	12.4	19.4
雑誌記事	5.9	6.1	13.1
自治体・団体の公式的HP・ブログ	2.5	2.6	4.6
非公式的HP・ブログ	3.5	3.3	5.9
口コミ：			
出身者・有名人の話	8.9	9.4	9.6
周囲の評判	9.7	8.2	8.7
ソーシャルメディア	0.5	0.6	1.2
自治体長・職員の発言	1.2	1.2	1.1
流通販路：			
土産受領	6.9	7.4	18.4
物産展・フェア	5.7	5.5	13.8
その地域の商品購入	6.1	7.0	13.0
小売店等の商品展示	4.3	4.9	9.1
その地域のご当地料理・産品飲食	3.2	3.9	7.5
アンテナショップ	1.9	1.9	4.0

出所：「日経調査」2010年。

　その接点媒体は実に多様である。接点となった主要な媒体の到達率を観光地階層別に示すと，**表2.4**のようになる。到達率とは，その媒体によって観光地（都道府県）情報に接触した消費者の比率である。**表2.4**では各媒体について，観光地階層別の平均値が示されている。これらの到達率数値は各媒体活動の水準を反映したものであろう。

　媒体のタイプ別に見ると，まず商業広告がある。商業広告は情報媒体であり，その送り手は企業など営利的なマーケターである。商業広告の中では，テレビCM，パンフレット，交通広告（車内，駅貼りポスター）の到達率が大きい。次に，マスコミ記事・広報がある。これも情報媒体であるが，

情報の送り手は非営利的な組織である。このタイプの情報媒体では、テレビ番組による到達率が圧倒的に高い。テレビ番組は全媒体の中で圧倒的な到達率を誇っている。これについで新聞や雑誌の記事の到達率が高くなっている。

口コミも情報媒体であるが、その特徴は主としてミニ媒体を使い、送り手が非営利的な個人であるという点にある。口コミの到達率は他のタイプに比べて相対的に低くなっている。最後のタイプとして、モノ媒体としての流通販路がある。記号ではなく商品などモノによって観光地情報を伝えるのが特徴だ。流通販路の中では土産受領は非営利的なモノ媒体である。これによる到達率はかなり高い。他のモノ媒体では、物産展・フェアやその地域の商品購入による到達率が高くなっている。

全体として見ると、マスコミ記事・広報による到達率が最も高く、商業広告と流通販路による到達率がそれに次いでいる。しかし、表2.4全体について最も驚くべき事実は、観光地階層間で各媒体の到達率の順序がほとんど変わらないことである。各階層において同じような順序を保ちながら、その絶対的な高さは全国型が圧倒的な格差を付けている。これは全国型観光地のコミュニケーション活動を他の階層の観光地も模倣しているが、しかし観光客シェアの格差に応じたその活動規模が階層を下がるにつれて小さくなることを反映したものであろう。

しかしながら、各媒体の到達率が訪問意向率とどのように関連しているのかはまったく別問題である。観光地のマーケターは、活動目標として初訪問意向率あるいは再訪問意向率を設定するであろう。観光客の誘致には、これらの活動目標に対して強い関連を持つ媒体を重点的に選ぶことが必要である。そして初訪問意向率と再訪問意向率のいずれをより重視するかは各都道府県の観光地としての地位によって異なる。

観光地階層を下がるにつれて未訪問者の比率が増加するから、下位階層になるほど初訪問意向率の向上がより重要になろう。また、初訪問意向率や再訪問意向率に各媒体到達率がどの程度の関連を持つかも、各都道府県の観光地としての地位によって異なってくる可能性がある。これらの問題

を次に検討しよう。

▶初訪問意向率の促進

　初訪問意向率は，その観光地への未訪問者に占める初訪問意向者の比率（％）である。消費者に占める未訪問者の割合は，その観光地の地位（観光客シェア）が低くなるほど大きくなる。したがって，初訪問意向率の向上は地位の低い観光地ほど重要になろう。地位の低い観光地のマーケティングは，しばしばより地位の高い観光地のマーケティングのやり方をそのまま全面的に模倣する傾向がある。しかし，重要なことは，模倣すべき点を絞り込み，それとともにその地位に適切な方法を採択することだ。観光地としての地位によって，初訪問意向率と強い関連を持つ媒体が異なってくるからである。

　47都道府県を全国型，地域型，近隣型に3分類すると標本数がすくなるなるので，観光客シェアに基づき2分しよう。観光客が均等に配分されていれば各都道府県は47分の1，つまり約2.1％のシェアを持つはずである。この均等配分シェアを基準にして，それ以上をシェア上位地区，未満をシェア下位地区としよう。**表2.5**はこれらの両地区について，各媒体の到達率と初訪問意向率の相関係数を示している。その値が上位地区で0.497，下位地区で0.350以上であれば，5％水準で有意である。

　媒体の中には両地区でともに相関の高い媒体がある。これらは観光地の地位にかかわりなく初訪問意向率の向上に関連する媒体である。この種の媒体でとくに重要なのは，新聞記事，新聞広告，非公式的ブログ，そして土産受領である。

　新聞記事，新聞広告などがテレビ番組，テレビCMより上位に来るのは注目してよい。その観光地に初めて行ってみたい。消費者にこう思わせるには，その観光地についての物語的情報が必要だ。気候・風土，町並み・景観，郷土芸能，歴史・伝統，土産物になるような特産品，あるいはご当地料理などが合わせて1つの物語として語られる必要がある。テレビは動画映像に訴求力を持つが，情報送信速度は送り手が制御する。それを受け

表2.5　初訪問意向率と媒体到達率の相関

網かけは5％で有意

観光客全国シェア上位の14地区		観光客全国シェア下位の33地区	
非公式的HP・ブログ	0.835	物産展・フェア	0.740
新聞記事	0.807	新聞記事	0.677
土産受領	0.805	新聞広告	0.670
新聞広告	0.776	非公式的HP・ブログ	0.638
パンフレット	0.761	土産受領	0.635
その地域の商品購入	0.750	アンテナショップ	0.597
自治体・団体の公式HP・ブログ	0.750	テレビCM	0.582
物産展・フェア	0.745	その地域のご当地料理・産品飲食	0.541
テレビ番組	0.743	雑誌広告	0.528
その地域のご当地料理・産品飲食	0.736	雑誌記事	0.514
周囲の評判	0.732	テレビ番組	0.471
雑誌広告	0.729	インターネット広告	0.463
テレビCM	0.726	小売店等の商品展示	0.455
小売店等の商品展示	0.722	ソーシャルメディア	0.424
雑誌記事	0.701	その地域の商品購入	0.402
ソーシャルメディア	0.647	自治体・団体の公式HP・ブログ	0.374
インターネット広告	0.643	周囲の評判	0.346
アンテナショップ	0.623	出身者・有名人の話	0.294
交通広告	0.558	自治体長・職員の発言	0.284
出身者・有名人の話	0.546	パンフレット	0.174
自治体長・職員の発言	0.124	交通広告	0.015

出所：「日経調査」2010年に基づき計算。

手がマイペースで反芻することはできない。新聞媒体であれば受け手のペースで物語情報を楽しめる。複雑な物語情報の送信には新聞の方が向いているのだろう。

　インターネットの普及に伴い，観光地についても多様なブログが登場し始めている。しかし，自治体・団体による公式ブログよりも，企業・個人などが発信する非公式的ブログの方が初訪問意向率と高い相関を持つ。例えばどこを訪れるべきか，どの宿泊所がよいのか，ご当地料理を味わうにはどの店に行くべきか。旅行者はこの種の情報を求めている。しかし，自治体や団体は特定企業に加担できない。この性格から，この種のメリハリのついた情報を提供することができない。非公式的ブログにはこの種の制約はない。ただ，やらせなどを排除した信頼性の高い情報提供が求められ

ている。

　初訪問意向率を高めるには，土産物になるような地域ブランドを持っているかどうかも重要である。その観光地で限定販売している魅力的な土産物は，それ自体が観光地ビジネスの重要な要素であるが，同時に初訪問意向率を高める観光客誘因の手段でもある。[3]

　表2.5を見ると，以上のような両地区に共通して相関が高くなる媒体とは別に，両地区間で相関係数の大きさの順位が大きく変わる媒体がある。とくにパンフレット，物産展・フェア，アンテナショップなどがそれだ。シェア上位地区では，パンフレットが初訪問意向率とかなり強い相関を持つ媒体である。

　しかし下位地区ではそうではない。この種の観光地が初訪問意向率の向上のために力を入れなければならないのは，物産展・フェアとアンテナショップである。情報だけを流すよりも，その地域の特産品などの現物を見て購入でき，またご当地料理を試食できる場所を提供することが媒体戦略の出発点になる。東京の中心街などに集中出店しているアンテナショップを見ると，飲食施設を持つところはまだ一部であるだけでなく，その提供メニューも観光客が求めるご当地料理になっていないところが多い。早急に改善すべきである。

　種々な媒体による情報提供の中身は何を重視すべきだろうか。この点で重要なのは初訪問意向率ととくに強い関連を持つ観光魅力素である。図2.6を見ると，町並み・景観，イベント・祭り，気候・風土，名所・旧跡，郷土芸能などの定番魅力素が上位を占めるが，注目すべきはそれらを押さえてご当地料理や土産物がより強い関連を持っていることである。

　土産物は特産品の中から選ばれる。特産品やご当地料理を地域ブランド化することは多くの地域にとってそれ自体重要な振興課題になっている。その際，多くの観光客の存在は，特産品の地域ブランド化を達成していく上で極めて好都合な条件である。[4]しかし他方で，この地域ブランド化事業は，同時に初訪問観光客を吸引するための極めて重要な観光資源にもなっているのである。いわば特産品の地域ブランド化と観光は相互依存的な関

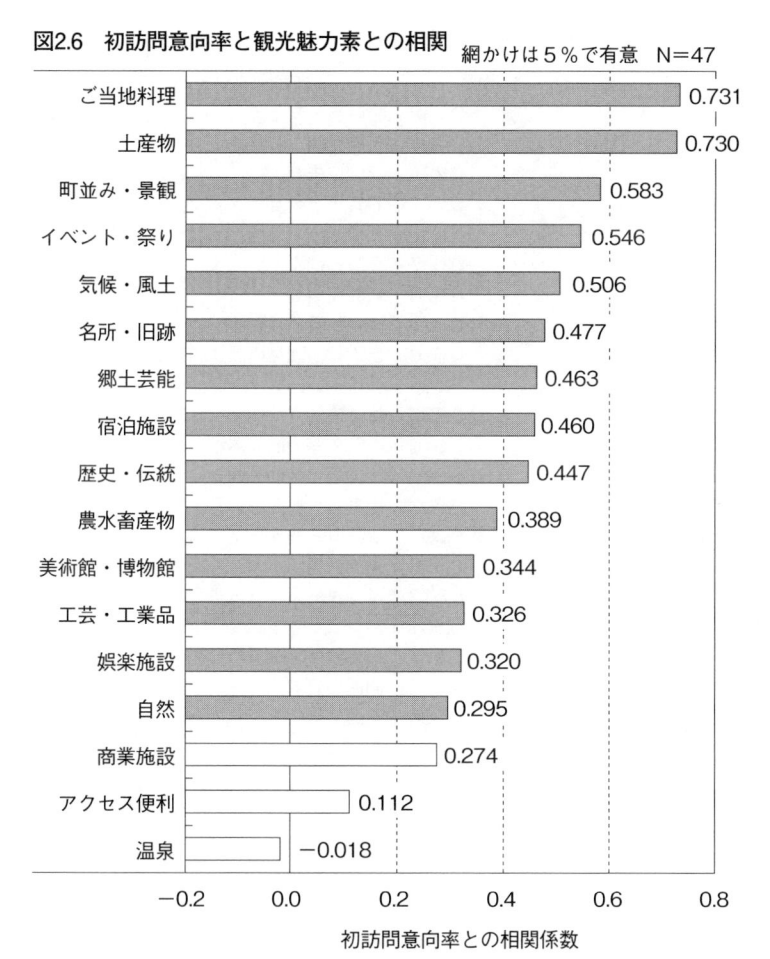

図2.6 初訪問意向率と観光魅力素との相関　網かけは5％で有意　N=47

魅力素	相関係数
ご当地料理	0.731
土産物	0.730
町並み・景観	0.583
イベント・祭り	0.546
気候・風土	0.506
名所・旧跡	0.477
郷土芸能	0.463
宿泊施設	0.460
歴史・伝統	0.447
農水畜産物	0.389
美術館・博物館	0.344
工芸・工業品	0.326
娯楽施設	0.320
自然	0.295
商業施設	0.274
アクセス便利	0.112
温泉	−0.018

初訪問意向率との相関係数

出所：「日経調査」2010年。

係にあるといえよう。両者の機能連携の強化は初訪問意向率の促進に不可欠である。

▶再訪問意向率の促進

　観光地の将来市場を示す均衡訪問率は，前述のように，初訪問意向率だけでなく，リピーターを確保して再訪問意向率を高めることにも依存している。観光地階層が高くなるにつれて，訪問経験者が多くなり，訪問率が

Ⅱ　アメニティ変化の兆し　69

表2.6　再訪問意向率と媒体到達率との相関係数　　　　網かけは5％水準で有意

観光客全国シェア上位の14地区		観光客全国シェア下位の33地区	
新聞記事	0.792	物産展・フェア	0.616
土産受領	0.754	土産受領	0.553
パンフレット	0.724	新聞広告	0.510
非公式的HP・ブログ	0.721	アンテナショップ	0.507
自治体・団体の公式HP・ブログ	0.716	その地域のご当地料理・産品飲食	0.494
テレビ番組	0.697	テレビCM	0.485
物産展・フェア	0.678	新聞記事	0.438
小売店等の商品展示	0.676	テレビ番組	0.390
テレビCM	0.670	自治体・団体の公式HP・ブログ	0.388
新聞広告	0.666	非公式的HP・ブログ	0.380
雑誌広告	0.635	雑誌広告	0.379
出身者・有名人の話	0.616	小売店等の商品展示	0.333
雑誌記事	0.615	その地域の商品購入	0.316
その地域の商品購入	0.607	出身者・有名人の話	0.316
周囲の評判	0.597	ソーシャルメディア	0.309
その地域のご当地料理・産品飲食	0.590	雑誌記事	0.263
アンテナショップ	0.573	インターネット広告	0.249
交通広告	0.501	パンフレット	0.238
インターネット広告	0.477	自治体長・職員の発言	0.197
ソーシャルメディア	0.452	周囲の評判	0.196
自治体長・職員の発言	0.066	交通広告	0.110

出所：観光庁「宿泊旅行統計調査」2009年及び「日経調査」2010年のデータより作成。

より高い水準に達する。この種の観光地にとってはとくに，再訪問意向率を向上させられるかどうかがその観光地の将来を決めるといってもよいだろう。

（1）どのような接点媒体を重視すべきか

　再訪問意向率の向上のためには，どのような接点媒体を重視すべきだろうか。**表2.6**で再訪問意向率と高い相関を持つ媒体を見ると，シェア上位地区とシェア下位地区で共通するのは土産受領だけである。土産をもらうことはその産地を思い出すのに効果がある。しかし，その他の媒体については両地区でその内容が異なっている。

　上位地区で高い相関を持っているのは主として情報型媒体である。その内容は新聞記事，パンフレット，公式的及び非公式的なブログなどである。

新聞記事にはその観光地を再訪したくなるような興味深い記事が載ることが多い。しかし，新聞記事とともに，パンフレットやHP・ブログが上位に位置することは注目してよい。再訪客を吸引するには，より掘り下げた情報を提供しなければならない。この点でとくに上位観光地はインターネットによる情報提供についてより体系的な研究をすべきであろう。

これに対して，下位観光地で再訪問意向率と高い相関を持つ媒体は，新聞広告を別にすれば，物産・フェア，アンテナショップ，その地域のご当地料理・産品飲食など，特産品の物販を通じたモノ型の媒体である。下位観光地は，初訪問意向率だけでなく，再訪問意向率についてもこの種の媒体に大きく依存している。

しかし，表2.5と表2.6を比較してみると，各媒体について相関係数は，再訪問意向率よりも初訪問意向率に対してより大きくなっている。これは接点媒体による効果は再訪問者よりもむしろ初訪問者に関してより大きくなるということである。初訪問者と再訪問者の相違は，その観光地に訪問経験を持っているかどうかにある。経験のある訪問者はすでにその観光地についてある程度の情報を持っている。だから接点情報の効果が低くなるのである。それでは訪問経験者に再訪問を促す上でより強い影響を持つ要因は何だろうか。それはその訪問経験に満足したのかどうかである。

（2）満足度を高める

日経調査は次のように定義した満足度データを提供している。

$$満足度 = \frac{「たいへん」，「まあ」満足とした回答者}{居住・訪問経験者} \times 100$$

この満足度と再訪問意向率（＝居住・訪問者のうちで再訪問意向を持つ者の比率）の関連を見ると，図2.7のようになる。両者の関連は強く，決定係数をみると再訪問意向率の変動の82％が満足度によって説明されている。また，満足度の回帰係数が示すように，満足度が1％増加すると，再訪問意向率が0.7％増加していく。

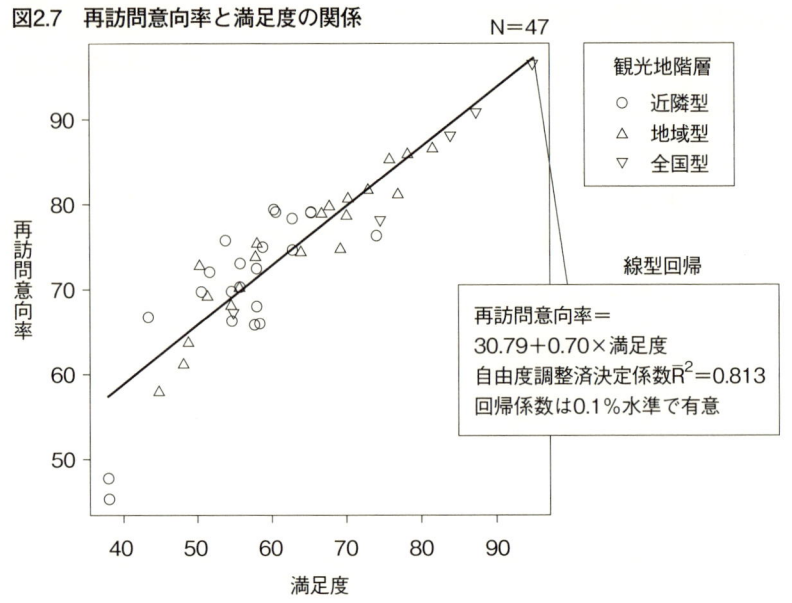

図2.7 再訪問意向率と満足度の関係

再訪問意向率＝
30.79＋0.70×満足度
自由度調整済決定係数R^2＝0.813
回帰係数は0.1％水準で有意

線型回帰

観光地階層
○ 近隣型
△ 地域型
▽ 全国型

N＝47

出所：「日経調査」2010年。

　観光地に向かう際，消費者はその観光地が持つ種々な魅力素を期待している。実際に訪問して魅力素が期待を上回れば消費者は満足する。しかし，消費者が各魅力素にどのような期待を抱いて訪問しているかのデータは存在しない。そこで各魅力素の状態と満足度の相関を見ることによって，満足度に関連を持っている魅力素を確認することにしよう。

　図2.8を見ると，満足度との関連は魅力素によってかなりばらつきがある。百貨店・商店街などの商業施設，テーマパーク・動物園などの娯楽施設，農水産物，温泉などは満足度と弱い関連しか持たない。また，名所・旧跡，歴史・伝統，美術館・博物館，気候・風土，工芸・工業品，イベント・祭り，郷土芸能などといった観光パンフレットの定番メニューの関連度も中程度である。消費者の満足度と強い関連を持っている魅力素は，町並み・景観，土産物，ご当地料理，宿泊施設である。

　再訪問意向率の高い観光地は，一度訪れると忘れられない町並み・景観を持っている。北海道には，大通り公園を中心にした札幌の町並み，小樽

図2.8 満足度と魅力素との相関係数　　網かけは5%で有意　N=47

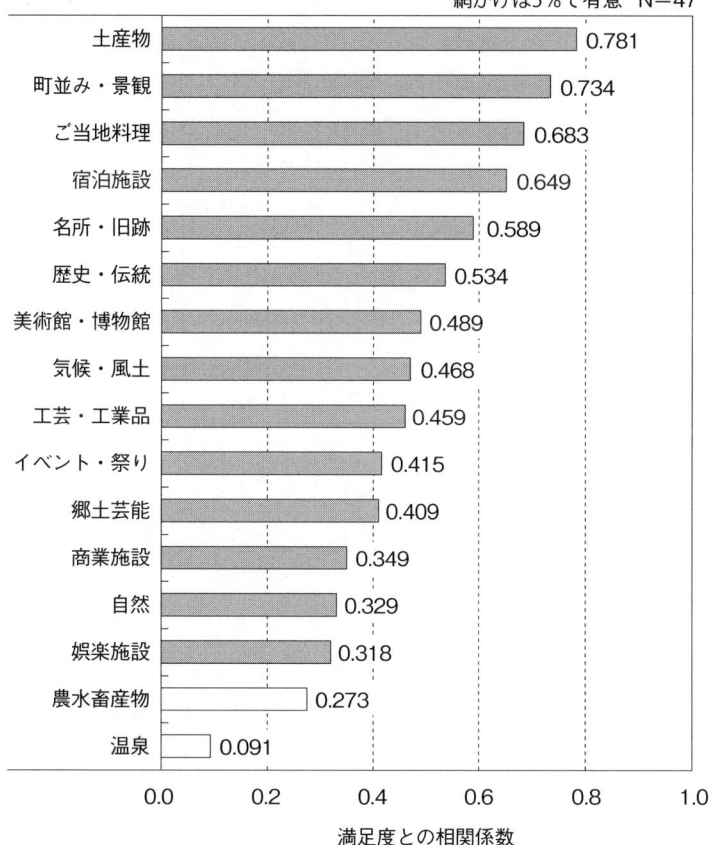

魅力素	相関係数
土産物	0.781
町並み・景観	0.734
ご当地料理	0.683
宿泊施設	0.649
名所・旧跡	0.589
歴史・伝統	0.534
美術館・博物館	0.489
気候・風土	0.468
工芸・工業品	0.459
イベント・祭り	0.415
郷土芸能	0.409
商業施設	0.349
自然	0.329
娯楽施設	0.318
農水畜産物	0.273
温泉	0.091

満足度との相関係数

出所：「日経調査」2010年。

の運河沿いの建物，知床半島・富良野・摩周湖など忘れられない景観がある。白い砂浜，エメラルド色の海，熱帯樹林の沖縄諸島，南北の雄大なアルプスを背景にして広がる長野の田園風景もすばらしい景観だ。

　多くの神社・仏閣，古い民家が散在する京都の落ち着いたたたずまい，桜島の噴煙を背景にした明治維新の起点都市の鹿児島，異国情緒あふれる坂道の多い長崎，中州を中心に多くの屋台が建ち並ぶ博多の街，これらは他に見られない町並み・景観を誇っている。町並み・景観は観光地の総合的イメージの中核であり，そのユニークさが訪問者の非日常体験を強め，

満足度を高める。

　土産物やご当地料理は初訪問意向率とも重要な関連を持っていたが，再訪問意向率を決める満足度とも強い相関関係を持っている。これらの特産品を全国的に著名な地域ブランドに育成していくことは，少なくとも消費者意向に現れている新しい観光指向の消費者を吸引するには戦略的に極めて重要な事業である。地域ブランド化を観光資源開発としても位置付けることが必要である。

（3）大切な宿泊施設の質

　初訪問意向率に関して，宿泊施設はそれほど高い相関を持っていなかったが，再訪問意向率とはかなり高い相関を持っている。これは宿泊施設の善し悪しが泊まってみないとわからないからであろう。宿泊施設の魅力度は種々な要因によって決まる。その立地，アクセス，建物・付帯施設，部屋とその備品，従業員の対応，食事などである。

　これらの細目の影響度は別途調査が必要であるが，都道府県の宿泊施設の状態について，ホテル及び旅館の数と客室数，登録ホテル及び登録旅館の数と客室数などのデータが，観光庁の「宿泊旅行統計調査」で利用できる。ホテルや旅館が登録されていれば，その宿泊施設の質は一定水準を満たしている。各地での宿泊施設の規模はホテルや旅館の数や客室数ではかることができる。また，ホテルは洋式宿泊であり，旅館は和式宿泊である。これらの点を踏まえて，各観光地の宿泊施設の質，規模，洋式化の状態などについて，以下のような指標を考案できよう。それらは，

宿泊施設の質：
　　・登録ホテル数比率＝登録ホテル数／ホテル数
　　・登録ホテル客室数比率＝登録ホテル客室数／ホテル客室数
　　・登録旅館数比率＝登録旅館数／旅館数
　　・登録旅館客室数比率＝登録旅館客室数／登録旅館数
宿泊施設の規模：

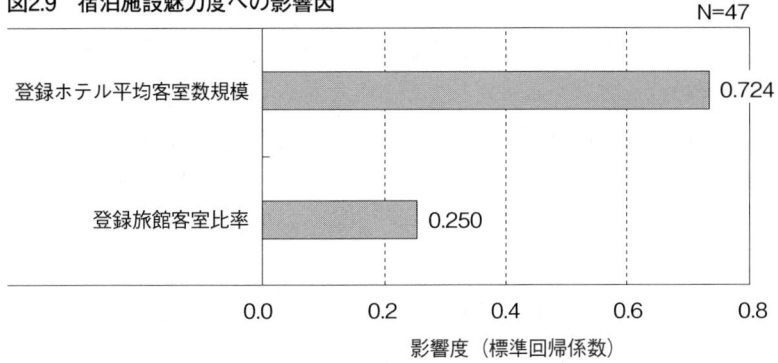

図2.9 宿泊施設魅力度への影響因

N=47

登録ホテル平均客室数規模　0.724

登録旅館客室比率　0.250

影響度（標準回帰係数）

注：宿泊施設魅力度を従属変数にし，上記7変数を独立変数候補とする段階的回帰分析の結果。自由度調整済み決定係数$\bar{R}^2$=.456。回帰係数は0.5％水準でともに有意。
出所：宿泊施設魅力度は「日経調査」2010年，他は観光庁「宿泊旅行統計調査」2009年のデータより作成。

　・登録ホテル平均客室数規模＝登録ホテル客室数／登録ホテル数
　・登録旅館平均客室数規模＝登録旅館客室数／登録旅館数
洋式化の状態：
　・ホテル・旅館客室数比率＝ホテル客室数／旅館客室数

といった指標である。

　宿泊施設魅力度に，これらの要因のどれが影響しているか。2009年度データによって調べてみると，**図2.9**のような結果が出た。これら2つの要因で宿泊施設魅力度の変動の45.6％が説明されている。最も大きい影響を与えるのは登録ホテル平均客室数規模，つまり大規模な登録ホテルがあるかどうかである。次いで影響を与えているのは，旅館が提供する客室数のうちで何割が登録旅館のものかという要因である。

　登録ホテル・旅館として認可されるには一定のサービス基準を満たす必要がある。基準は宿泊施設の人的側面，経営側面だけでなく，建物，部屋など施設についてホテルと旅館別に詳細に決められている。その内容は，部屋の構造と設備，ロビー面積，食堂，玄関，フロント，冷暖房設備，エレベータ・エスカレータ，表示，安全・環境への配慮，損害賠償責任など

に及んでいる[5]。

　ホテル，旅館ともに登録比率が影響因となっている。これは観光客が一定水準以上のサービスを求めだしていることを示している。宿泊施設の質は非日常経験としての旅行の楽しさを決める重要な要素である。また，ホテルについては，たんに登録ホテルだけではなく，大規模な登録ホテルであるかどうかが影響する。具体的には，北海道や沖縄に見られるような大規模リゾート・ホテルなどである。

　この種のホテルには，種々なレストラン，プール，スポーツ施設，広大なロビーと浴場，マッサージルーム，土産物売店など付帯施設が充実している。それらはカプセル化された都市空間であるといってもよいだろう。観光客は地方都市やリゾート地に行っても，その宿泊施設としてはその地での典型的な居住空間ではなく，大都市で見られるような都市化空間を求めている。

4．消費者意向はどのように実現されていくか

▶所得と高齢化の影響

　消費者意向は観光客の新しいまなざしを示している。その意向が実現すると，観光地の選択基準が大きく変わり，それによって訪問先の観光地も大きく変動する可能性がある。しかし，消費者意向に示される新しい観光行動はどのように実現していくのだろうか。
　消費者意向は新しい観光機会を通じて実現していく。観光機会がなければ，消費者意向は夢や希望の世界に留まっている。夢の実現過程は，観光機会がどのように訪れ，それがどのような要因によって規定されるかによって変わってくる。
　総務省統計局「社会生活基本調査」（2006年度）に基づいて推計すると，この年度で1泊2日以上の国内観光を行った人は5,632万人である。同調査には旅行の年回数別の行動者数データがある。行動者数に年回数を乗じ

図2.10 観光機会の所得弾力性

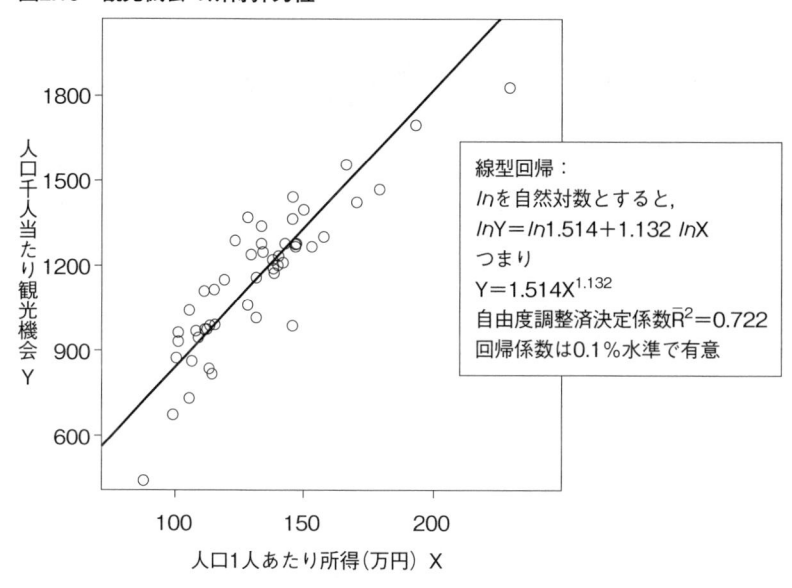

```
線型回帰：
lnを自然対数とすると，
lnY＝ln1.514＋1.132 lnX
つまり
Y＝1.514X^{1.132}
自由度調整済決定係数$\bar{R}^2$＝0.722
回帰係数は0.1％水準で有意
```

出所：所得は総務省自治税務局「市町村税課税状況等の調」による。JPS「個人所得指標」に再掲。

ると，その頻度クラスでの旅行機会数がわかる。これをすべての頻度クラスについて集計すれば，観光機会の数は1億5,115万回であった。1泊2日以上の海外観光を行った人は963万人であり，行動頻度の年回数を加味した観光機会は1,602万回である。日本人1人あたり国内観光は1.18回，海外観光は0.13回の機会があったことになる。

　観光機会に最も影響を与えるのは所得である。都道府県単位で観光機会（人口千人当たり）と人口1人あたり所得データが利用できるので，これを使って観光機会の所得弾力性を推定してみよう。図2.10がその結果である。

　この図に示されている弾力性は，人口1人あたり所得の変化率に対する人口千人当たり観光機会の変化率の比率である。この値が1以上であると弾力的であるといわれる。その際，観光機会は所得の上昇につれて逓増的に増加することになる。図2.10に示した推定結果によれば，弾力性は1.132であり，弾力的である。各都道府県の居住者の観光機会は，所得の変化に対して逓増的に反応する。

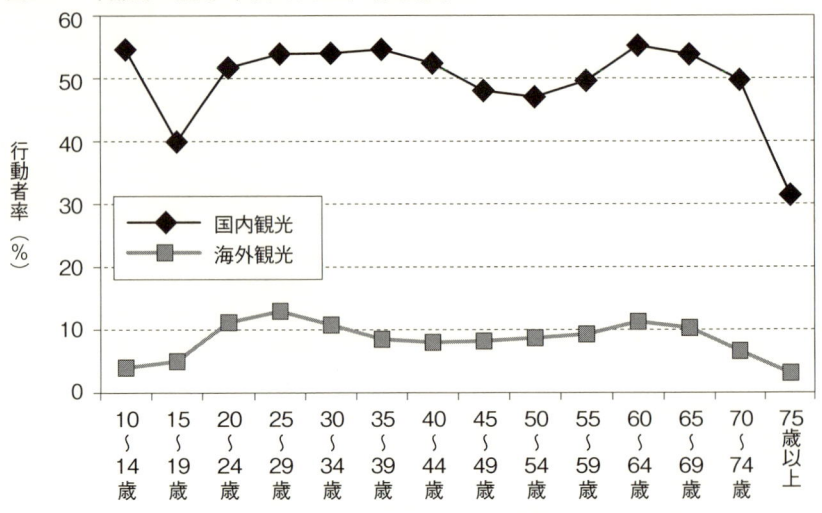

図2.11　年齢別の観光（1泊2日以上）行動者率

出所：総務省統計局「社会生活基本調査」2006年のデータより作成。

　この所得弾力性から見ると，一般に予想されているように，日本経済が停滞し所得が伸びないならば，消費者意向の実現はそれだけ抑えられることになろう。いずれにせよ，消費者意向に示される新しい観光指向はより所得が高い層から現れてくることは確かであろう。
　消費者意向の実現を阻害するもう1つの要因は高齢化社会の進展である。国立社会保障・人口問題研究所の2012年1月推計によれば，65歳以上の老年人口比率は，2010年の23％から2030年の32.3％へ増加すると予測されている。高齢化が進展すると，旅行者が減少する。この点を端的に示しているのが**図2.11**のデータである。
　年齢階層別に見ると，10～14歳を別にすれば，旅行行動者率は25～39歳，60歳代を双峰とするM字型を描いている。70歳以降になると行動者率は急速に低下する。若者層が少なく高齢層が増える高齢化社会の到来は観光市場規模の点で，消費者意向の実現を阻害する要因である。とくに第2次大戦直後の団塊の世代が今後10年の間に70代に突入する。観光市場の規模が急速に収縮し始めるまで遠いことではない。このようなメガトレンド

図2.12　国内観光旅行の頻度分布

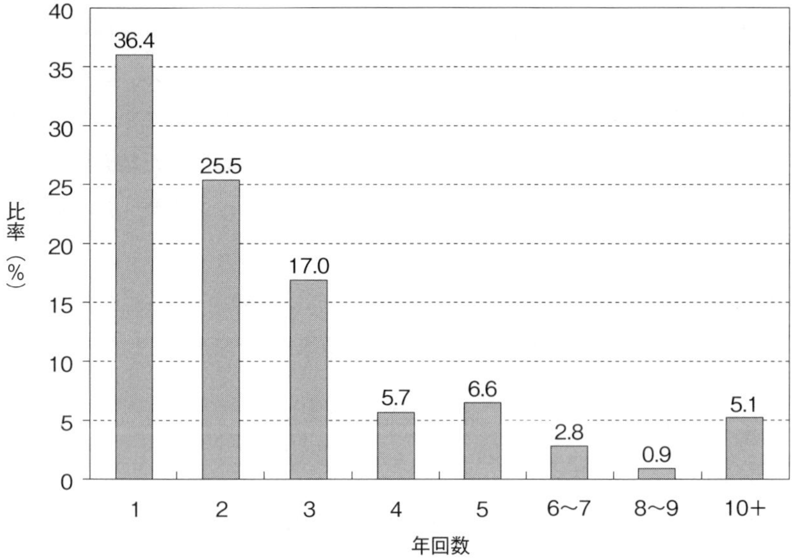

出所：総務省統計局「社会生活基本調査」2006年のデータより作成。

の中で，新しい消費者意向は20・30代の若者層と60代のシルバー層から実現されてくるであろう。

▶旅行マニアによる先導

　消費者意向の実現の先導者としては，旅行頻度の高い消費者にも注目する必要がある。これを旅行マニアと呼ぼう。年何回ぐらい国内観光に出かけるのか。年回数別の比率％は**図2.12**に示されている。年4回以上になると，急に比率が低下するから，この回数以上の消費者を旅行マニアと呼んでもよいだろう。

　旅行マニアは消費者の15.4％を占めるに過ぎない。しかし，かれらの旅行頻度は高い。かれらの消費者比率に年回数を乗じて，かれらが観光客として市場に登場する機会数を計算してみると，3回未満の非旅行マニアの機会数とほぼ同じである。頭数からいえば15.4％に過ぎない旅行マニアが，機会数から見た国内観光市場のほぼ半分を占めている。

旅行機会と所得の関連から見て，旅行マニアは富裕層であろう。所得格差が開いている現状から見ると，マクロ平均的な所得成長の停滞にもかかわらず，富裕層にとっては所得水準が旅行機会の制約となることは少ない。消費者意向に示される新しい観光指向の実現は，この旅行マニアによって先導されて行くであろう。しかし，旅行マニアを標的にした場合，国内観光マーケターは極めて厳しい競争に直面する。それは海外観光地との競合である。

　観光旅行機会のうちで何割を海外旅行に向けているのか。「社会生活基本調査」のデータから，各都道府県について次のような指標を計算できる。

$$海外観光比率 = \frac{海外観光機会}{国内観光機会 + 海外観光機会} \times 100$$

この指標と各都道府県の1人あたり所得との関係を2009年度について見ると，図2.13のようになっている。

　所得が上昇するにつれて，国内旅行よりも海外旅行へ行く比率が上昇していく。これから見ると，富裕層からなる旅行マニアは，旅行機会が多いけれども，より高い海外観光比率を持つ観光客である。消費者意向に見られる新しい観光指向に適応しようとする国内観光のマーケターは，国内市場での他の観光地だけでなく，海外の観光地とも厳しい競争をしなければならない。地理的には国内であっても，国内旅行市場はすでに国際競争に組み込まれている。

　消費者の観点から見ると，10万円の観光資金を使うなら，沖縄や北海道に行こうかそれとも東南アジア，ハワイに行こうかといった選択問題に直面しているのである。同じ消費者のサイフをねらう複数のマーケター間には競争関係がある。この意味で，国内観光マーケターは海外の観光地のマーケターと競争関係にある。経済が沈滞し高齢化が進行するにつれて，目先の有望な観光市場は観光マニア市場である。しかし，この市場ではより激しい国際競争がある。競争優位性を確立して，この国際競争に勝ち抜けるかどうかによっても，国内観光地に向けての消費者意向の実現は大きく

図2.13 所得と海外観光比率の関係 2009年

N=47

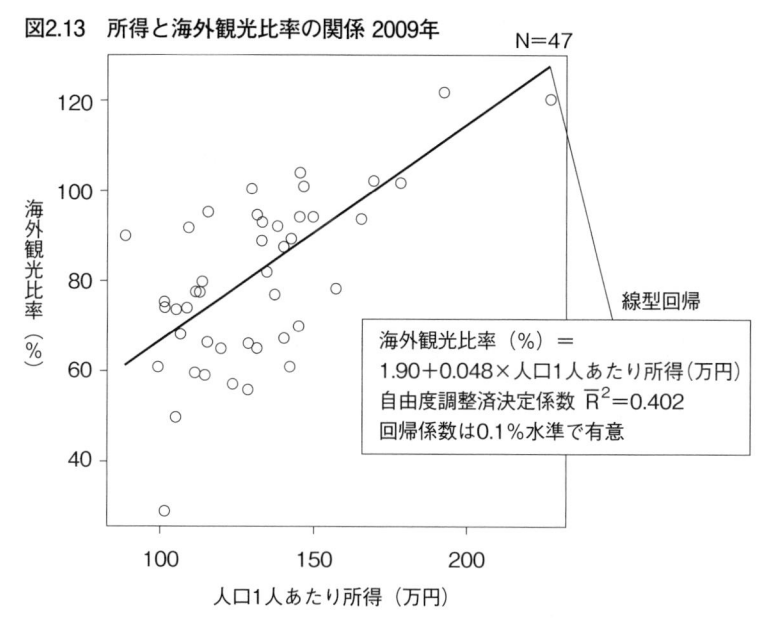

海外観光比率（％）＝
1.90＋0.048×人口1人あたり所得（万円）
自由度調整済決定係数 $\bar{R}^2$＝0.402
回帰係数は0.1％水準で有意

線型回帰

出所：所得はJPS「個人所得指標」による。

左右されるであろう。

▶求められる観光産業革命

　消費者意向の実現を目指すには，頭数で85％，観光機会の約50％を占める観光の非マニア層からの吸引も欠くことはできないだろう。非マニア層にとって観光意向の実現に対する最大の制約はその所得である。観光への意欲はあるが資金的な余裕が十分でない。したがって旅行費用の安さが重要になる。しかし，この点で問題になるのは，消費者意向で重要になってきた新しい観光地への旅行費用である。

　前述のように，消費者意向に見られる新しい観光先は，アクセスがかならずしも便利でない地域に散在する。そこでの歴史遺産，郷土文化，さらにはグリーンのアメニティを求めている。だから観光先は全国型の観光地だけでなく，地域型や近隣型の観光地にも拡がるのである。しかしこのような観光地への旅行費用は，全国型の観光地に比べると割高になる傾向がある。

全国型の観光地は交通ネットワークの幹線上に位置している。このような観光地へは低価格の高速バスを利用できるし，また余暇時間の余裕さえあれば，このような都市への交通費は安く上がることが多い。航空会社の特割，旅割などの割引価格や低価格航空を利用できるようになってきたからである。また，全国型観光地はその拠点都市が東京，京都，札幌など大都市が多いから，宿泊料金についても，ホテルの割引価格が利用できるようになってきた。

　しかし，消費者意向で対象になり始めている地域型や近隣型の観光地への旅行費用は事情が違う。これらの観光地への交通費に関しては割引価格を利用できることは少ない。さらにこのタイプの観光地の拠点都市は中小都市である場合が多い。そこでの宿泊費はかなり割高になっている。**表2.7**に示すように，個人・グループ観光旅行の平均宿泊料金は，近隣型や地域型の方が全国型よりも高くなる傾向がある。このような傾向が続けば，消費者が近隣型や地域型の観光地を訪れたいと思っていても，費用の点から阻害されるであろう。

　なぜ近隣型や地域型の宿泊料金が高くなるのだろうか。その要因の1つは，観光地における宿泊施設形態であり，他の1つは観光需要季節変動への対応である。**図2.14**に示すように，平均宿泊料金は，登録旅館客室数比率や観光客歪度が大きくなると高くなり，登録旅館平均客室数規模とホテル・旅館客室数比率が大きくなると安くなる。

　宿泊施設形態についていえば，客室数の点で宿泊施設のホテル化と登録旅館の大規模化が進むと安くなり，規模の小さい登録旅館が多くなると高くなるのである。一般的傾向として，地域型や近隣型の観光地の宿泊施設は，中小規模の旅館の集積からなることが多い。温泉町などはその典型である。それは物販における商店街に似ている。宿泊価格を引き下げ，多数の非マニア型旅行客を受け入れるために，この種の宿泊施設集積は大きい革新を求められている。

　観光客数が特定の季節（月）に偏る度合いが大きくなるほど宿泊料金は高くなっている。観光客歪度とは，観光客数の月間分布が偏っていること

表2.7　個人・グループ旅行の平均宿泊料金　　　　　　（円）

観光地階層	平均値	標準偏差
近隣型	13,770	1923
地域型	14,522	2507
全国型	11,932	909
全体	13,895	2226

出所：平均宿泊料金はJTB調べによる。「宿泊白書」2010年。

図2.14　個人・グループ旅行の平均宿泊料金の影響因　　　N=47

- 登録旅館客室数比率：0.416
- 観光客歪度：0.268
- 登録旅館平均客室数規模：−0.290
- ホテル・旅館客室数比率：−0.436

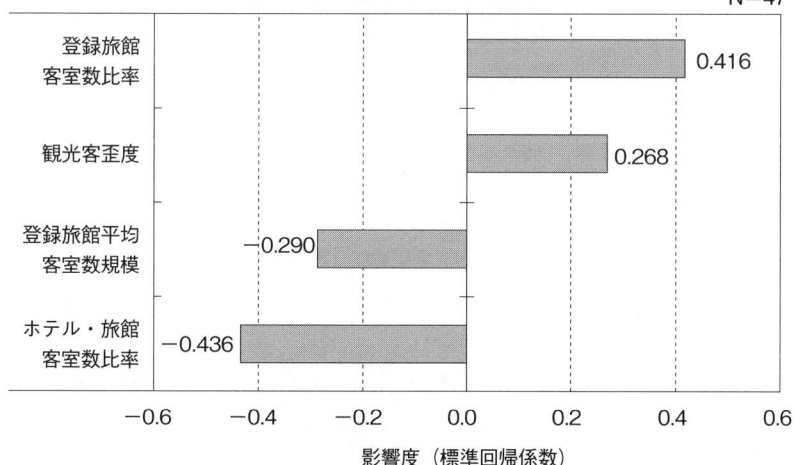

影響度（標準回帰係数）

注：自由度調整済決定係数$\bar{R}^2=0.498$。回帰係数はすべて5％水準で有意。

の統計指標である。例えば，この歪度が47都道府県中で最大になるのは長野，最小になるのは京都である。両地区の月間観光客数の月別頻度を示すと図2.15のようになる。京都は変動域が40万人から70万人であり，しかもこの範囲の月数頻度はかなり均等である。これに対して，長野は8月には最大110万人の観光客を迎えるが，他の月では40万から60万人である。観光客数は月によって大きい偏りがある。

　宿泊施設の収容力は最大需要期に合わせてつくられることが多い。それゆえ，長野のような観光客歪度の大きい観光地では，遊休キャパシティが発生する月が多くなる。一年のうちで半年間は，最大期の半分以下の観光客しか来ない。これによる費用増を宿泊料金によって埋め合わせしようと

図2.15 長野と京都における月間観光客数の分布

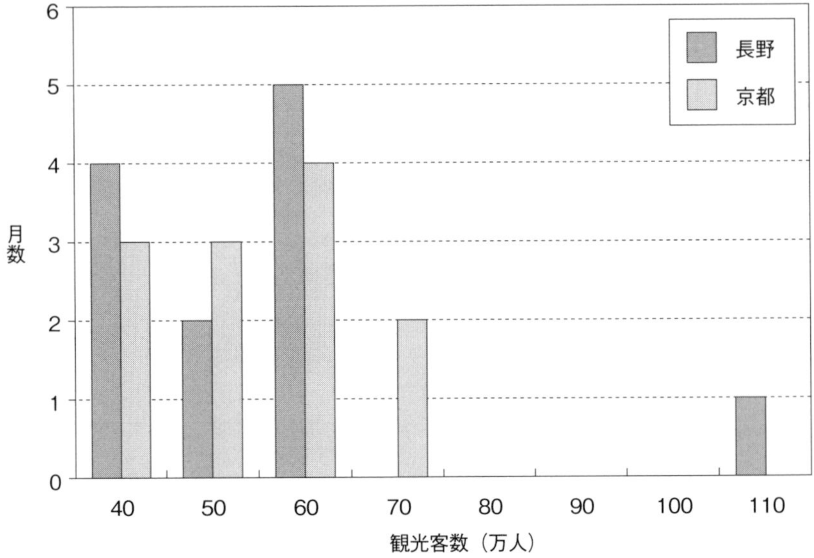

出所：観光庁「宿泊旅行統計調査」2009年。

するから，宿泊料金が観光客歪度の小さい観光地よりも高くなる傾向がある。宿泊料金を切り下げるには，章Ⅴで議論するように，新しいアメニティを開発して観光客の月間変動を減少させるしか方法がない。消費者の新しい指向を踏まえて，この点でも近隣型や地域型の観光地は，閑散期に向けた新しい観光アメニティの開発が求められているのである。

補論2-1 日経調査における「訪問」関連データの性格について

　訪問率，訪問意向，再訪問意向に関連する日経調査のデータは，観光だけでなく居住経験や居住動機も含んでいる。公表データからはこれら2つの側面を分離できない。しかしこのデータが観光的側面を強く持っていることは確かである。とくに本章の分析の焦点である意向データについては，居住動機よりも観光動機が強く働いている。この点は観光地の種々なアメニティ要素に対して，訪問意向や再訪問意向が居住意向よりも強い相関を持つことに現れている。

　日経調査では，すでに紹介したように観光のアメニティ要素として次頁の表に示すような要素を取り上げ，これらについて魅力を感じるとした回答者比率（％）を地域別に示している。また居住意向や訪問意向は次のように定義されている。

居住意向＝「それぞれの地域に住みたい（住み続けたい）と思いますか」という質問に対して，「ぜひ住みたい（ぜひ住み続けたい）」「住んでもよい（住み続けてもよい）」とした回答比率（％）

訪問意向＝「それぞれの地域に行ってみたいと思いますか」という質問に対して，「ぜひ行ってみたい」，「行ってもよい」と回答した比率（％）

再訪問意向＝「訪問意向」と同じ質問に対して，居住・訪問経験者に絞った，「ぜひ行ってみたい」，「行ってもよい」と回答した比率（％）

　これらの意向データとアメニティ要素との相関を見ると，町並み・景観や宿泊施設など，居住地と観光地が共有する魅力について，居住意向と訪問，再訪問意向との相関に差異はないが，魅力的な観光地が持っていると思われるアメニティ要素に関しては，訪問，再訪問意向との相関が居住意向との相関よりもはるかに大きくなっている。意向データが観光動機を強く反映していることの証拠である。

表補論2.1　アメニティ要素と意向との相関係数　網かけは5％で有意　N=47

アメニティ	居住意向	訪問意向	再訪問意向
歴史遺産：			
町並み・景観	0.700	0.717	0.601
名所・旧跡	0.361	0.561	0.487
歴史・伝統	0.286	0.535	0.489
工芸・工業品	0.380	0.426	0.392
グリーン：			
土産物	0.431	0.764	0.703
気候・風土	−0.059	0.426	0.508
自然	−0.261	0.279	0.395
農水畜産物	−0.239	0.268	0.326
温泉	−0.341	0.034	0.195
郷土文化：			
ご当地料理	0.238	0.685	0.663
イベント・祭り	0.349	0.517	0.426
郷土芸能	0.118	0.467	0.460
アーバン：			
宿泊施設	0.757	0.631	0.550
美術館・博物館	0.807	0.499	0.341
娯楽施設	0.673	0.377	0.208
商業施設	0.830	0.384	0.211

出所：「日経調査」2010年データより計算。

補論2−2　初訪問意向率の計算

日経調査は初訪問意向率をそのまま示していないが，公表データから次式で計算できる。

$$初訪問意向率 = \frac{(訪問意向率 - 再訪問意向率)}{(100 - 訪問率)} \times 100$$

この式の分子は，未訪問者の初訪問意向率であり，分母は未訪問率である。この式の訪問意向率，再訪問意向率，訪問率は，日経調査のデータ項目，「訪問意向」，「再訪問意向」，「居住・訪問経験」にそれぞれ該当する。日経調査で訪問率は次のように操作的定義を与えられている。

「訪問率」＝「それぞれの地域について，あなたのかかわり方として当てはまるものはどれですか」という質問に対して，「住んでいる／住んだことがある」，「行ったことがある」と回答した比率（％）

訪問意向率と再訪問意向率は，補論2-1で示した日経調査のデータにおける項目名「訪問意向」，「再訪問意向」と同じである。

補論2-3　均衡訪問状態ベクトルの導き方

均衡訪問状態ベクトルEの求め方は簡単である。千葉県を事例にして説明しよう。

均衡状態の未訪問者率をe_1とし，訪問者率をe_2とすれば，これらを要素にする訪問状態ベクトルは，E ＝ $(e_1 \quad e_2)$であり，また

(1)　　$e_1 + e_2 = 1$

である。均衡状態では推移行列Tによって訪問状態ベクトルは変化しないから，

(2)　　　E ＝ E × T

が成り立っている。つまり，

$$(e_1 \quad e_2) = (e_1 \quad e_2) \begin{bmatrix} 0.447 & 0.553 \\ 0.327 & 0.673 \end{bmatrix}$$

である。右辺の乗算を実施すれば，

e_1　＝　$0.447e_1 + 0.327e_2$
e_2　＝　$0.553e_1 + 0.673e_2$

という2つの式が得られる。しかし，これらの式では退化が発生しているので，次のような1つの式に帰着する。

（3）　　$0.553e_1 - 0.327e_2 = 0$

式（1）の関係を利用し，式（3）とともに連立方程式に組み，それを解けばe_1とe_2の値を求めることができる。つまり，それらは0.372と0.628であり，千葉県の場合の均衡訪問状態ベクトルは

　　　（0.372　0.628）

である。訪問状態ベクトルがこの値になると，千葉県の推移行列による推移が生じても，訪問状態ベクトルの値は変わらなくなる。

本文における均衡訪問率の公式は，図2.2に示した一般的な推移行列，

$$T = \begin{bmatrix} 1-A & A \\ 1-B & B \end{bmatrix}$$

ここで，
A＝初訪問意向率
B＝再訪問意向率

を使って，千葉県の事例と同じ手順を踏めば，容易に導出することができる。

注

*1　「観光のまなざし」というコンセプトについては，J. Urry and J. Larson, *The Tourist Gaze 3.0*, Sage, 2002.（1990年刊の初版の翻訳は，加太宏邦訳『観光のまなざし』法政大学出版局，1995年）。
*2　日経調査の公表データから初訪問意向率を計算する方法については補論2-2を参照。
*3　地域ブランドをどう育成していくかについては，田村正紀『ブランドの誕生―地域ブランド化実現への道筋―』千倉書房，2011年を参照。
*4　同上参照。
*5　この基準の詳細は，http://www.mlit.go.jp/kankocho/shisaku/sangyou/hotel.htmlを参照。

III
外客が求めるアメニティ

　日本の観光市場にも十数年来，急速に国際化の波が押し寄せている。観光市場は開放市場に変わろうとしている。日本人の海外旅行者が増える一方で，外国から日本を訪問する旅行者も増加しているからだ。日本人の海外旅行者は，日本人旅行客の海外への流出であり，それだけ国内観光市場の減少要因になる。これとは反対に，外客は，国内観光市場への増加要因である。日本の観光市場は今や国際的な観光市場に埋め込まれて開放市場になっている。日本国内観光地のマーケターは，国内競争だけでなく，国際競争にも対応しなければならなくなっている。

　開放市場では，日本の観光地マーケターは，日本人観光客を巡って海外の観光地マーケターと競争している。九州新幹線開通にあやかった，10万円台の九州名所巡りという観光商品は，同じ10万円台の格安海外パッケージ・ツアーと，日本人観光客獲得を巡って激しく競争しなければならない。海外からの観光客の誘致を巡っては，日本の観光地マーケターはその外国人の居住国の観光地や諸外国の観光地と競合関係にある。観光客のまなざしの中では，日本の観光地は海外観光地とつねに比較されているのである。

　このような国際競争の中で，日本の観光地マーケターは近年，とくに外客への関心を強めつつある。外客の獲得はいまや多くの観光地の盛衰をかけた戦略的課題になってきた。本章ではこの外客に焦点を合わせて，その

獲得が日本の観光市場に対して持つ意味を検討し，外客誘致の決め手になる観光地アメニティの内容を明らかにしよう。

1. 外客市場の位置

▶なぜ外客なのか

　日本政府観光局（JNTO）の調べによって，旅行者の過去の経緯を見てみよう。1985年に為替レートについてのプラザ合意が行われ，その後急速に円高が進行した。当時235円／ドルであったが，2000年になると，100〜110円台で推移するようになった。この円高を背景に，日本人の海外旅行者は急速に増加した。1985年に，海外旅行者は552万人であった。2000年には1762万人に達した。しかし，これを頂点に21世紀に入ると海外旅行者数は，経済の停滞に伴う所得減少などにより，ほぼ横ばい状態が続いている。

　一方，外客の推移を見ると，1985年に206万人であったが，2000年には476万人に増加した。しかし，注目すべきは21世紀に入ってからのその伸び率である。日本人の海外旅行者が停滞するのとは対照的に，外客は2010年には861万人とほぼ倍増した。このような増加にもかかわらず，旅行者数から見た国際旅行収支は明らかに大幅な出超である。外客の国際比較統計を見ると，2010年度で第1位はフランス（7,680万人）であり，米国（5,975万人），中国（5,567万人），スペイン（5,268万人），イタリア（4,363万人）などがそれに続く。日本の外客ランキングは29位である。日本の外客誘致は大きく立ち後れている。

　外客への関心の増大は，このような国際旅行収支の立ち後れの改善にあることは確かである。しかしそれだけではない。もっと重要な理由は，21世紀に入っての外客の高い伸び率であり，それが国内観光市場にとって持つ意味である。とくに重要なことは，21世紀に入って日本人の国内旅行が衰退の兆しを見せ始めたことである。日本人の国内旅行は日本の観光市場

表3.1　市場の推移（万人）

年度	日本人 国内旅行	日本人 海外旅行	外客
2001	32,218	1,622	463
2002	32,390	1,652	510
2003	32,451	1,330	507
2004	31,353	1,683	601
2005	30,516	1,740	665
2006	30,041	1,753	728
2007	29,981	1,729	835
2008	29,651	1,599	835
2009	28,910	1,545	679
2010	29,144	1,644	861

出所：日本政府観光局（JNTO）。

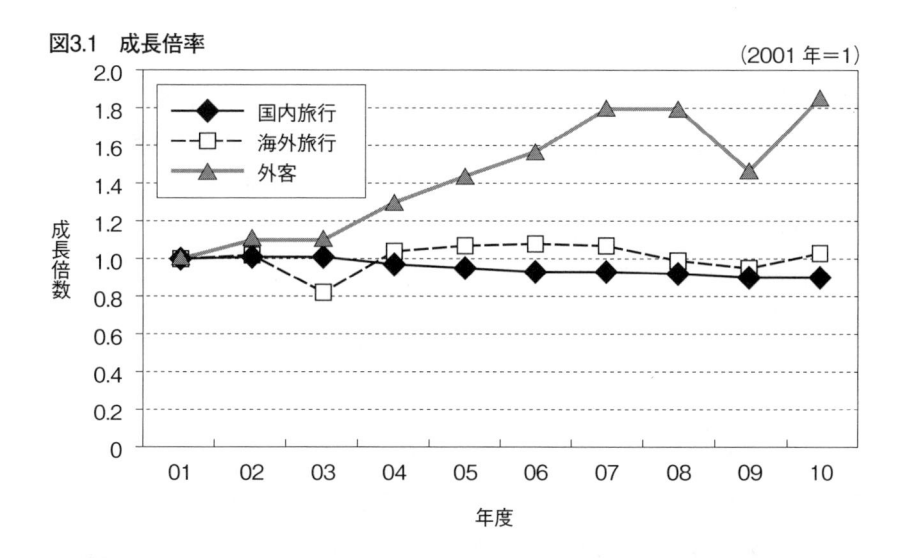

図3.1　成長倍率　　　　　　　　　　　　　　（2001年＝1）

の中核である。その衰退を埋め合わせる市場として，外客市場への関心が急速に高まりだしたのである。

表3.1と**図3.1**のデータはこの点を端的に示している。21世紀に入って，日本の経済は低迷し所得が減少し始めている。また人口減と急速な高齢化が進行し始めている。これらを反映して，**表3.1**に示すように，日本人の旅行数も減少し始めた。海外旅行はほぼ横ばいである。とくに国内旅行の

マーケターにとって深刻な問題は，日本人の国内旅行市場が停滞から衰退に転じ始めたことであろう。

　人口減と高齢化の長期的傾向は今後も続くことが確定的である以上，経済の抜本的な再生によって所得が上昇しなければ，日本人による国内旅行市場が今後もますます収縮していくことは確かである。このような陰鬱なメガトレンドの中で，外客の急速な増加傾向はまさに慈雨であった。この10年間，まったく横ばいが続く日本人旅行者市場に対して，倍近くまで成長してきた外客市場の成長は極めて対照的である。

　日本国内旅行者に占める外客旅行者の比率は，頭数から見ると2010年で約3％程度で少ない。しかし，日本国内での平均宿泊数を見ると，日本人旅行者が2泊を少し上回る程度であるのに対して，外客は12.4泊である。また旅行に伴う支出額では，日本人旅行者が3.2万円程度であるのに対して，外客は20.7万円である。[*1] 外客の頭数は少ないが，いわゆる客単価は大きい。1人の旅行客として外客は，日本人旅行者のほぼ6倍の消費額を持っている。国内での日本人市場の収縮を背景に見れば，客単価の大きい外客の急成長は極めて魅力的である。

　成長市場は完全に掌握しなければならない。これはマーケティングにおける成功の鉄則である。

▶外客はどこから来るのか

　成長市場を押さえるには，その内容を的確に捉える必要がある。まず問題になるのは，外客はどこから来るのだろうかという点である。

　日本への外客はアフリカや南米からはほとんど来ない。日本への距離が遠く，これらの地域はまだ発展途上の段階にあるからである。99％の外客は残りのアジア，ヨーロッパ，北米，オセアニアといった地域から来る。21世紀に入って，これらの地域からの外客数は**図3.2**のように推移した。

　ヨーロッパ，北米，オセアニアからの外客は，2007，08年頃までは若干増加したが，その後には減少に転じている。全体として見れば，横ばいの感が強い。これに対して，アジアからの外客は，リーマン・ショック後の

図3.2 主要地域からの外客数の推移

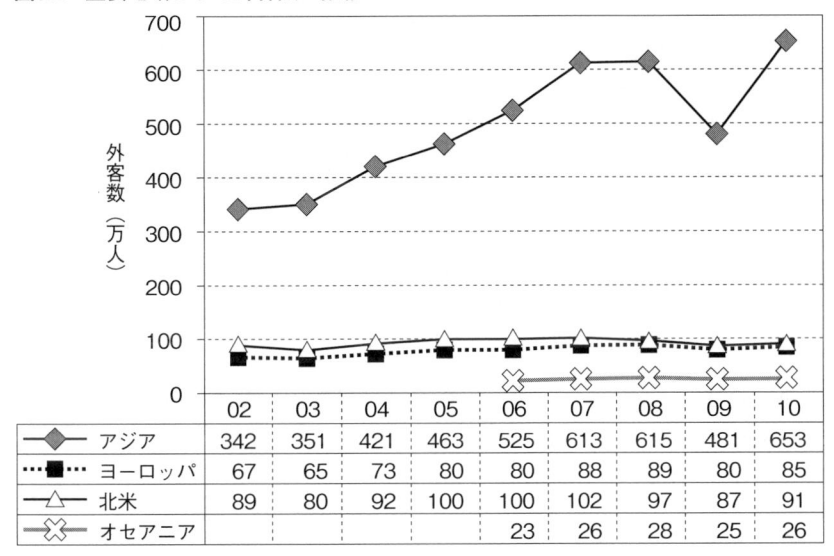

	02	03	04	05	06	07	08	09	10
アジア	342	351	421	463	525	613	615	481	653
ヨーロッパ	67	65	73	80	80	88	89	80	85
北米	89	80	92	100	100	102	97	87	91
オセアニア					23	26	28	25	26

出所：日本政府観光局（JNTO）のデータより作成。

図3.3 アジア諸国からの外客数の推移

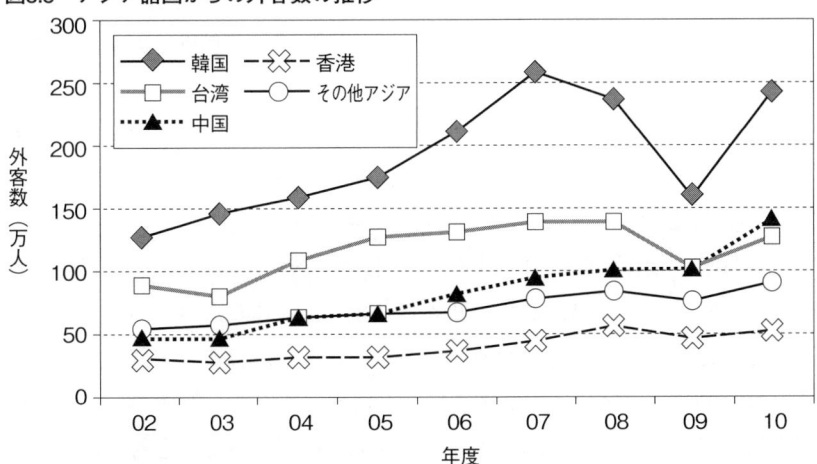

出所：日本政府観光局（JNTO）のデータより作成。

Ⅲ 外客が求めるアメニティ　93

金融不況の影響を受けた2009年を除けば一貫して増加基調であった。とくに注目すべきはその成長率である。10年足らずの間に，アジアからの外客は2倍近くに増加した。外客数の成長は，主としてアジアからの外客数の増加に牽引されたものである。

図3.3によってアジアの内部を見ると，アジアの時代を反映して，アジア諸国からの外客数は軒並み増加傾向にある。しかし，そのトレンドには若干の差異がある。韓国，台湾，香港は2000年代の前半は成長基調にあった。しかし，この年代の中頃以降は横ばい傾向にある。ほぼ一貫して成長基調にあるのは，中国とその他のアジアである。これらはアジア内部での高成長地域の移動に対応している。高成長地域は韓国，台湾，香港から中国やアセアン諸国へと拡がった。

2010年度についてアジア諸国からの外客構成比を見ると，その78%は韓国，中国，そして台湾によって占められている。そのシェアは韓国（37%），中国（22%），台湾（19%）である。日本の隣国である韓国，中国，台湾がアジア外客の中心部分を占めている。

▶外客増加は観光客に先導されている

外客のすべてが観光客ではない。外客には，観光客以外に商用，親族友人訪問などを目的とする旅行者が含まれるからである。しかしながら，21世紀の初頭の外客の増加は，多くの観光客の増加を含むものであった。図3.4に示すように，2001年に観光客は外客の59%に過ぎなかった。しかし，2010年になると，74%まで上昇した。これによって日本を訪問する外国観光客は外客全体の成長率をはるかに超えて成長している。2001年と比較すれば，2010年には外国からの観光客は2.34倍に達したのである。

観光客比率がなぜ上昇し始めたのだろうか。それはアジア諸国がますます大きい割合を外客に占めるようになったからである。2010年に日本政府観光局は，日本の8つの国際空港で外国人出国者21,342人を対象に大規模な調査を行った。調査対象者の国別割合は，同年度の国別外客の推定割合に対応している。この調査によれば，観光を目的とする旅行者比率は，一

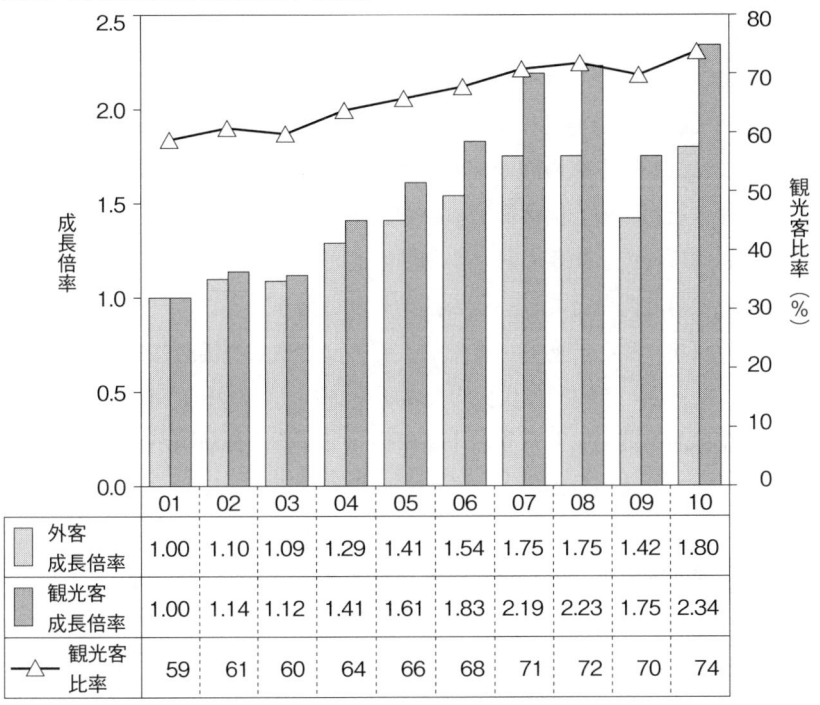

図3.4 外客に占める観光客比率の推移

	01	02	03	04	05	06	07	08	09	10
外客成長倍率	1.00	1.10	1.09	1.29	1.41	1.54	1.75	1.75	1.42	1.80
観光客成長倍率	1.00	1.14	1.12	1.41	1.61	1.83	2.19	2.23	1.75	2.34
観光客比率	59	61	60	64	66	68	71	72	70	74

注：成長倍率は2001年度を1とする倍率。
出所：日本政府観光局（JNTO）のデータより作成。

般にアジア諸国で高く，欧米諸国では低くなる。

　例えば，アジアからの外客の主要国について見ると，観光客比率は香港（86.5％），台湾（72％），シンガポール（68.8％），韓国（64.9％），中国（60.4％），マレーシア（53％），タイ（39.7％）である。これに対して，欧米の主要国を見ると，カナダ（59.8％），フランス（51.1％），英国（40.6％），ドイツ（29.7％），米国（28.3％）になる。観光客をより多く含むアジア諸国からの外客，とくに韓国，中国，台湾，香港など，観光旅行比率の高い国からの外客の増加によって，外国からの観光客市場が急成長し始めているのである。

▶多様化する観光客パターン

　急成長市場はしばしばその内部の構造変動を伴っている。観光外客市場もその例である。出発国の構成を変えながら急成長しているからである。そしてこれは各国からの観光客の性格に多様性を生み出すことになる。この多様性を初訪問率と団体旅行率の観点から見てみよう。

　初訪問率は観光客のうち日本を初訪問した人の比率である。観光客でも初訪問者と再訪問者とでは，その観光行動は大きく異なる。初訪問者は事前情報の収集に熱心であり，また個人旅行に不慣れな場合には団体旅行に頼りがちである。その国の代表的な場所を訪問し，代表的な食事を賞味し，代表的な商品を買い物したりお土産に持って帰る。再訪問が重なると，その国についての情報量が増え，その訪問先も代表的な場所から周辺地に広がり，その国の文化や生活をより深く知ろうとするようになる。これらによって，観光客のまなざしが向けられるアメニティも変わっていく。

　観光客団体率は観光客に占める団体旅行者の比率である。個人旅行に比べると，団体旅行は費用が安くなる。チャーターバスなどを利用して移動するため，旅程は効率的に組まれている。しかし，旅行スケジュールなどは規格化されており個人的な自由はほとんどない。また食事場所なども決まっている。団体旅行は旅行サービスの工場のようなものである。旅程はまるで流れ作業のように進行していく。訪問先への道順や訪問地の情報がなくても，安全に観光名所へ運んでくれ，情報提供を受けることができ，短期間の間に多くの場所を訪問するには便利である。

　以上のことから，初訪問率と団体率との間には一定の関係が存在するように見える。それは初訪問率が高くなるにつれて，その国の旅行の団体率は増加していくという関係である。逆にいえば，旅行者の再訪問率が増えてくると，団体旅行よりも個人旅行が多くなるという関係である。このような関連は実際に見られるのだろうか。2010年度での各国観光客の初訪問率と団体率を位置付けてみると，**図3.5**のようになる。

　全体として見ると，期待に反して初訪問率と団体率との間にはほとんど

図3.5 観光客の旅行形態の多様性 2010年

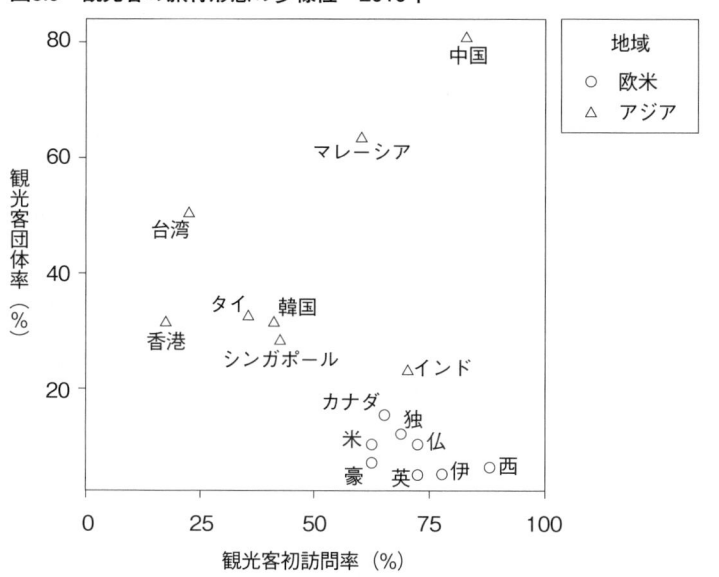

```
観光客団体率（%）
80 ─                              △中国
                                  
60 ─              △マレーシア
                                  
         △台湾
40 ─
              △タイ  △韓国
              
20 ─    △香港  △シンガポール
                              △インド
          ○カナダ  ○独
          ○米    ○仏
          ○豪  ○英 ○伊  ○西
 0 ─┬────┬────┬────┬────┬
    0   25   50   75  100
      観光客初訪問率（%）

地域
○ 欧米
△ アジア
```

出所：日本政府観光局（JNTO）「訪日外客訪問地調査2010」のデータより作成。

関連がないように見える。初訪問率が高くなっても，団体率が高くなる国もあれば低い国もあるからである。しかし，国の文化圏をアジア系と欧米系に区分してみると，まったく異なった様相が現れる。アジア系の諸国だけを見れば，初訪問率の高い国ほどその団体率は高くなるという明確なパターンが現れている。しかしながら，欧米系を見るとこのようなパターンはまったく見られない。欧米系の国では，初訪問率が高くなっても，団体率はほとんど変わらず低い水準に留まっている。

　一般的にいって，社会生活の基本的な行動原理はアジアでは集団主義が強く，欧米では個人主義が強い。これは農業経済を脱して工業化に向かい，個人的自由を尊重する近代化がいち早く行われた欧米諸国と，それが遅れたアジア諸国の過去の歴史的経緯を反映しているように見える。しかし，それだけではない。

　旅行の歴史を振り返れば，欧米諸国にも団体旅行が盛行した時期があった。19世紀の中頃，鉄道網の発達に目を付けて，トーマス・クックは集団

Ⅲ　外客が求めるアメニティ　97

観光旅行の時代を切り開いた。かれが創立したトーマス・クック・アンド・サン社はその後の総合旅行代理店の手本になった。欧米ではその後に団体旅行は，パッケージ休暇旅行といった個人旅行の色彩を若干加味したが，それでも1970年代までは大衆観光の主要な形態であった。大衆観光で個人旅行の形態がより強くなったのは1980年代以降のことである。消費者による海外旅行経験の蓄積や海外旅行案内書の充実など，旅行情報の整備がその背後にある。[*3]

　いずれにせよ，欧米諸国からの観光客の大半は，初訪問の個人観光客である。しかし初訪問であるといっても，例えば中国などからの初訪問観光客とはまったく異なる。欧米諸国の観光客にとって，日本は観光先の上位に位置していない。多くの海外旅行経験を積んだ旅行者が選ぶ限界的な観光先である。欧米からの観光客は，いわば国際旅行のベテランであり，目の肥えた観光客である。

　これに対してアジアからの観光客は違う。地理的な近接性や経済発展度もあって，日本は最初の海外観光地として上位に位置している。アジアで経済発展を成しとげた国の観光客は，最初の海外旅行先として日本を選ぶことが多い。アジア諸国間での初訪問率の相違は，経済発展が行われた歴史的順序に対応している。しかし，同じ国への旅行が重なり経験が蓄積されるにつれて，団体率は次第に低下していく。台湾，香港，韓国はアジアで日本に次いで経済発展してきた。これらの国の団体旅行率の低さは日本への旅行経験の蓄積を反映している。

　アジアから日本への初訪問者は，同時に海外旅行の初経験者であることも多い。この種の団体観光客ほど，観光マーケターにとって扱いやすいものはない。どこに連れて行くかをマーケターがかなり統制できるからである。観光地アメニティに対するまなざしもそれほど厳しくない。旅行経験が浅いために，外国観光地間についての比較の基準をまだ持っていないからである。しかし，アジア諸国間で見られる初訪問率と団体率の関係は長期的なものではない。とくに経済発展が著しい中国からの観光客の性格も今後近いうちに変質するだろう。個人旅行者が増え，観光地アメニティに

向けるかれらのまなざしはより厳しくなっていくだろう。

2. 観光外客にとってのアメニティは何か

▶観光外客はトリップ連鎖・ベースでみよう

　観光外客の動きに関しては，かれらが出入国する地点が重要である。**表3.2**はこの様子を示している。

　外国から日本を訪問する場合，その出入国地は国際空港・海港を持つ少数の地域に限定されている。しかもこれらの地区間でも集中が激しい。外客の6割近くが羽田・成田の空港を利用し，2割近くは関西空港を利用している。そして新千歳，中部，福岡がそれぞれ5％強を占めている。これは日本人の国内観光にそくしていえば，観光客の居住地区が少数の地区に集中しているのと同じことである。外客のほとんどは東京あるいは大阪を旅行の出発点にしている。

　そして，入国地と出国地の構成比はほぼ同じであるから，入国地が同時に出国地になる旅客が多い。このことは入国地を起点に日本国内旅行を始め，またそこに立ち帰って出国する周遊パターンが採られていることを示している。その間の滞在日数は，3日以内（12.4％），4〜6日（47.9％），7〜13日（24％），14日以上（15.7％）である。[*4]

　このような出入国の全体的パターンは，外客の居住地域別に見ると，いくつかの異なったパターンを見せる。欧米からの外客の83％の旅行起点は首都圏である。関西空港が起点になるのは8.3％に過ぎず，残りの地区はごくわずかである。これに対して，北東アジアから外客の旅行起点ははるかに分散的である。羽田・成田は45.7％に低下し，関西は23.6％に増える。さらに重要なのは，新千歳（8.7％），中部（7.1％），福岡（6.6％）となるのをはじめ，他の地区からの入国者も見られるようになる。東南アジアや豪州からの外客の旅行起点プロフィールは，欧米と北東アジアの中間にある。

　また滞在日数も国籍地域間で相違がある。最頻旅行日数について見れば，

表3.2 出入国地の居住地域別構成（%）

空港・海港		居住地				全体
		東北アジア	東南アジア	欧米	豪州	
入国	新千歳	8.7	1.4	0.5	0.6	5.5
	仙台	1.2	0.2	0.0	0.0	0.8
	新潟	0.1	0.1	1.3	0.0	0.2
	羽田	11.0	1.4	1.3	0.8	7.7
	成田	34.7	69.6	83.0	68.7	49.7
	中部	7.1	4.0	1.7	2.1	5.5
	関西	23.6	19.4	8.8	26.8	20.1
	広島	0.4	0.2	0.1	0.0	0.4
	福岡	6.6	2.6	0.7	0.8	5.1
	那覇	2.5	0.4	0.7	0.2	1.6
	博多港	2.0	0.0	0.2	0.0	1.6
出国	その他	1.7	0.5	1.4	0.2	1.9
	新千歳	9.4	0.8	0.5	0.8	6.1
	仙台	1.3	0.0	0.0	0.0	0.8
	新潟	0.0	0.0	1.5	0.0	0.1
	羽田	11.8	0.6	0.9	0.6	8.1
	成田	34.5	77.4	85.0	69.3	50.9
	中部	9.3	2.6	1.7	1.9	6.9
	関西	21.7	16.1	8.9	26.6	18.1
	広島	0.6	0.0	0.2	0.0	0.4
	福岡	6.5	2.0	0.9	0.8	5.0
	那覇	2.6	0.5	0.3	0.2	1.7
	博多港	2.4	0.0	0.1	0.0	1.8
標本数		10,650	1,979	3,689	527	18,284

注：東北アジアは韓国，中国，台湾，香港；東南アジアはタイ，シンガポール，マレーシア，インド；欧米は英，仏，独，ロシア，米，カナダ。
出所：観光庁「訪日外国人消費動向調査」2010年4-12月期のデータより作成。

北東アジア諸国の外客では，4～6日の旅行が最も多い。韓国（53.6%），台湾（71.8%），香港（68.1%），中国（57.4%）である。これに対して，東南アジアや欧米などの外客では，7～13日の滞在日数が最頻日数になる国が多い。

シンガポール（57.3%），マレーシア（42.1%），インド（32.2%），ドイツ（34.9%），フランス（40.1%），ロシア（37.2%），米国（38.4%），カナダ（37.8%），豪州（44.2%）である。これらの最頻日数を中心にして，東南アジアや欧米

からの外客の滞在日数は，北東アジアに比べてより広い範囲に分散している。

このように国籍地域間で滞在日数に差異があり，日本への距離が遠くなるにしたがい滞在日数が長くなる傾向がある。しかし，外客全体の滞在日数を見ても，日本人の国内旅行者に比べるとはるかに長い。この結果，観光外客は日本人観光客とはまったく異なる行動パターンを示すことになる。せいぜい1～2泊の宿泊旅行が多い日本人観光客の行動は，例えば特定温泉地など狭い地理的範囲の観光地の選択というかたちで行われる。そこでは観光客と特定観光地が対峙している。

これに対して，滞在日数の長い外客は，とくに観光客である場合には，距離の離れた多くの観光地を周遊しようとする。観光外客の計画には，訪問したいいくつかの観光地とそれらを結ぶトリップ・ルートがある。観光外客の誘致には，特定観光地ではなく，このトリップ連鎖ベースで発想する必要があろう。

これらのトリップ連鎖は複数の都道府県にまたがるものである。章Ⅳで詳論するように観光庁は近年，広域観光圏施策を進めている。[5]それらは従来の観光行政からすれば大きい前進である。しかし今まで認定された圏域のほとんどは，群馬，長野，新潟にまたがる雪国観光圏など若干の例を除けば，特定都道府県内の複数の市町村にまたがるに過ぎない。これではトリップ連鎖ベースの観光外客の欲求に十分に応えることはできないだろう。章Ⅳで後述するように，複数の都道府県にまたがれば，観光圏の運営には多くの困難な問題が発生する。しかし，それらを克服する新しい発想が求められている。

▶観光外客の経済学

トリップ連鎖ベースで動く観光外客はどのようなところを訪問しているのだろうか。2007年から09年の3年間の観光外客（宿泊ベース）を各都道府県別に集計してそのシェアを見ると，観光外客は少数の特定地区へ極度に集中している。**図3.6**はその様子を示すものである。その内容を**表3.3**で見ると，シェアが1％を超える地区は15地区にすぎず，全国47都道

図3.6 観光外客の都道府県シェアのスクリー・プロット 2007～2009年

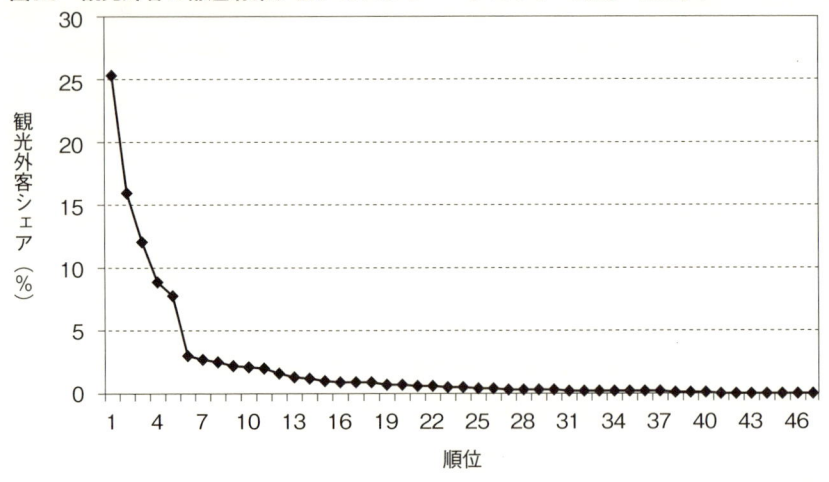

出所：観光庁「宿泊旅行統計調査」2007～2009年のデータより作成。

府県の3分の1にも満たない。とくに上位5地区、すなわち東京、北海道、千葉、大阪、京都への集中が激しく、70.2％を占めている。

大阪を除く残りの上位4地区は、全国型の観光地である。観光外客という慈雨は、もっぱら全国型観光地に降り注いでいる。地理的に見ると、観光外客のトリップ圏は、成田・羽田、関西空港という2大空港域と東海道新幹線沿いの地区からなる。この地区から離れても1％以上の観光外客を吸引している地区は、北海道、沖縄と長崎、大分、熊本、福岡などの北九州地区だけである。少なくとも現在までのところ、観光外客の到来は観光地階層の上位集中を促進する方向に働いている。

狭い範囲への観光外客の集中がなぜ生じるのだろうか。その理由の1つは、観光外客の経済学にある。日本人の国内旅行者に比べると、観光外客は一般に長距離を移動して日本にやってくる。したがって、日本までの交通費は高くなる。訪日外国人の全体で見ると、非パッケージ・ツアーにおける日本への往復運賃は82,815円である。これは宿泊費（56,811円）と飲食費（31,070円）を加えた滞在費用にほぼ等しい。[6] 日本への往復運賃が滞在費用の半分近くを占めている。この比率は日本への距離が遠くなるほど高まることはいうまでもない。

表3.3 観光外客シェア1％以上の都道府県

都道府県	観光外客シェア％	都道府県	観光外客シェア％
東京	25.4	沖縄	2.2
北海道	16.0	大分	2.1
千葉	12.1	福岡	2.0
大阪	8.9	兵庫	1.6
京都	7.8	滋賀	1.3
長崎	3.0	和歌山	1.2
熊本	2.7	静岡	1.0
神奈川	2.5		

　往復運賃は日本国内のどこを訪問しようが固定的にかかる費用である。このような固定費用部分が大きくなると，旅行者はできるだけ多くの魅力的な場所を効率的に訪問し，訪問地あたりの往復旅費を低めようとする。これは固定費が高くなった場合に生産量を増やして，生産単位あたりの固定費を低めようとする企業活動と同じである。さらに，滞在日数が限られているから，日本国内での移動に要する時間を短くし，また国内移動の交通費を節約しようとする。これは遠い外国への観光旅行者に共通する経済学である。パッケージ・ツアーの場合でも，マーケターの経営計算上から同じような配慮が働くことはいうまでもない。

　このような観光外客の経済学は，その旅行における訪問範囲に大きな影響を与える。すなわち，観光外客から見てアメニティの高い観光地が地理的に集中しているトリップ圏が選択されることになる。観光外客の主要な訪問地が，全国型観光地，二大国際空港周辺地区，それらを結ぶ東海道新幹線沿いの地区に集中するのは，この観光外客の経済学の結果である。

▶観光外客はアーバン的アメニティで吸引される

　観光外客の訪問先は，特定地区に集中している。これらの地区のどのようなアメニティが観光外客を吸引しているのだろうか。このアメニティの特質を明確にするために，日本人の観光客を個人・グループ客，一般団体客，学生団体客の三種に区分し，これらとの比較において観光外客を引き

表3.4 観光客種類別の都道府県全国シェアのトップ10（％）　網かけは全国型観光地

観光外客 2007〜09年		日本人観光客 2009年					
		個人・グループ		一般団体		学生団体	
東京	25.4	北海道	11.4	北海道	17.9	京都	20.8
北海道	16.0	千葉	8.3	沖縄	7.2	北海道	11.9
千葉	12.1	沖縄	8.0	東京	6.8	沖縄	14.1
大阪	8.9	東京	7.9	千葉	4.0	長野	6.3
京都	7.8	京都	4.9	静岡	4.0	千葉	6.2
長崎	3.0	大阪	4.6	長野	3.6	東京	6.2
熊本	2.7	静岡	4.3	神奈川	3.0	長崎	4.4
神奈川	2.5	神奈川	3.5	兵庫	2.9	福島	3.3
沖縄	2.2	兵庫	3.0	石川	2.7	大阪	3.2
大分	2.1	三重	2.6	群馬	2.3	広島	3.2

出所：観光外客は観光庁「宿泊旅行統計調査」，日本人観光客は「JTB宿泊白書2010」。

つけるアメニティを検討してみよう。

　日本人の国内観光客は，個人・グループ，一般団体，学生団体に分けられる。これらの細分市場によって，観光客のまなざしは異なり，観光客を吸引できるアメニティの内容は異なってくるかもしれない。JTBによる調査のデータを利用して計算した各細分市場における都道府県の全国シェアは**表3.4**のようになる。各細分市場で全国型観光地は上位を占めるが，トップ10に入るそれ以外の地区はかなり異なっている。これは細分市場によって観光客を吸引するアメニティの内容がかなり異なることを示唆している。観光外客を吸引するアメニティは，これらとどのように異なり，また共通するのだろうか。

　各細分市場での都道府県の全国シェアは，アメニティとどのように関連しているだろうか。都道府県のアメニティの状態については日経調査データを利用できる。それらは**表3.5**のアメニティの各魅力素について，都道府県が魅力的であると感じている消費者の比率（％）である。**表3.5**の各数字はこのデータと，細分市場での観光客シェアとの相関係数を示している。

　各細分市場で日本人観光客を吸引しているアメニティは何か。観光客を吸引しているアメニティの中核内容について見れば，個人・グループはアーバン的な魅力素であり，一般団体はグリーン的魅力素であり，学生団体

表3.5　各細分市場観光客の全国シェアとアメニティの相関係数　N=47

アメニティ テーマと魅力素	全国シェアとの相関係数			
	観光外客	個人・ グループ	一般団体	学生団体
歴史遺産				
名所・旧跡	0.129	0.209	0.134	0.644
歴史・伝統	0.068	0.140	0.041	0.601
町並み・景観	0.473	0.525	0.491	0.744
工芸・工業品	0.270	0.395	0.348	0.565
郷土文化				
イベント・祭り	0.369	0.293	0.270	0.352
郷土芸能	0.013	0.147	0.099	0.531
ご当地料理	0.161	0.403	0.489	0.479
グリーン				
自然	−0.018	0.309	0.565	0.327
気候・風土	0.072	0.436	0.627	0.338
農水畜産物	0.070	0.269	0.558	0.097
土産物	0.393	0.659	0.714	0.752
温泉	−0.075	0.055	0.298	−0.062
アーバン				
商業施設	0.703	0.488	0.278	0.242
娯楽施設	0.815	0.788	0.545	0.371
美術館・博物館	0.664	0.437	0.251	0.503
宿泊施設	0.775	0.841	0.734	0.674

注：網かけは0.1％水準で有意。

は歴史遺産的魅力素である。一方で，観光外客を吸引している中核アメニティはアーバン的魅力素である。この意味で観光外客は日本人の個人・グループ観光客に似ている。しかも観光外客はこれらの魅力素によってより強く吸引されている。

　アーバン的魅力素以外では，観光外客シェアは町並み・景観，土産物と有意な相関を持つに過ぎない。ご当地料理などは，日本人観光客の場合，いずれの細分でも重要であるが，観光外客は興味を示していない。しかしこれは食事がアメニティになっていないということではない。アメニティになる食事の内容が日本人と外客では異なるのである。この点については後述しよう。観光外客の主要な訪問地が，全国型観光地，二大国際空港周辺地区，それらを結ぶ東海道新幹線沿いの地区に集中していることの重要

な原因は，これらの地域にアーバン的魅力素の高い地区が集中し，しかもこれらは便利な交通ネットワークによって連結されているからである。

　観光外客の多くは，国際比較的な観光のまなざしを持っている。これから見ると，歴史遺産，郷土文化，グリーンに関して日本の観光地はそれほど高い吸引力を持っていない。前章で指摘したように，日本人観光客はその今後の意向から見る限り，これらのアメニティに関心を示しだしている。

　他方で，少なくとも観光外客を全体として見る限り，日本人の将来的な観光意向とは異なっている。しかし，これはあくまでも観光外客を全体として捉えた傾向である。観光外客を居住国別に捉えた場合，その旅行パターンは大きく異なっている。これを反映して，居住国別に見ると，観光外客を吸引するアメニティの内容にも重要な差異が現れるかもしれない。次にこの点を検討しよう。

3．観光外客の内部多様性

▶観光外客のアメニティ期待は居住国によって異なる

　観光外客は日本に何を期待してやってくるのだろうか。JNTOの「JNTO訪日外客訪問地調査2010」は，2010年の冬，春，夏，秋に分け2万1,342人の訪日外客を対象に，訪日前のアメニティへの期待として，温泉，買物，食事，スポーツ以外に，次のようなものを掲げて調査を行っている。カッコ内がこの調査で使われた文言であり，その前のラベルは参照の便宜上から著者が付けたものである。

- 歴史：「歴史的・伝統的な景観・旧跡」,
- 自然：「自然，四季，田園風景」
- 都市：「都市の景観・繁華街の賑わい」
- 生活文化：「日本人の生活・日本人との交流」
- 娯楽施設：「テーマパーク，遊園地，動物園，水族館」
- 伝統文化：「日本の伝統文化の体験・鑑賞（相撲，祭り，茶道，着付け，

表3.6 観光外客の訪日前の期待

居住地	標本数	居住地別の訪日前期待比率（％）										
		歴史	自然	温泉	都市	買物	食事	生活文化	娯楽施設	スポーツ	伝統文化	現代文化
韓国	3,616	35	22	46	31	41	53	20	17	5	7	11
台湾	2,361	48	64	49	37	57	62	22	29	10	13	13
中国	1,845	35	64	51	39	59	46	18	28	8	11	12
香港	1,285	33	50	43	27	69	76	21	29	13	11	12
アセアン	568	47	58	45	29	66	76	31	27	12	21	15
豪州	347	65	42	31	42	52	71	49	21	34	37	23
北米	818	74	39	29	45	55	80	56	16	13	47	34
英独仏	580	78	36	35	53	48	82	59	14	13	46	40

注：アセアン＝タイ，マレーシア，シンガポール，北米＝米国，カナダ．以下の図表でも同じ．
出所：日本政府観光局（JNTO）「訪日外客訪問地調査2010」のデータより作成．

歌舞伎等）」
・現代文化：「日本の現代文化の体験・鑑賞（ポップ音楽，アニメ，ファッション等）」

　訪問外客には観光以外の目的で来日した外客も含まれている．そのうち，観光客に絞り，さらにその数が多い8つの居住国・地域別に期待比率を見ると，表3.6のようになる．一瞥してわかるように，観光外客の期待するアメニティの内容は居住地によって多様なかたちで異なっているように見える．しかし，この表だけから居住地間でのアメニティ期待の多様性の基本パターンを直ちに読み取ることは困難である．

　そこで表3.6の対応（コレスポンデンス）分析によって，この多様性の基本パターンを明らかにしてみよう．対応分析は表3.6のような名義尺度を使ったクロス表の標準的な分析手法である．ソフトとしては統計ソフト「SPSS」を利用した．

　この分析手法を使うと，居住地の8つのカテゴリーとアメニティの11のカテゴリーとの関連を2次元空間に図示することができる．この空間で同じ分布を持つカテゴリーは近い距離に図示されることになる．このようにして対応分析は，表3.6のようなクロス表におけるカテゴリー間の関連を図示するのである．図3.7が対応分析の結果である．この図は全体とし

図3.7 アメニティへの各居住地観光客の期待（表3.6.の対応分析）

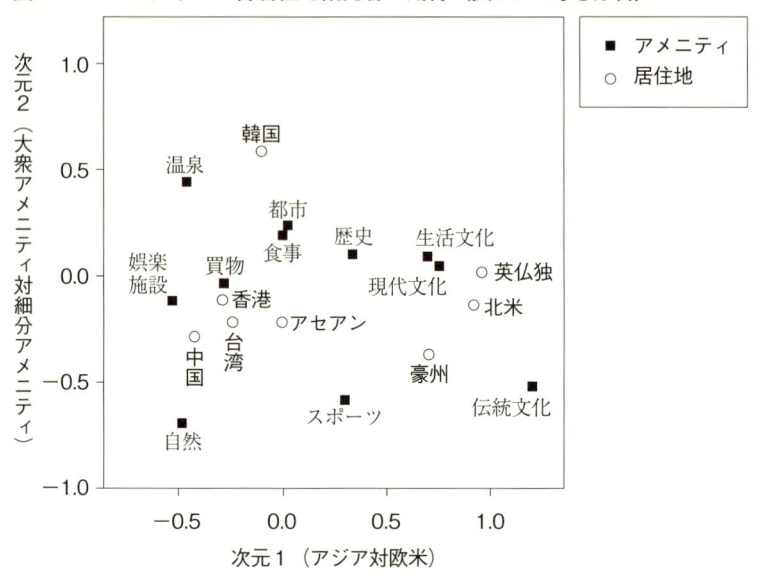

て，各居住地から来る観光外客が，日本でそのまなざしをどのようなアメニティに向けようとしているかを示している。

次元1の左方にはアジア諸国が位置し，右方には欧米諸国が位置している。次元1はアジア対欧米を示す軸である。次元2は何を意味しているのだろうか。この次元に沿って明確な差異が現れるのはアメニティの性格である。最上方に温泉が位置し，下方に下るにしたがい，都市，食事，歴史，生活文化，現代文化，買物，娯楽施設，伝統文化，スポーツ，自然の順序で並んでいる。この順序で変化していくのは，だれもが求める大衆的なアメニティから，特定の旅行者だけが求める細分市場的なアメニティへの変化である。したがって，次元2は大衆アメニティ対細分アメニティを表す軸といえよう。

図3.7ではこれら2つの次元でできる空間に，観光外客の居住地とアメニティの各カテゴリーが位置付けられている。注目すべきは，これらがどのような集落を形成しているかである。

中国，台湾，香港，アセアンは買物や娯楽施設と集落を形成している。これらの地域からの観光客のまなざしは，他の国との相対関係で見ると，

とくに買物や娯楽施設に注がれている。アセアンからの観光客の期待アメニティもこれらの地区と似かよっている。買物や娯楽施設といったアメニティは，アーバン的なアメニティの中核である。また中国，台湾，香港は観光外客の主要部分を占めている。観光外客全体で見た場合に，アーバン的アメニティが吸引の中核になっている。これは，頭数の多い中国，台湾，香港からの観光客が，その観光のまなざしを買物や娯楽施設にとくに向けていることの影響である。

アジア諸国の中でも，韓国からの観光客も多い。しかし，かれらが期待するアメニティは，他のアジア諸国とは異なっている。かれらは買物や娯楽施設に他のアジア諸国ほど期待していない。韓国観光客の特徴は他の国に比べて，とくに温泉により強く期待する点にある。実際，九州の別府や湯布院，関西の有馬などには，韓国観光客が多く訪問している。

英仏独，北米，豪州など，西洋文化圏からの観光客のアメニティ期待は，アジア諸国とは大きく異なる。かれらは，アジア諸国からの観光客がほとんどまなざしを向けない生活文化や現代文化により強い期待を持っている。また観光外客の中で伝統文化への期待が相対的に強いのもこれらの諸国からの観光客である。日本への文化的距離が，アジア諸国に比べてはるかに離れているせいであろう。

都市（都市の景観・繁華街の賑わい），歴史（歴史的・伝統的な景観・旧跡），そして食事は，少しアジア諸国よりであるけれども，各地区からほぼ等距離のところに位置付けられている。これはこれらのアメニティが観光外客にとって共通したアメニティであることを示している。とくに初訪問の観光客にとって，代表的な都市や名所・旧跡を訪問し，その国の料理を楽しむというのは，いわば定番メニューと言ってよい。これに対して，いずれの国の観光客にとっても，自然（自然，四季，田園風景）やスポーツは，期待アメニティではない。せいぜい自然については中国と台湾が，スポーツについては豪州が期待しているに過ぎない。

以上のように，各国や地域別に見れば，観光外客のアメニティ期待は，都市，歴史，食事といった共通部分を持つとともに，かなり異質的な部分も持っ

ている。各観光地のマーケターは観光外客の誘致に際して，その標的となる国を明確に設定して，この異質的な部分についても魅力を高めていかねばならないだろう。

▶食事と買物のアメニティの多様性

　旅先での食事は，都市景観，名所・旧跡とともに，多くの観光客を吸引できる共通のアメニティである。また，訪問者数の多いアジア諸国からの観光客の主要な関心は買物にある。図3.7で示したようなアメニティ・カテゴリーの中では，食事や買物は多くの観光客に共通したアメニティとなっている。しかし，どのような食を好むのか，またどのような商品を買うのかといった，食事と買物のより詳細な内容に立ち入ってみると，どのような居住地からきた外客であるかによって多様性が現れる。観光外客用に日本食を出し，買物場所を準備すればよいというわけではないのである。

（1）食事アメニティ

　日本政府観光局（JNTO）は，代表的な日本料理について各居住地別の外客の満足比率を調べている。図3.8はこのクロス表について，対応分析をした結果である。次元1は欧米対アジアをほぼ区分している。次元2の上方にはいわゆるB級グルメ的な大衆料理が位置し，下方には高級料理の多くが位置している。したがって次元2は大衆料理対高級料理を表す軸である。

　図3.8には注目すべき3つの集落がある。まず，韓国はとんかつ・丼，うどんに，他国居住者よりもより満足する傾向がある。韓国には日本よりはるかに優れた焼肉文化があり，また高級であるが優れた鮮魚料理を楽しむことができる。インチョンやソンドはこの種の飲食店の集積である。

　第2の集落は中国，台湾，香港の中国系とかれらがとくに満足する料理からなる。中国系の外客は焼肉，魚介・海鮮料理，刺身に他国に比べてより満足する傾向がある。かれらが鮮魚料理を好むのは，海流や海の汚濁度などにより，生の旨い魚を食する機会が少ないからであろう。

　第3の集落は，北米，豪州，英仏独など，西洋文化圏の諸国からの訪客

図3.8 満足した食事の多様性（対応分析）

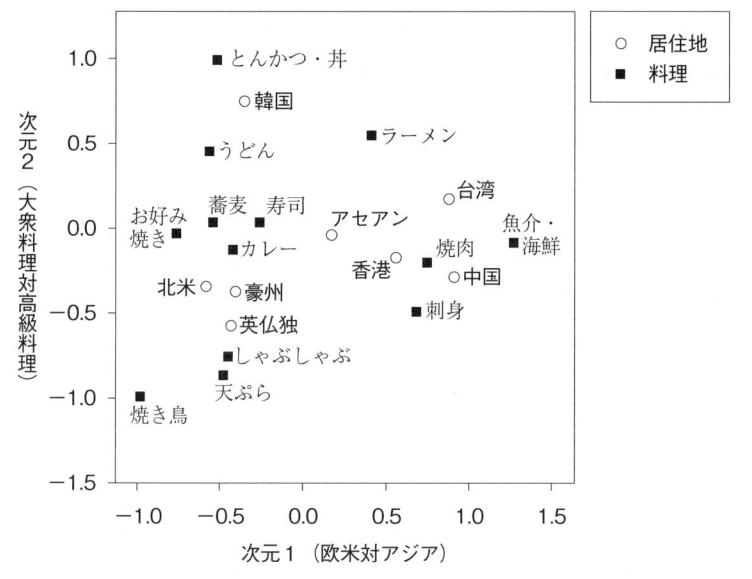

次元2（大衆料理対高級料理）／次元1（欧米対アジア）

出所：日本政府観光局（JNTO）「訪日外客訪問地調査2010」のデータより作成。

とかれらが満足する料理からなる。アジア諸国からの外客に比べると，西洋文化圏からの外客がより満足する料理は，蕎麦，お好み焼き，カレーといったB級グルメだけでなく，寿司，しゃぶしゃぶ，天ぷら，焼鳥などである。アセアンからの外客は第2と第3の集落の中間に位置している。

同じく日本食といっても，それにアメニティを感じるかどうか。それは日本食の具体的内容によって，訪日外客の居住国間で多様に異なっている。食事内容のこの多様性を前提にすれば，多くの国からの訪日外客を同時に受け入れることができる観光地は，東京，大阪，京都など大都市や北海道，沖縄の大観光地しかない。大都市には宿食分離のシティ・ホテルが多く，多様な飲食店集積が付近にある。また大観光地のリゾート・ホテルはその内部に多様な飲食店を併設している。

問題なのは地方都市や温泉地などの地方観光地である。地方都市には多様な飲食店集積が少ない。温泉地の旅館の多くは宿食未分離であり，顧客が食事内容を自由に選択できないし，訪日外客の多様な食事欲求に対応で

Ⅲ 外客が求めるアメニティ

きるサービスを提供できない。さらに温泉街などには旅館外部に飲食店集積を持っているところは少ない。食事欲求に関していえば、日本の伝統的な地方観光地は、訪日外客を全体として受け入れる体制にはなっていないといえよう。

(2) 買物アメニティ

　買物の購買商品についてはどうだろうか。観光庁は2010年4月から始めた「訪日外国人消費動向調査」で、購買商品の内容をより詳細に調査し始めた。2010年の4月から12月までの暦年数字を見ると、各居住地からの外客の主要購買商品の購買金額は**表3.7**のようになっている。

　各居住地からの外客の購買商品特性を見るために、**表3.7**について対応分析をすれば、**図3.9**のような結果が得られた。次元1は西洋文化圏対アジア文化圏を示す軸である。次元2の上方には、菓子、ファッション、化粧・医薬品など女性客がより大きい関心を抱く商品が並ぶ。下方へ行くにしたがい、女性よりもむしろ男性が関心を抱く商品がより多く並んでいる。この次元は女性対男性を示す軸とも解釈できよう。

　この2つの次元からなる空間で、購買商品は居住地間で極めて多様である。菓子などのスウィーツやファッションは、韓国、台湾、香港など、すでに経済発展を成しとげたアジア地区からの外客のより強い関心事である。これに対して、現在急速な経済発展途上にある中国からの外客はパソコン・音響機器、カメラ・ビデオ・時計などにより強い関心を寄せている。

　一方で、西洋文化圏からの外客は以上のような商品群には、アジア諸国ほど関心を示していない。英仏独や豪州からの外客がとくに関心を示す商品は、旅行中に必要になる食品・たばこ以外では、アニメ・DVDであり、北米からの外客の場合には和服・民芸品である。**図3.7**で示したように、西洋文化圏からの外客、とくに観光客はファッションや家電製品の買い物よりも、現代文化、生活文化、伝統文化により強いアメニティを求めている。アニメ・DVDや和服・民芸品などは、これらの文化を示す商品として購買されているのだろう。

表3.7 訪日外客の購買金額

居住地	購買金額（万円）									標本数
	菓子類	その他食料品・飲料・酒・たばこ	カメラ・ビデオカメラ・時計	電気製品（パソコン・音響機器など）	化粧品・医薬品・トイレタリー	民芸品	和服（着物）・	服（和服以外）・かばん・靴	マンガ・DVD・アニメ関連商品	
韓国	943	1,275	246	535	1,495	116	1,348	93		3,740
台湾	1,927	1,184	696	483	3,305	345	3,387	215		3,204
香港	736	573	185	235	767	223	1,878	72		1,160
中国	1,723	1,742	5,143	3,107	6,035	445	3,987	187		2,592
アセアン	1511	602	509	255	679	275	1,750	94		1,393
豪州	127	329	96	44	66	216	353	46		532
北米	389	1,041	231	196	246	982	743	101		1,900
英仏独	360	1,582	460	194	112	416	2,037	315		1,401

注：購買金額は購買率（％），購買単価，標本数より計算した。
出所：観光庁「訪日外国人消費動向調査」2010年4-12月期のデータより作成。

図3.9 購買商品の多様性（対応分析）

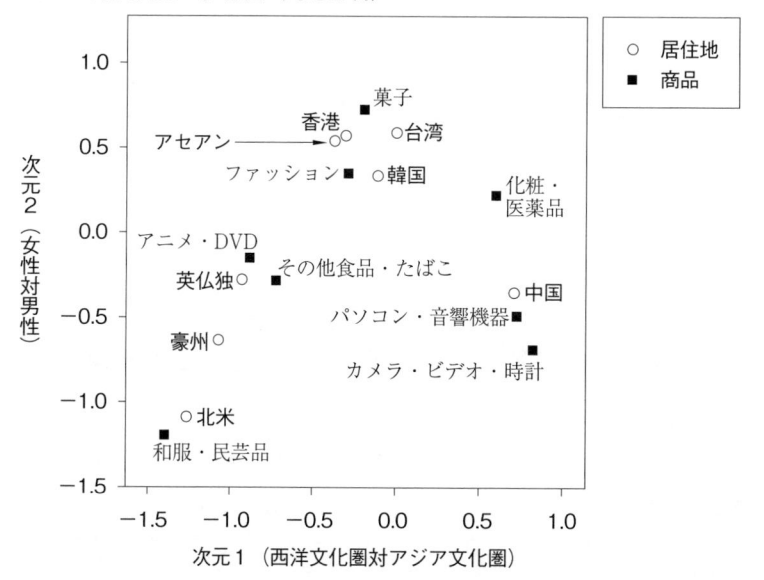

注：ファッション＝「服（和服以外），カバン，靴」その他のカテゴリーは表3.7に対応している。
出所：観光庁「訪日外国人消費動向調査」2010年4-12月期。

図3.10　買物場所業態

次元2（アジア対西洋）

○ 居住地
■ 買物場所

次元1（専門店対大型店）

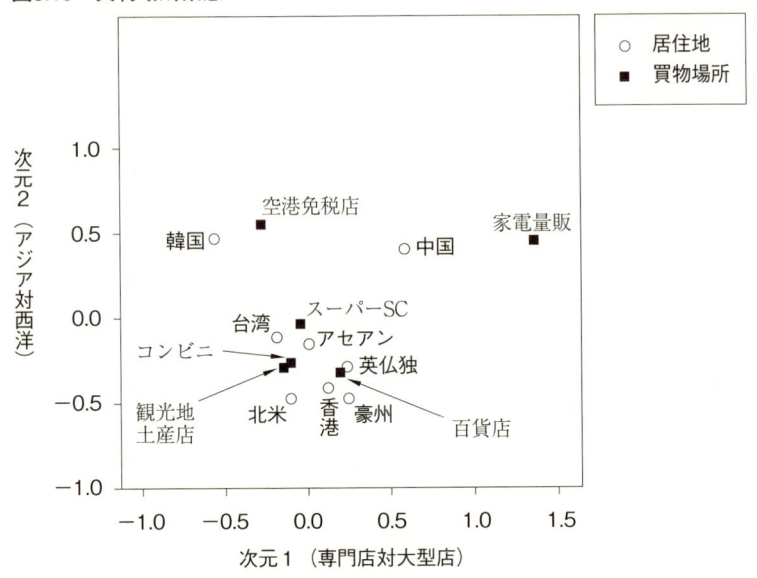

表3.8　居住地別の各業態購買者数

居住地	買物場所					
	空港免税店	百貨店	スーパーSC	家電量販	コンビニ	観光地土産店
韓国	2,199	984	1,483	176	1,245	831
台湾	2,369	2,025	2,144	427	2,025	1,595
香港	618	822	741	116	705	508
中国	1,972	1,594	1,618	937	1,250	875
アセアン	861	900	950	213	832	484
豪州	202	299	269	91	291	205
北米	703	902	864	248	940	621
英仏独	500	659	681	195	562	374

出所：観光庁「訪日外国人消費動向調査」2010年4-12月期。

　これらの商品はどのような業態の店舗で購買されているのだろうか。図3.10は表3.8に示すようなデータを対応分析した結果である。次元1は専門店対大型店に関連する軸であり，次元2はほぼアジア対西洋に対応している。しかし，この空間での多様性は極めて少ない。

　韓国と中国を除く，残りの居住地からの外客の買物場所は，ほぼ同じよ

うな傾向を持っている。それはスーパー・SC，百貨店，コンビニ，観光地土産店などである。台湾，アセアンがスーパー・SCやコンビニなど大衆店より利用し，西欧諸国が百貨店をより多く利用する傾向があるがその差異は小さい。特徴的なのは，他国に比べて韓国が空港免税店をより多く利用し，中国が家電量販をより多く利用しているぐらいである。

　業態の中では，百貨店，スーパー・SCの利用者が最も多い。これらの買物場所があるかどうかも，観光地のアメニティを構成している。しかし，最近の十数年間に，大都市以外の百貨店は急速に衰退した。[7]また，スーパー・SCについても，スーパーをキーテナントとし，多くの専門店を併設した大規模な魅力的SCの立地場所のほとんどは大都市圏の近縁地区であった。[8]大都市圏以外の地方観光地は，家電量販を別にすれば，外客を吸引できる百貨店や大規模SCに関して，大都市圏観光地に大きい格差を付けられている。一方，大都市圏では魅力的な商業施設を持つことは，観光外客を吸引するためのますます重要なアメニティになりつつある。

▶訪問先の多様性

　各国からの観光外客がどのような地区を訪問先として選ぶのか。この選択は，観光客の経済学という制約の下に，かれらがどのようなアメニティにまなざしを向けるのか，日本への入り口はどこか，などによって決まる。

　アメニティに向ける観光外客のまなざしには共通部分と，居住地によって異なる特異部分がある。いずれの観光外客も図3.7で指摘したように，都市（都市の景観・繁華街の賑わい），歴史（歴史的・伝統的な景観・旧跡），食事などに共通した関心を持っている。しかしそれに加えて，居住国によってとくに重視するアメニティがある。香港，中国，台湾，アセアンは買物，娯楽や自然，温泉などを他の国よりも重視する。韓国は温泉を重視し，西欧文化圏の諸国は現代，生活，伝統にかかわる文化を他の国よりも重視する。

　また日本への入り口も異なる。北東アジア地域の諸国からの観光客は，成田，羽田だけでなく，関西，千歳，中部，福岡などへ分散して入国する。その他の諸国では，入国は成田に集中している。このような入国地から出

表3.9 訪問観光客数（観光客の5%以上来訪地区）

訪問先	居住地								計
	韓国	台湾	中国	香港	アセアン	豪州	北米	英仏独	
東京	1,421	923	1,635	672	376	273	701	517	6,518
大阪	859	537	1,299	283	172	81	198	156	3,585
京都	633	473	1,026	151	143	131	382	308	3,247
神奈川	384	307	870	114	91	60	223	125	2,174
千葉	327	392	888	179	161	54	99	38	2,138
北海道	267	384	304	271	165	76	39	42	1,548
福岡	1,051	175	45	31	16	10	29	28	1,385
山梨	49	138	737	102	78	43	93	67	1,307
愛知	133	254	623	95	49	16	56	38	1,264
兵庫	355	270	138	79	45	17	62	43	1,009
奈良	372	181	58	37	40	34	133	128	983
大分	760	104	12	15	3	2	9	18	923
熊本	592	121	7	15	2	4	10	17	768
標本数	3,616	2,361	1,845	1,285	568	347	818	580	11,420

出所：日本政府観光局（JNTO）「訪日外客訪問地調査2010」より作成。

図3.11 観光客訪問先の基本パターン（対応分析）

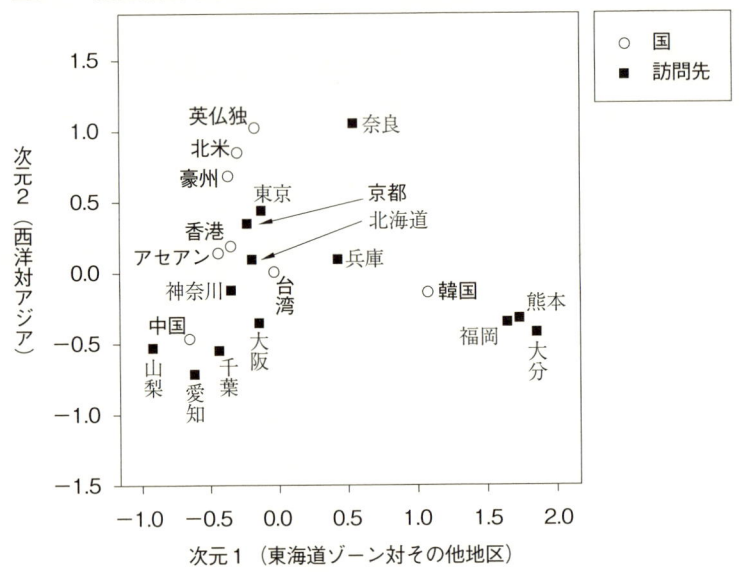

発して，各国からの観光客は観光の経済学の要請にしたがって，かれらの重視するアメニティの提供地をできるだけ効率的に周遊しようとする。訪問先が居住国間で共通性を含みながらも多様化するのは以上のような理由からである。

この点を日本政府観光局の調査データによって確認しよう。**表3.9**は，この調査で2010年度に観光外客の5％以上が訪問した13地区への各国からの訪問者数である。**図3.11**はこのデータに潜む各居住地からの観光客の訪問先基本パターンを対応分析によって示している。

韓国からの観光客は他の諸国に比べるとやや特異である。地理的に近接し，歴史的経緯もあってリピーターが多い。かれらは九州や兵庫，また在日韓国人の多い大阪など，阪神地区をより重視する傾向がある。また，これらの地区での主要な訪問先には別府，湯布院，有馬温泉，黒川温泉など，わが国を代表する温泉地がある。温泉をアメニティとして重視する韓国観光客はこれらの温泉地へ多く訪れる。

残りの諸国の位置のほぼ中央付近に，東京と京都が位置している。これらの地区は観光外客の多くが共通して訪問する観光地である。東京で多くの観光客が訪れる場所は，新宿・大久保，浅草，銀座・有楽町・日比谷，渋谷，秋葉原，原宿・明治神宮・表参道・青山などであり，東京における主要商業集積を覆っている。浅草などで日本文化を楽しみながらも，欲しい商品を探して回る買物やグルメ飲食が主目的であろう。一方，京都ではその訪問先は名所・旧跡が多くある京都市内に集中している。とくに日本への初訪問者にとっては，東京と京都を見れば日本がわかるというわけである。

しかし，居住国による重視アメニティの相違を反映して，訪問先に差異も生じている。古都奈良に訪問する比率が高いのは，伝統文化にも関心を持つ西洋文化圏の諸国だけである。台湾，香港は温泉だけでなく自然にも相対的に強い関心を持っている。また海鮮料理などへの関心も高い。したがって，北海道や神奈川などへの訪問率が他国に比べて高い。北海道での訪問先は，定山渓，登別，洞爺湖，富良野・美瑛など，温泉と自然が楽しめるところ，また札幌，小樽，函館のように寿司，海鮮料理が楽しめると

ころである。神奈川では箱根，横浜，鎌倉などを訪れている。アセアン諸国からの観光客も，中国系が多いから香港や台湾と訪問先が似ている。

　中国からの観光客は近年急速に増加している。かれらの多くは初訪問者であり，団体旅行率が高い。アメニティについての彼らの関心は娯楽と買物である。買物ではカメラ，ビデオ，時計，パソコン，音響機器など，家電量販店で買える商品が中心になる。このような事情を反映して，他の地域に比べると，中国観光客は千葉，山梨，愛知などへの訪問率が高い。千葉での訪問先のほとんどは東京ディズニーランドである。山梨では富士山とその周辺，愛知では名古屋市内だけである。名古屋への訪問目的はおそらく買物であろう。

　以上を要約すれば，観光外客の訪問先は首都圏から東海道に沿って京阪神地区に至るゾーンに集中している。これらの地区に観光外客の求めるアメニティを提供できる観光地がコンパクトに集中しているからである。これらの地区への観光外客の極度の集中は，短期間でアメニティ提供場所を効率よく周遊しなければならないという観光の経済学の結果である。

　この基本パターンからの逸脱は，北海道と北九州地区のみである。北海道は雄大な自然や雪，温泉，そして美味な海産物などの卓越したアメニティによって，これらを重視する中国系の観光客を吸引している。北九州地区は著名な温泉地と地理的近接性によって韓国観光客を吸引している。これらの事例から見ると，首都圏から京阪神圏まで東海道沿い以外の観光地が観光外客を吸引するには，観光外客が求めるアメニティに関して卓越しなければならないといえよう。その際，誘致標的とする観光外客を特定国に絞り込むことも必要になってこよう。

4. 観光外客の将来

▶次回訪日機会で期待すること

　以上のような観光外客の観光パターンは将来も続くだろうか。観光庁は

表3.10 次回したいこと

居住地	回答者数	居住地別の回答者比率（％）									
		温泉入浴	日本食を食べること	自然・景勝地観光	ショッピング	日本の生活文化体験	日本の歴史・伝統文化体験	繁華街の街歩き	美術館・博物館	テーマパーク	スキー
韓国	1,381	55	31	26	23	30	31	18	22	29	26
台湾	982	52	39	36	35	24	24	26	18	19	28
中国	752	51	36	31	35	20	19	22	10	19	15
香港	335	50	46	33	43	22	18	27	14	23	28
アセアン	397	41	54	35	46	31	21	30	19	17	17
豪州	226	45	54	43	35	35	35	34	31	23	30
北米	620	49	54	45	38	37	41	36	34	26	21
英仏独	508	46	55	46	33	35	36	30	34	18	17

出所：観光庁「訪日外国人消費動向調査」2010年4-12月期。

日本を去る訪日外客に，次に訪日の機会があれば，何をしたいかを質問している。この調査結果は**表3.10**に示すようなものである。何をしたいかの内容は，観光地としての日本のアメニティを示している。この調査結果は，観光外客が将来にどのようなアメニティを求めるか，その動向を示す1つのデータである。

アメニティ内容を示すカテゴリーと訪日外客の居住地にどのような関連があるだろうか。対応分析を行ってみると，**図3.12**のようになる。次元1は日本への訪問経験の多寡を示している。右側には訪問経験の浅い国が位置し，左側には韓国など訪問経験の多い国が位置している。次元2はアメニティの性格を示している。上方には文化型のアメニティが位置し，下方へ行くほど娯楽性の高いアメニティが位置することになる。

これら2つの次元からなる空間で，日本食，景勝地，繁華街は，韓国を除くその他の居住地に共通した期待アメニティの内容になっている。しかし，居住地別に見るといくつかの多様性がある。北米，英仏独，豪州など，西洋文化圏からの外客は，美術館，伝統文化，生活文化により強い関心を持っている。アセアン，中国，香港，台湾は買物に強い関心を持つ。その

図3.12　次回訪日と期待アメニティの関連（表3.10の対応分析）

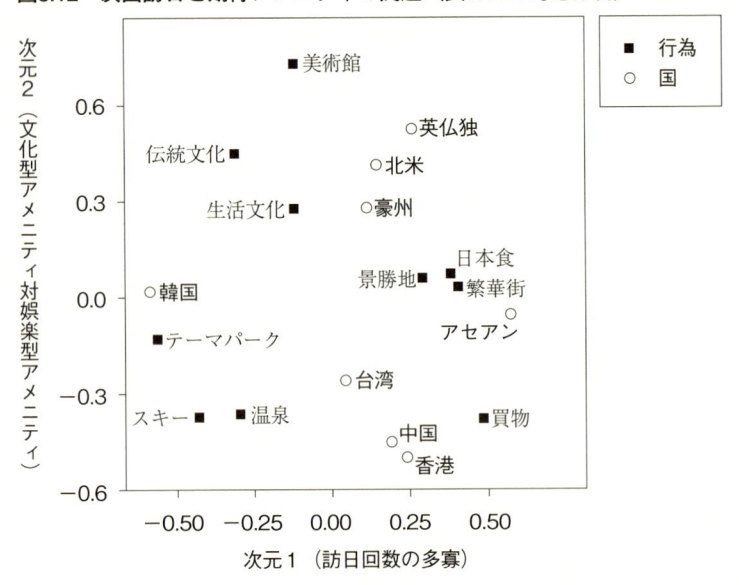

中で台湾はスキー，温泉にもより強い関心を示す。韓国からの外客が求めるアメニティは，他国に比べると特異である。かれらはもっぱらテーマパーク，スキー，温泉により強い関心を示している。

　このようなパターンは，図3.7で検討した訪日前の期待アメニティ・パターンと大きくは異なっていない。しかし，このことから訪日外客の期待アメニティ・パターンが今後も変化しないと結論付けるのは早急である。たしかに西洋文化圏からの外客について，その期待アメニティ・パターンは今後も大きく変化しないだろう。かれらにとって日本は遠距離であることから国際観光地としていわば限界観光地である。多くの外国観光地を訪れた後で訪問する観光地になっている。これを反映して，日本への初訪問者が多い。これらの事情から，西洋文化圏からの外客の期待アメニティ・パターンは今までとそれほど変わらないと思われる。

　しかし，アジアからの外客は違う。アジア諸国は急速に経済発展して，ますます多くの人が外国旅行に憧れるようになる。その際，日本は外国観光の最初の訪問国として選ばれることが多い。しかもアジア諸国から日本

への距離は短いから，それらの観光客は訪日リピーターになる比率が西洋文化圏諸国に比べると高い。訪問回数が増えるにつれて，団体旅行から個人旅行への変化が起こる。現在のところ，団体旅行による初訪問が多い中国も，韓国，台湾などと同じような経緯をたどる可能性がある。これらの点から見ると，観光外客の将来変化を予想するには，何よりも訪日経験の増加に伴う変化に焦点を定める必要があろう。

▶訪日リピーターの観光先は多様化する

　期待アメニティや訪問地を，訪問回数だけでなく居住国も含めて3重にクロス集計したデータは存在しない。利用できるのは訪問回数別に集計された訪問地や期待アメニティのデータだけである。しかし，訪問回数が重なるのは主としてアジア諸国からの観光客であり，また観光客数もアジアを居住地とする人が圧倒的に多い。したがって，訪問回数別に集計されたデータは，アジアからの観光客の動向を主として反映しているとみなしてよいだろう。

　これらのデータから見ると，訪日リピーターの特質はその訪問先が多様化していくことにある。図3.13がこの点を示している。この図では，訪日外客を初訪問者と2回以上のリピーターに2分して，これらの訪問外客の全国計に対して47の都道府県が持つシェアを計算している。訪日リピーターが初訪問と同じ場所を訪問するなら，図3.13の各都道府県は45度線上に並ぶはずである。その際，回帰式での初訪問シェアの回帰係数は1になるはずである。しかし推計された回帰係数は0.88であり，1を下回っている。回帰係数が1であるという仮説を検定してみると，この仮説は棄却される[9]。訪日リピーターは明らかに初訪問地とは異なる場所も訪問する傾向がある。

　訪日リピーターはどのような場所を新たに訪問する傾向があるのだろうか。これを確認するため，初訪問シェアに対する訪日リピーター・シェアの倍率を各観光地について計算してみよう。この倍率が高い場所ほど，訪日を重ねた人が新たに訪問する傾向のある場所である。表3.11を見ると，

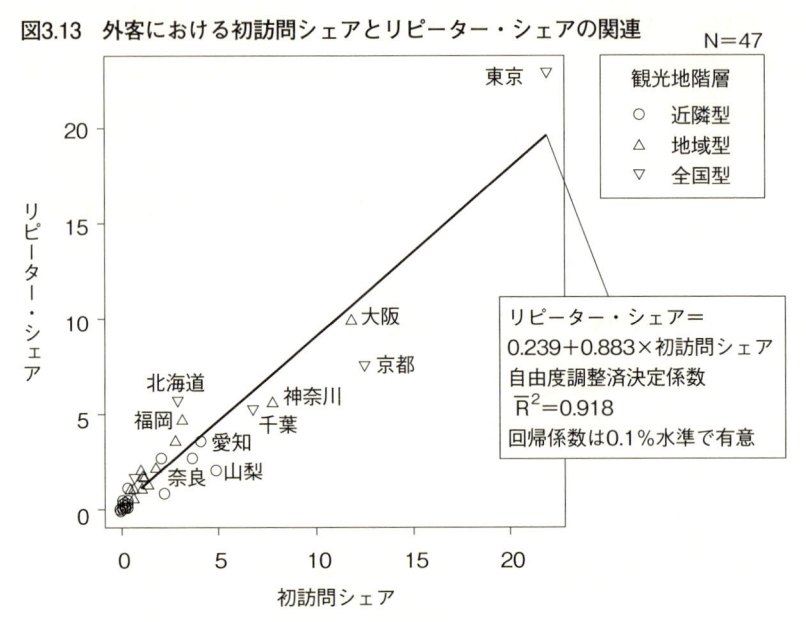

図3.13 外客における初訪問シェアとリピーター・シェアの関連　N＝47

観光地階層
○ 近隣型
△ 地域型
▽ 全国型

リピーター・シェア＝
0.239＋0.883×初訪問シェア
自由度調整済決定係数
$\bar{R}^2$＝0.918
回帰係数は0.1％水準で有意

出所：日本政府観光局（JNTO）「訪日外客訪問地調査2010」より作成。

　この倍率の上位には，岩手，秋田，山形，青森，福島などの東北県，新潟，富山など日本海側の県が並ぶ。

　これらの地域で訪日リピーターはどのような観光地を多く訪問しているのだろうか。それらは盛岡，平泉，田沢湖，乳頭温泉，角館，山寺，蔵王，山形市，十和田湖，奥入瀬，八甲田山，磐梯，五色沼，立山，黒部などといった雄大な自然や温泉が楽しめるところ，ユニークな歴史的建造物のあるところが多く含まれている。たしかにこれらの地域には訪日経験を重ねた観光客が訪問する傾向が強い。しかし，全国に占めるリピーター・シェアという観点から見ると，まだ低い水準にある。

　これらのことから見ると，以上の倍率の高い地区は，観光外客に関しては，バトラーの観光地ライフサイクル仮説でいう「開拓」から「関与」への段階移行期にあるように思われる。バトラーは観光地のライフサイクルを「開拓」，「関与」，「発展」，「硬化」，「停滞」といった段階に分ける。開拓段階にある場所には，観光客の先端革新者とでもいうべき人が訪れる。かれら

表3.11 初訪問シェアに対するリピーター・シェアの倍率

観光地	(1)初訪問シェア	(2)リピーター・シェア	倍率(2)/(1)	観光地	(1)初訪問シェア	(2)リピーター・シェア	倍率(2)/(1)
岩手	0.06	0.38	5.9	鹿児島	0.22	0.33	1.5
秋田	0.06	0.28	4.7	長崎	1.21	1.81	1.5
富山	0.25	1.12	4.4	福岡	3.23	4.84	1.5
新潟	0.10	0.42	4.1	福井	0.06	0.10	1.5
山形	0.13	0.43	3.5	岐阜	1.25	1.74	1.4
青森	0.14	0.46	3.3	山口	0.19	0.25	1.3
福島	0.14	0.43	3.1	兵庫	2.82	3.71	1.3
宮城	0.41	1.07	2.6	大分	2.08	2.72	1.3
群馬	0.16	0.41	2.6	熊本	1.78	2.28	1.3
埼玉	0.28	0.69	2.5	和歌山	0.56	0.65	1.2
沖縄	0.70	1.61	2.3	静岡	1.08	1.23	1.1
宮崎	0.09	0.20	2.2	徳島	0.04	0.05	1.1
長野	0.99	2.15	2.2	東京	21.86	22.80	1.0
島根	0.06	0.12	2.1	栃木	1.39	1.38	1.0
佐賀	0.18	0.36	2.0	岡山	0.26	0.25	0.9
高知	0.02	0.05	2.0	愛知	4.13	3.57	0.9
北海道	2.88	5.56	1.9	大阪	11.76	9.99	0.9
香川	0.10	0.17	1.6	千葉	6.80	5.22	0.8
愛媛	0.07	0.12	1.6	奈良	3.69	2.74	0.7
茨城	0.21	0.33	1.6	神奈川	7.76	5.73	0.7
鳥取	0.04	0.07	1.6	京都	12.51	7.51	0.6
滋賀	0.18	0.28	1.6	山梨	4.91	2.06	0.4
石川	0.69	1.07	1.6	広島	2.24	0.89	0.4
三重	0.23	0.35	1.5				

が求めるアメニティは，その地域のユニークな自然や文化である。しかし，その地域にはまだその種の観光客を受け入れる施設はない。しかし，これらの革新者は既存地元施設を利用し，地元民との接触度は高い。

　訪問者数が増え，いくぶん定期的に訪問するようになると，「関与」段階に移行する。この段階になると，一部の地元民が新しい観光客に関与を始め，彼らを対象にした施設を提供し始める。訪問者と地元民との接触は，関与が広がるにつれてますます緊密になる。この段階ではこの新しい訪問者への基本市場が確立し始め，ツーリスト・シーズンが登場してくるのである。このように，初訪問シェアに対して訪日リピーター・シェアの高い

Ⅲ　外客が求めるアメニティ

地区は，観光外客に対して観光地として芽生え始めているのかもしれない。

▶訪日リピーターの求めるアメニティ

　訪日リピーターの間に新しい観光地の開拓が芽生え始めているのはなぜか。それを解くカギは，訪問回数が重なるにつれて，期待アメニティが変化してくることにある。

　アメニティの中には訪問回数につれて，期待比率がそれほど変わらないアメニティと期待比率が低下するアメニティがある。前者は図3.14に示すような，食事，買物，自然，温泉といったアメニティである。少なくとも訪問回数が10回ぐらいまでは，期待比率はほぼ一定である。初訪問シェアが高いにもかかわらず，リピーター・シェアを大きく下げない北海道，沖縄，東京などは，とくにこれらのアメニティに強いからである。

　期待比率がそれほど変化しないアメニティは共通の特質を持っている。その1つは多様性である。日本料理は多様性に富み，奥行きが深い。それは中国料理，フランス料理，イタリア料理などに匹敵する。この多様性は気候風土による食材の多様性によって支えられている。寒流，暖流に取り囲まれた島国なので海産物は極めて豊富だ。ブリなど同じ魚でも成長段階によって味が異なる。豊かな土壌と水資源によって野菜も豊富である。これらの食材の多様性によって，外客の好む海鮮料理，寿司，天ぷらなどに多様性が生まれる。また牛，豚，鶏など畜産物も飼料や飼育方法の細やかさによって味の多様性を誇っている。訪問回数を重ねても，この多様性によって飽きることはないだろう。

　観光外客の買物の対象はファッション関連やハイテク商品だ。狭い国土，稠密な人口，四季の変化，歴史を持つ衣服文化の蓄積によって，多様なファッションが生み出されている。また家電製品など，とくに高機能商品については世界に誇る産業技術を持っている。小売店頭を飾る先端商品は毎年激しく変わっているから，訪問回数を重ねてもたえず新しい商品に出会うことができる。

　また火山国であるので全国各地に温泉がある。しかもその種類を見ると，

図3.14 アメニティ期待比率がそれほど変化しない魅力素

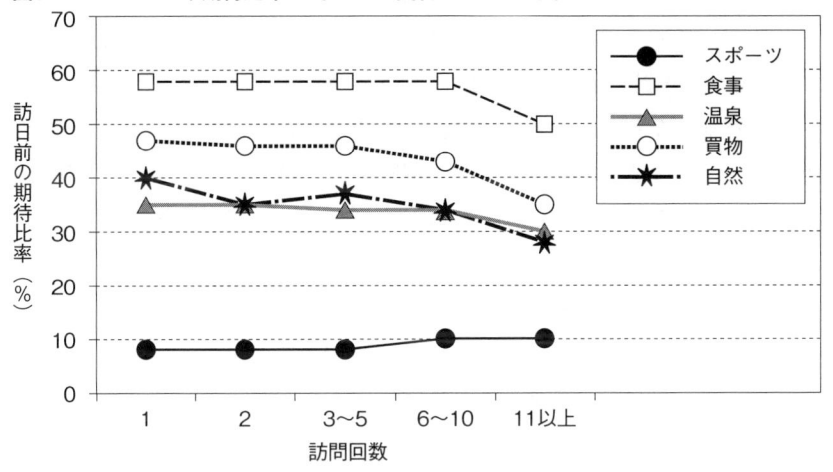

出所：日本政府観光局（JNTO）「訪日外客訪問地調査2010」より作成。

図3.15 アメニティ期待比率が低下する魅力素

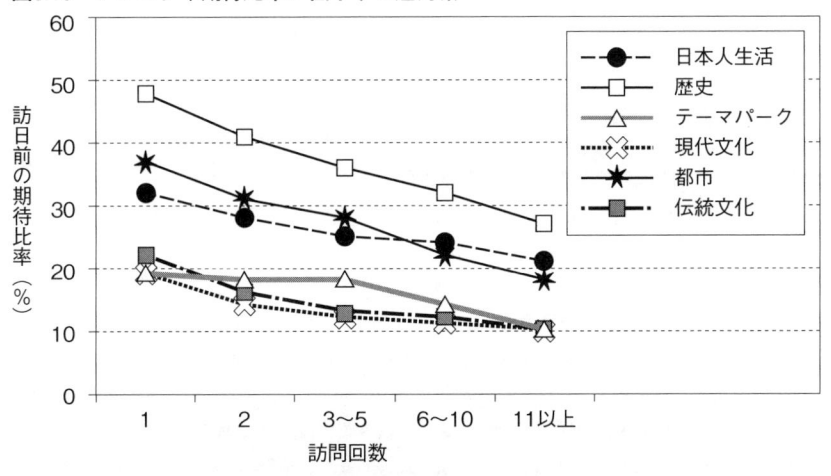

出所：日本政府観光局（JNTO）「訪日外客訪問地調査2010」より作成。

炭酸泉，重曹泉，食塩泉，鉄泉，硫黄泉，酸性泉，放射能泉など極めて豊富だ。その効能も温泉の種類によって多様に異なる。温泉は風光明媚なところに立地することが多い。四季によって多様に変わる自然が温泉巡りに色を添える。種々な温泉巡りをするには，訪日を重ねなければならないだろう。

しかし，観光地の魅力素には訪日回数が増えるにつれて，アメニティとしての期待比率を低下させるものがある。**図3.15**に示す魅力素がそれだ。歴史的な名所旧跡，現代文化，日本人の生活文化，伝統文化，テーマパーク，都市の繁華街などが含まれている。これらは多様性が少なく，また短い時間間隔で変化するものではない。一度見ておけばそれで十分という魅力素である。だから初訪問者にはアメニティになるけれども，訪問回数を重ねるとアメニティではなくなっていく。

　訪日リピーターになると，訪問先に変化が生じてくるのは，このようなアメニティとして魅力素の変化がある。各観光地のマーケターは，観光外客にとってのこのようなアメニティ変化に十分留意して，今後の誘致戦略を構想する必要があろう。

注

*1　これらの数字は，観光庁「訪日外国人の消費動向」2010年度，及び日本旅行業協会，「数字が語る旅行業2011」による。
*2　日本政府観光局（JNTO）「JNTO訪日外客訪問地調査2010」2011年。
*3　W. レシュブルグ，林龍代・林健生訳『旅行の進化論』青弓社，1999年。
*4　観光庁「訪日外国人消費動向調査」平成22年（4－12月）による。
*5　観光庁による観光圏一覧（http://www.mlit.go.jp/common/000164797.pdf）を参照。
*6　観光庁「訪日外国人の消費動向」2010年，年間（暦年）推計表。
*7　田村正紀『業態の盛衰』千倉書房，2008年。
*8　田村正紀『立地創造』白桃書房，2008年。
*9　推計式における回帰係数の標準誤差は0.039である。回帰係数が1であるという仮説のt検定量は，（回帰係数－1）／標準誤差であり，2.990になる。これは1％水準で有意である。回帰係数が1でないと主張しても，誤る確率は1％である。
*10　R.W. Butler, "The Concept of a Tourist Area Cycle of Evolution: Implication for Management of Resources", *The Canadian Geographer*, Vol.24, No.1, 1980; R. Butler, *The Tourism Area Life Cycle*, Vols.1&2, Multilingual Matters, 2006.

Ⅳ 事業ネットワークとしての観光商品

　安価で迅速な交通システムの整備，インターネット利用による消費者の情報収集能力の向上，これらを踏まえて，観光地の盛衰はそのアメニティにますます依存するようになる。強力なアメニティを備えれば，国の内外を問わず観光客を吸引できる時代が来た。しかし同時にマーケターが注目すべきことは，何が強力なアメニティであるのか，その内容も急速に変化する兆しがあることである。

　これまで検討したように，国内観光客の意向にはこの変化の兆しが現れている。団体旅行よりも個人旅行が好まれるようになり，それにつれて将来の観光意向ではアーバン的アメニティだけでなく，歴史遺産，グリーン，郷土文化にかかわるアメニティを多様なかたちで求めるオルタナティブ・ツーリズムへの意向が強まってきている。[*1] また旅行マニアが観光地に向けるまなざしは国際的に広がり，その中で個々の観光地のアメニティを厳しくチェックしている。さらに，観光外客の増加とその国際的広がりによって，観光地が求められるアメニティの内容が大きく変化している。とくにアジアからの外客は日本への訪問回数が重なるにつれて，求めるアメニティが変化する兆しもある。

　このような流れの中で，観光地はその生存をかけてアメニティの再設計にたえず取り組む必要がある。標的とする観光客はだれかを明確にし，か

れらが求めるアメニティを創造しなければならない。言わば標的観光客を目指したアメニティ・ミックスの持続的な再構築が求められているのである。この再構築を目指す際に、実務上極めて重要なことは、アメニティを支える事業ネットワークの再編をはからねばならないということである。アメニティを実体的に支えているのは、観光商品を作り出している事業ネットワークにほかならないからである。この事業ネットワークが機能してはじめて、観光地は観光客が求める諸要素を揃え、観光客が楽しめる舞台をアメニティとして提供することができる。

　本章ではこのような観点から、最適アメニティ・ミックスの形成を目指したアメニティ再設計戦略の基本方向を、事業ネットワークを巡る歴史分析や事例分析を踏まえて、実証的に探ることにしよう。

1. 従来の観光事業ネットワーク

　はじめに、大手旅行会社が、わが国の地域観光に果たしてきた役割と課題の、両面について考えてみよう。[*2]

▶観光地ライフサイクル論

　観光地の誕生と発展に関する理論に「観光地発展段階論」がある。これについては、様々な研究者が理論を提示しているが、[*3,4]最もよく知られているものに、バトラーの「観光地ライフサイクル論」がある。[*5]バトラーの観光地ライフサイクルの分析単位は個々の観光地である。本節では、わが国全体の観光商品の事業ネットワーク構造を考察するが、彼のライフサイクル論を、日本のいくつかの観光地に当てはめて、この問題を考える。

　なお、バトラーの観光地ライフサイクル論の概要は次の通りである（図4.1参照）。

　これは、マーケティングの製品ライフサイクル論を観光地に適用したもので、観光地は、探索（exploration）段階→関与（involvement）段階→発展（development）段階→成熟（consolidation）段階→停滞（stagnation）

図4.1　バトラーの観光地ライフサイクル論

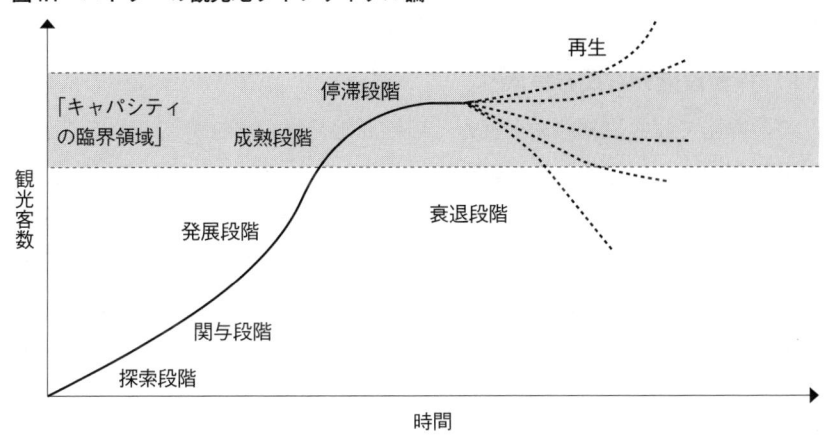

出所：Butler, R.W. (ed.),*The Tourism Area Life Cycle,* Vol.1, Channel View Publications, 2006. P.5

段階→衰退（decline）段階というライフサイクルをたどるとするものである。観光地が衰退段階に達すると，観光市場は縮小化するが，再生策が功を奏すれば新たな発展を迎えることも可能になる。

　彼の説は，観光地は，その地域において1つの観光地ライフサイクルを持つというものである。すなわち，企業の製品ライフサイクルの場合は，様々なライフサイクル上にある製品を組みあわせて，リスクを回避したり，総合的，長期的に企業の成長を計画したりすることができるが，観光地の場合は地域全体が1つの製品であるので，観光地が停滞段階に入った際に，再生策がうまくいかないと，観光地全体が衰退してしまうというものである。[6] 今日，日本の観光地の多くは，このライフサイクル論でいう停滞段階に入っていると見られ，[7] それからの再生が各地で試みられている。

　次に，観光地ライフサイクル論における旅行会社のかかわりを見てみよう。バトラーの観光地ライフサイクル論の分析単位は，各観光地であるので，観光地の事例によりながら整理する。

Ⅳ　事業ネットワークとしての観光商品　129

▶マス・ツーリズムと観光地ライフサイクル

(1) 探索段階から関与段階へ

この段階では，交通網の発展がその観光地発展の芽を育てる。ごく少数の旅行者によって探索された観光地が発展するという点に関して，例えば，北海道においては，函館近郊の湯の川温泉の場合は，1913（大正2）年の函館馬車鉄道の電化が端緒であり，札幌郊外の温泉地である定山渓の場合も，1918（大正7）年の定山渓鉄道開通によるものである。洞爺湖温泉の発展も1929（昭和4）年に，洞爺湖電気鉄道が開通してからであるといわれる。[8]

また，新潟県湯沢町においては，1931（昭和6）年に上越線の清水トンネルが開通して，首都圏と新潟県の交通事情が格段に改善された後，1934（昭和9）年に川端康成がここを訪れ，1937（昭和12）年まで逗留しながら執筆した小説「雪国」の舞台として広く知られるようになり，今日の観光地としての発展の基礎が築かれた。[9]

こうしてみると，観光地が発展の芽を出す探索段階から次の発展段階に進むうえで，交通網の整備がその牽引役を担っていることがわかる。こうして，次に地域観光事業者等が参加する関与段階になると，宿泊施設の拡充が求められるようになり，地元の民間資本による観光産業の形成が進む。[10]

(2) 関与段階から発展段階そして成熟段階へ

1963（昭和38）年に成立した観光基本法は，観光に関する消費者の立場からのわが国で初めての法律であり，これにより戦後の観光ブームが始まった。

これと前後して，1962（昭和37）年には，日本航空，全日空と日本交通公社が提携して，パッケージ旅行商品が発売され，団体旅行の増加とあわせて，日本交通公社の業績は急成長している。その後，国鉄は1970（昭和45）年に「ディスカバー・ジャパン」キャンペーンを実施し，それに対抗すべく日本交通公社は同年，国内旅行のパッケージ商品である「エース」

を発売した[11]。

　北海道の場合，1962（昭和37）年の観光客伸び率は，前年比13％増，1963（昭和38）年は同16％増，翌1964（昭和39）年は同17％増であり，順調に増加傾向を示しており，この時期に発展段階に入ったといえる。

　この発展段階を導いたものの1つが団体による慰安旅行であり，もう1つがパッケージの旅行商品である[12]。この時代に，今日のマス・ツーリズムの原型がつくられたと考えてもよいだろう。

（3）成熟段階から停滞段階へ

　北海道への来道者数は，1973（昭和48）年の第一次オイルショックの影響で，1974（昭和49）年の240万人をピークに，その後1984年までこれを上回ることはなかった。その後，政府によるレクリエーション観光振興政策とリゾート開発政策によって回復傾向を示し，バブル期の1986（昭和61）年から1990（平成2）年までの4年間で62％の増加を示し，成熟段階に入った。続くバブル崩壊やリゾート地の破綻にもかかわらず，旅行会社による格安ツアーの人気や，マスメディアによる北海道ブームの影響で，北海道への訪問客数はプラス成長を維持しているが，2000（平成12）年以降は一進一退で推移しており，頭打ち感が見られ[13]，観光地ライフサイクルの停滞段階に入ったと推測される。

　以上，北海道を中心に，観光地ライフサイクルの探索段階から停滞段階まで見てきたが，このライフサイクルに影響を与えるものは，交通網の整備，地元民間資本の参加，旅行会社による団体・パッケージ旅行商品の造成と販売，政府による観光に関する立法や政策の推進，景気の変動，マスメディアによる情報発信などである。

　中でも，団体・パッケージ旅行の影響力で観光地ライフサイクルが発展段階を迎えたことを考えると，大手旅行会社の影響力は非常に大きいといえる。

（4）停滞段階から衰退段階へ

　停滞段階に入ると，観光地の再生策を講じなければ，その観光地はやがて衰退の途をたどることになるが，この段階において，大手旅行会社が再生にかかわった事例を見ておこう。

　金沢は，1980（昭和55）年前後から，冬場の観光客が停滞する傾向が続いたため，それを打開する方策として，今から30年ほど前に，地元の有志と日本交通公社が提携して「雪の章 金沢」という商品を造成した。これによって金沢への冬場の入り込み客数は大きく伸びた。さらに，「食談義」として有名料理人などを金沢に招いて，料理を味わいながら，その話を聞くという企画も実施されるようになった。これがブランドとして定着するまでには，10年ぐらいかかったということであるが，こうした試みによって，冬の金沢における観光地アメニティは格段に向上し，ライフサイクルは停滞段階から衰退の途を脱して再生した。

　このように観光地を再生させるために，旅行会社が観光地に対して，責任を持って向かい合った事例に見られるように，旅行会社が観光地ライフサイクルに果たす役割には非常に大きなものがある。

　しかし冒頭に述べたように，観光旅行形態の変化，すなわち従来の名所旧跡巡りなどを主目的とした団体・パッケージ旅行（マス・ツーリズム）から，個人・グループによる様々な目的を持つ観光（オルタナティブ・ツーリズム）へと，その主要な形態が大きく変化していることは，観光地ライフサイクルの停滞段階から再生への途において，従来のような旅行会社によるものが万能ではないことを示唆する。この点については，第4節で詳しく論じる。

　次に，これまでの旅行事業に関する，大手旅行会社と観光地の事業者（サプライヤー）との関係を見てみよう。

▶旅行会社と観光地のサプライヤーとの関係─協力会

（1）協力会の概要

　大手旅行会社の場合，観光地のサプライヤー群である宿泊施設事業者や

地元二次交通事業者，観光施設事業者，土産物事業者などとの関係を保つために，その旅行会社が主催する「協力会」という，サプライヤー群である事業関係者を集めた組織がつくられている。[14]

　ただし大手の旅行会社ではない場合には，旅行会社が協力会を組織することはないようである。例えば中堅旅行会社の場合では，目的地の旅館やホテルを手配する際に「フロント会社」，「ランドオペレーター」，「地域ツアーオペレーター」[15]などと呼ばれる事業者を取引ごとに使う方法が取られるなど，地域の特定のサプライヤー群との間に緊密に組織化された関係は築かれていない。

　旅行事業者の組織間関係として，旅客運輸事業者が旅行会社，宿泊施設，観光施設などを自社で垂直統合するようなチャネル組織は，欧米にもわが国にも存在するが，[16]協力会は，このようなチャネル組織とは異なり，それぞれのサプライヤー群は，協力会を主催する旅行会社とは資本的には関係のない独立した組織が，緩やかに結びついたものである。また，サプライヤー群は，各旅行会社が主催する複数の協力会に参加していることも少なくない。

　協力会に加入する地域のサプライヤー群は，宿泊施設事業者，地元二次交通事業者，土産物販売事業者，飲食事業者，観光施設事業者などである。会費には売り上げの一部が当てられ，会長・副会長・理事会・事務局からなる上部組織と，その下に宿泊部会，バス，レンタカー部会，ゴルフ場部会，観光部会などの下部組織があり，総会や各部会などを通じて意見を吸い上げる仕組みになっている。

　会長・副会長・理事は，輪番制であったり売上げ順であったりするが，大手のサプライヤーが発言権を持つ傾向がある。これを組織化する目的は，旅行会社とサプライヤーの親睦に加えて，他の旅行会社に対するパワーの確保にある。例えば，宿泊施設事業者との関係であれば，この協力会で良好な関係を築いておけば，旅行会社は他の旅行会社に対して有利な部屋数の確保が期待できる。また，観光事業者との関係であれば魅力ある新たな観光事業者の発掘にも繋がる。

（2）形成プロセス

　旅行会社が自社独自の方針・サービスを展開するために，協力会を通じてサプライヤーにその方針やサービスを強要する場合もある。新規のサプライヤーや，新たな観光地の発見があると，説明会が実施され，取引が開始された後，それら事業者は各社の協力会に入る。旅行会社の中には協力会への入会を条件に取引を開始するということもある。各サプライヤーは，協力会を主催する旅行会社との付き合いが消費者の信用度の目安になるので，取引開始後に入会を希望するケースも多い。旅行会社のパンフレットに優先的に掲載されるようになると，サプライヤーの消費者に対する信用度が高くなるからである。

（3）パワー関係

　観光地の立地にもよるが，県外からの観光客の依存度が高い場合，集客力のある旅行会社の力が強くなる傾向にある。しかし，航空会社の費用節約政策の一環としての飛行機の小型化により座席が減ると，航空会社から旅行会社への座席供給も減ること，また，インターネットによる販売が増加することによるホテルの自己販売率が増大することなどにより，旅行会社の力の低下は起こり得ると考えられる。最近では，大手旅行会社でも地域の支店を撤退させるところが相次いでいる。

　消費者に対する品質が安定していることなど信用度が高いことや，仕入れ値が安いことが，サプライヤー群と旅行会社との関係が継続する要件の1つである。サプライヤーがこの「協力会」を脱退させられると，消費者の数は激減し，観光業界での信用度の低下を招き，経営的に窮地に陥る場合もある。

　以上見てきたように，従来の大手旅行会社が造成した団体・パッケージ旅行における，旅行会社と観光地のサプライヤー群との関係は，旅行会社が大きなパワーを持ち，地域のサプライヤーは旅行会社との関係を保つことで，その経営が安定するという仕組みである。

こうした関係は，観光地がライフサイクルの発展段階にある間は，旅行会社が観光地のサプライヤー群を束ねる役割や，クーポンを発行して個々のサプライヤーに代わって代金決済を確実に行うなど，観光地の発展に寄与するものとして機能してきた。
　観光地がライフサイクルの成熟段階に入ると，観光地の限度を超えた観光客が押し寄せることで，様々なトラブルが発生して観光客の不満が募り，観光客が減少しだす。そこで旅行会社は観光地を再生させるために様々な支援を行う。このことは金沢の事例で論じたところである。
　しかし，前述したように，消費者の観光へのまなざしが変化し，観光旅行の形態が大きく変わってきている現在，観光地は旅行会社の支援を頼むだけではなく，ほかの途も考えなければ，バトラーのいう衰退の途を，再びたどることになるだろう。

▶自発的な再生の試み

　これまでの観光商品の標準的モデルは，大手旅行会社が観光地のサプライヤー群である宿泊施設業者，飲食事業者，土産物事業者などをワンセットにした商品を造成し，消費者に販売するというものであった。中でも温泉地の宿泊施設業者は自分の施設内に，飲食部門や土産物部門を組み込んで，消費者が宿泊施設に入ってから出るまで，その中で観光時間の大部分を費やす仕組みをつくってきた。筆者がヒアリングした中では，このような宿泊施設の自己完結型の形態は「街のなかに街がある」[17]と表現されていた。
　こうした形態ができあがったこと，また，それが長く続いてきたことの理由の1つは，旅行会社が造成，販売する観光商品の収益の大半が，宿泊施設からの料金によって成り立つこと，また宿泊施設の方もこうしたやり方によって消費者から宿泊料金だけではなく，飲食や買い物によってより多くの収益を上げることを目指してきたからであろう。
　ただ，こうした「街のなかに街がある」という形態が一般的になったことの理由は，ほかにもあると考えられる。欧米とわが国における「内」と

「外」の概念の違いである。

　日本の家は，「外」から隔てられた「内」であるのに対して，欧米の家は，各個室が「内」であって家はむしろ「外」の延長である。日本では家に入る時に靴を脱ぎ，家の鍵をかける。そこから中は，各個室の鍵はかけない。すなわち，家の玄関が「外」と「内」を分ける境界である。したがって，家の外側は塀や垣根に囲まれて「外」から遮断するようになっている。それに対して，欧米では，家の前は街路の延長として認識されており，その庭も通行人に見てもらうという意識がある。その代わり，家の中の各個室には鍵がかけられ，完全なプライバシーが保たれる。[18]

　このことは，日本の旅館と欧米のホテルの違いを見ればよく理解できる。旅館では浴衣掛けに素足やスリッパで館内を歩くことが一般的である。上着を着ているのは，旅館に到着した時と帰る時くらいである。旅館の個室には鍵をかけない場合すらある。その代わり，旅館内は外の人間が自由に入ることはできない。旅館の中はすべて「内」であり，旅館の玄関が「内」と「外」の境界なのである。それに対して，ホテルでは，各個室の外側は公共空間として認識されており，個室を出る時には施錠をして，靴を履いて歩かなければならない。その代わり，ホテルのロビーは原則としてだれでも出入り自由である。ホテルのロビーは「外」であり，ホテルの個室が「内」である。ホテルの個室に入って初めて自分個人の空間を感じるのである。

　日本の街並みが，欧米の街並みに比べて美しくない，楽しくないという感を抱くとすれば，それは街並みを「内」，すなわち公共空間としてつくってきたのか，そうでないのかとの違いによるものであろう。[19]

　このような，わが国と欧米の家と公共空間，すなわち「内」と「外」の認識の違いもまた，観光における宿泊施設と観光地の関係に影響を与えていると考えられる。近代の観光において，わが国では宿泊施設が自己完結型の形態をとってきたことは，こうした日本的な「内」と「外」の考え方にも合っていたのであろう。したがって，旅行商品として観光地全体で事業者同士が連携して観光地のアメニティを考えるという発想が生まれにくかったといえる。ましてや，観光地の地域住民は観光商品を形成する要因

としてはみなされておらず，後述する図4.2（P141）のような関係が標準的な観光旅行商品を構成することとなった。こうした関係によって，それぞれの宿泊施設，観光施設だけで観光地アメニティを考え，観光地全体という単位でそれを考える発想が生まれなかったといえよう。

　しかし，日本の観光地でも，個々の宿泊施設ではなく，その地域全体で観光地アメニティを考えてきた事例が見られる。先に挙げた大手旅行会社と地域が共同してつくり上げた「雪の章　金沢」という商品もそうであるが，地域の事業者や住民が主体となって観光地域づくりを行ってきた例がある。由布院や小布施など，観光のテキストには必ずといってよいほど登場する事例は，こうした観点から，ほかの観光地には見られない「宿泊施設の自己完結型」から「地域完結型」へという転換を試みてきた事例であると解釈できる。

　本書では，これらの地域の事例を，地域が主体となって観光地アメニティを設計してきたという観点からその意義を再確認するが，由布院や小布施はすでに類書に多く取り上げられているので，それらは他書に譲り，ここでは黒川温泉についてその意義を考える。

　熊本の黒川温泉を代表する人物である後藤哲也氏は，黒川温泉にある新明館の経営者であり，観光庁が認定する「観光カリスマ」の1人である。黒川温泉は，1960年代に開通したやまなみハイウエー（九州横断別府阿蘇道路）の恩恵を受けて，一時は観光客が大幅に増加したが，1980年代にはその熱気も冷め，閑古鳥が鳴く状態であった[20]。しかし，後藤氏が中心になって，黒川温泉全体が1つの旅館で，各旅館が1つ1つの部屋であるかのような，アメニティづくりを行い，いまや有名温泉地の中でも別格の存在になった[21]。先に述べた「内」と「外」の概念でいえば，各旅館を「内」として温泉地を「外」とするような旧来の発想を捨てた。

　その成功のポイントの1つは，観光客が何を求めてそこに来るのか，その本質を見抜き，その求めに応えるような温泉地づくりを，地域に与えられた実行可能な資源を使って行ったということである。黒川温泉の場合は，それが「雑木」であった。後藤氏が日本各地の有名観光地を訪ねて観察し

た結果によれば，観光客が求めるのは「癒し」であり，「ふるさとへの思い」であった。それに応えるのに最もふさわしく，かつ，実行可能な資源が，黒川温泉の場合は雑木であった。黒川温泉全体が雑木で包まれた旅館であり，各旅館はその一室といった趣である。[22]

　もう1つのポイントは，旅館組合が発行する「入湯手形」である。観光客は，これを買えば3つの旅館の露天風呂を楽しめる仕組みである。「露天競争」で各旅館に露天風呂ができあがるにつれて，旅館組合全体に「露天風呂」を黒川温泉のセールスポイントにしようという機運が盛り上がった。しかし，その際に浮上した問題が，敷地の関係で露天風呂をつくることができない旅館をどうするか，という問題であった。観光客の視点を中心に考えて黒川温泉全体が，1つの旅館のようなアメニティづくりをする中で，どうしたら組合の一致団結を保てるか。露天風呂をつくることができない旅館が組合を脱退してしまえば，黒川温泉全体を変える改革に影響を及ぼすことすら考えられた。そこで後藤氏の出した答えは，露天風呂がない旅館の宿泊客には，ほかの旅館が自分のところの風呂を提供するというものであった。[23]こうして黒川温泉の結束が維持された。このような努力の結果，黒川温泉の事業者たちは，黒川温泉全体があってこそ自分の旅館があるということに気づいて，それぞれが協力し合っていくことになる。[24]

　これは，戦略論でいえば，競争優位と企業優位は，それ独自の経営資源と，与えられた競争環境における資源の配置方法によって決定されるという，資源ベースの経営戦略論の考え方に通じるものである。[25]また，資源ベースの戦略論でポイントとなる，組織の境界の選択に関していえば，黒川温泉は，バーナードのいう社会システムとしての組織，すなわち，その組織へのすべての参加者であるステイクホルダーまで含めて考えている。こうした組織は今日でいう事業ネットワーク組織である。[26]今後，わが国の観光地は，その地域が持つ独自の資源の見直しと，地域を一体とした事業ネットワーク組織をつくることが求められる。マーケティングにおいても，そうした関係性を踏まえたマーケティング戦略を行う必要がある。

2. 観光商品の事業ネットワーク構造

▶事業ネットワーク

　まず，社会状況をネットワークとして捉える場合の概念を簡単に紹介しておこう。ここでいうネットワークとは，直接的，あるいは間接的に連結している社会関係の網（ネット）である。このネットワークは，ネットワークのメンバーを示す点と，その点と点を結ぶ線（メンバー間の関係）から構成されている。点と点を結ぶ線，すなわち点と点の関係を紐帯（tie）とよぶ。ネットワークは，特定の行為者（個人や組織など）を中心にした直接的，間接的な社会関係のセットであり，ネットワーク分析によって，行為者がだれからどんな社会資源を得られるのかを知ることができる。[27]

　この理論は，二者間の組織間関係だけではなく，それらの組織間関係を含むネットワーク全体の構造が組織に影響を与えるという視点を持つ。この理論は，行為者の属性や特性がネットワークの構造に影響を与えるというよりは，ネットワークの構造のあり方が行為者の行為に影響を与えるという立場をとる。そうした意味からこの理論は，構造的アプローチであるといえる。[28]

　ネットワークの構造に関する諸概念には次のようなものがある。①ネットワークの中で中心になって，橋渡しの役割を担う「ネットワーク中心性」，②行為者間の関係の強さである「紐帯の強さ」，③ネットワークがどれだけの領域をカバーするのかという「ネットワークの大きさ」，④特定のネットワークにおいて，人々が持つ関係がどれくらい重なり合っているのかという「ネットワーク密度」，⑤何らかのネットワークの組み合わせを考えた場合に，行為者同士を入れ替えてもネットワークの本質的な構造に変化がない状態を表す「構造同値」，⑥高いネットワーク密度と強い紐帯で結ばれていて他のネットワークと分離した部分の「クリーク」，⑦クリークとクリークの間に隙間がある状態のことをいう「構造的空隙」などである。[29]

表4.1 宿泊形態の変化

	1990年	2007年
個人・グループ	40%	72%
一般団体	43%	20%
学生団体	17%	8%

出所：観光庁観光地域振興課「持続可能な観光まちづくり事業体の創出支援調査事業報告書」平成20年度。

　冒頭で述べたように，国内観光客の意向は，団体旅行よりも個人旅行が好まれるようになり，オルタナティブ・ツーリズムへの意向が強まり始めている（**表4.1**参照）。

　繰り返しになるが，これまでの団体・パッケージ旅行を中心とした観光旅行のありかたは，旅行会社によって団体客を相手に市場創造がなされ，それを受け入れることが可能な大型宿泊施設を中心に観光地の産業が成り立つという仕組みであった。[30]

　しかし，団体・パッケージ旅行から個人・グループが自分で手配する形へと旅行形態が急激に変化したことなどを背景に，政府も新たな観光政策を実施するようになった。

　とくに，2008年に国土交通省に新しく観光庁が設立されると，様々な観光政策が打ち出された。それらの中には，観光圏整備事業や，観光産業のイノベーション創出事業など，観光地を従来のように大手旅行会社だけに頼らない方法で再生することを支援するものがある。

▶団体・パッケージ旅行の場合

　本章の「事業ネットワークとしての観光商品」という点からいえば，これまでの旅行会社主導の旅行商品は，次の**図4.2**のように説明される。第1節でも述べたが，この形態は，旅行会社がサプライヤー群を自社でとりまとめ，サプライヤー群に関する情報や購入手段を持たない消費者に販売することで成り立っていた関係であるといえる。

　ネットワーク論の概念でいえば，旅行会社が，観光地の種々のサプライ

図4.2 旅行会社主導による観光商品の事業ネットワーク

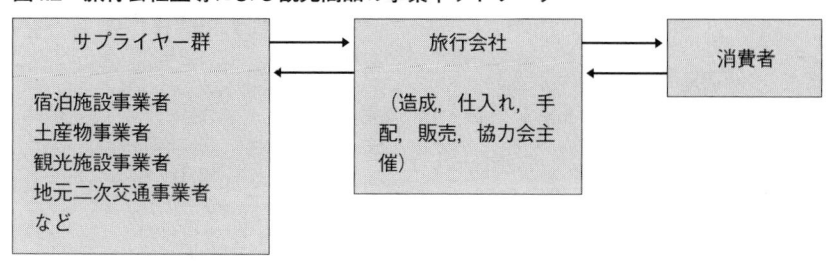

サプライヤー群	→	旅行会社	←	消費者
宿泊施設事業者 土産物事業者 観光施設事業者 地元二次交通事業者 など	←	（造成，仕入れ，手配，販売，協力会主催）	→	

ヤー群同士の結合の分離，ならびにそれらと消費者との結合の分離，すなわち「構造的空隙」を埋める役割を果たすことによって，これまでの旅行会社の事業の優位性は保たれていたといえる。[31]

　ネットワーク論の概要については，本節の最初に述べたとおりであるが，従来の旅行会社主導による観光商品の事業ネットワーク構造においては，サプライヤー群は「観光協会」や「旅館組合」といったクリーク（強く結びついている集団）を形成しているが，別業種のサプライヤーとの間には，（高いネットワーク密度と強い紐帯で結ばれていて他のネットワークと分離した部分という意味での）クリークを形成していない。すなわち従来の観光地では，同業種のサプライヤーのクリーク，例えば宿泊施設事業者のクリークと，他の業種，例えば土産物事業者のクリークとの間に隙間がある状態であり，コンタクトが分離していることが特徴である。このように分離したクリークを結び付けたのが，第1節で触れた協力会であると考えられる。つまり，サプライヤー群の事業者たちは，**図4-2**のように，それぞれ，旅行会社と結びつくことで団体・パッケージ旅行の商品構成要因になり得たのであり，旅行会社はこうしたコンタクトの分離を活用して，優位性を築いてきた。

　もちろん，団体・パッケージ旅行から個人・グループが自分で手配する形へと観光旅行形態が急激に変化しているといっても，旅行会社の旅行商品がなくなり，すべてが消費者主導の関係に変わったわけではなく，消費者は時と場合に応じて，自分のニーズに合ったものとして旅行会社の商品を購入することもある。しかし，それは，もはや旅行会社が構造的空隙を

表4.2 宿泊観光旅行の目的地を決定する際に参考とするもの

複数回答（単位：％）

	2004年	2008年
家族・友人の話	39.4	36.5
ガイドブック	35.9	33.4
パンフレット	36.5	34.3
インターネット	26.0	40.8
旅行専門雑誌	29.2	27.6
新聞・雑誌の広告・チラシ	20.7	21.2
旅行会社	18.2	19.0

出所：㈳日本観光協会編「数字で見る観光　2010-2011年度版」。

利用して優位性を保つ状況ではなく，消費者自らが主導権を握った上で旅行会社を使いこなすような，消費者が主体性を持った行動だといえる。[32]

　宿泊観光旅行に関して，消費者が目的地を決定する際に参考とする主な手段は表4.2の通りである。

　この数値から見ても，消費者が，宿泊観光旅行の目的地を決定する際に情報源として利用する媒体として，旅行会社が掲載する新聞・雑誌の広告・チラシなどの地位が低下しているというわけではなく，それらと併用してインターネットが急速に情報源としての影響力を強くしていることがわかる。こうした点からも，前述したように，消費者は旅行会社の媒体やその商品と，自ら旅行商品をつくり上げることを場合に応じて使い分けていることが推測される。

　こうした環境変化を受けて，これまで，サプライヤー群と消費者の間にある構造的空隙を埋めてきた旅行会社の機能は，消費者にとって1つの選択肢に過ぎなくなった。他方，消費者自らがサプライヤー群の情報にアクセスする環境が整ってきたことにより，サプライヤー群も旅行会社とだけの関係を保つことから，消費者と直接関係をつくることにより事業を行う必要がでてきた。その際，消費者は，これまで旅行会社がつくってきた旅行商品の造成を自ら行わなければならなくなるから，サプライヤー群は消費者への情報提供を十分に行う必要がある。またサプライヤー群も消費者からの情報収集を適切に行わなければ，魅力ある商品をつくることはでき

表4.3 「あらたな旅」の経験率・参加希望率

複数回答 単位（％）

	経験率	参加希望率
癒しの旅	60.0	66.9
歴史ある街並みをたずねる旅	38.4	32.9
アウトドア体験を楽しむ旅	34.2	40.7
スポーツ活動を楽しむ旅	33.3	21.2
博物館や美術館を訪問する旅	24.5	21.7
季節の花をたずねる旅	20.9	21.4
地域の食文化を楽しむ旅	17.4	24.7

出所：㈶社会経済生産性本部「観光レジャー白書2007」。

なくなる。

　こうした消費者ニーズを満たすためには，これまで旅行会社が担ってきた観光商品の情報収集と発信を，観光地自身が行う必要がある。その際に，消費者が観光に対するまなざしを変えてきていることを認識しなければならない。この新しい観光スタイルをオルタナティブ・ツーリズムと呼ぶことは，本章の冒頭で述べた。こうしたオルタナティブ・ツーリズムへの経験率・参加希望率は，**表4.3**の通りである。[33]

　このような状況の中で，消費者が求める観光地域の情報やオルタナティブ・ツーリズム商品に関して，地域と消費者の新しい関係づくりが求められている。すなわち，旅行会社，とくに大都市に本社を置く大手旅行会社は，これまでサプライヤー群との関係では，サプライヤーと個別の関係性は築いてきたが，サプライヤー群全体をカバーする観光地域の発展という視点は希薄であり，新しい観光ニーズに対応した情報や商品造成は困難である。新しい観光形態に対応するためには，旅行会社と協力して，あるいは旅行会社に代わって，観光地自身が，消費者の観光ニーズに対応できる窓口であるプラットフォームを形成する必要があるだろう。

▶個人・グループ旅行の場合

　表4.1及び**表4.2**は2007－2008年時点のものであるが，個人で旅行を手配する割合が大きいこと，旅行会社を利用しない割外が半数以上を占めて

いることを示している。

　表4.4及び**表4.5**に示したように，従来のような団体・パッケージ旅行ではなく，個人で手配する場合，消費者は，旅行会社のWebサイトのみならず，Webサイト上で宿泊施設（＋目的地までの交通，目的地でのレンタカーなど）を選択して予約できるサイト（「楽天トラベル」「じゃらん」など），あるいは，宿泊施設や目的地までの交通を直接予約できるサイトを自由に使い分けることができる。

　旅行会社が造成した団体・パッケージ商品ではない場合の，観光地のサプライヤーと消費者との関係は，**図4.3**のようなものであろう。

　このような場合には，これまでの団体・パッケージ旅行にあったような，消費者と観光地のサプライヤー群との間の構造的空隙は存在せず，したがって旅行会社がそうした構造的空隙を埋めることによって優位性を保ってきた仕組みはなくなる。旅行会社もその他のWeb上のサイトも等しく，そこを通してサプライヤー群にたどり着くという意味では，ネットワーク上の単なるノードの1つに過ぎなくなる。

　ある特定のノードを多くの消費者が通る場合，そのノードは「中心性」すなわち橋渡し機能を持つ。中心性は，ネットワーク構造においてパワーを持ち得ることになるが，近年の旅行形態においては，旅行会社以外にも中心性を持つものが複数あり，旅行会社だけがパワーを持つことはなくなる。

　表4.4のデータによれば，パッケージ商品を利用しない場合，宿泊施設に直接予約する方法が一番多く，ついで，ネット専門旅行予約サイトを使うという結果になっている。そうした点から，新しい形態の取引では，先に見たように，旅行会社と観光地のサプライヤーとの間に，協力会のような組織が強い力を持つことはない。

　この形態では，個人が旅行を手配する場合，Web上のどこに必要とする情報があるのかを見つけることが問題になる。その問題を解決する1つの手段が，窓口を一本化するプラットフォームをつくることである。

　また，このような旅行形態に影響を及ぼすのは，事業者だけではない。消費者自身が発信するブログなども影響力を持っていることは想像に難

表4.4　旅行の申込み方法

単位：％

団体・パッケージ（8.6％）	旅行会社の店舗	1.9
	旅行会社に電話	5.4
	旅行会社のウェブサイト	0.8
	ネット専門旅行予約サイト	0.8
フリープラン（13.1％）	旅行会社の店舗	7.6
	旅行会社に電話	2.4
	旅行会社のウェブサイト	1.5
	ネット専門旅行予約サイト	1.6
パッケージの利用なし（78.2％）	旅行会社の店舗	6.9
	旅行会社に電話	3.8
	旅行会社のウェブサイト	2.6
	ネット専門旅行予約サイト	17.2
	宿泊施設に直接電話	25.2
	宿泊施設のウェブサイト	10.7
	旅行幹事等を通じて	1.9
	宿泊施設の予約必要なし	9.9

出所：一般社団法人 日本旅行業協会，財団法人 日本観光振興協会「数字が語る旅行業 2011」。

表4.5　旅行会社利用状況

単位：％

旅行会社を利用	33.0
旅行予約サイトを利用	19.2
宿泊施設に直接予約	36.0
その他	11.8

出所：一般社団法人 日本旅行業協会，財団法人 日本観光振興協会「数字が語る旅行業 2011」。

くない。例えば，「にほんブログ村－旅行ブログカテゴリー」を見ると，2012年3月現在で2万758人がブログ発信者として登録しており[34]，このうち国内旅行は2,275，温泉・温泉街は675など，非常に多くのブログが掲載されている。こうした状況は，消費者が一方的に消費する者ではなく，同時に生産者にもなる，A・トフラーのいうプロシューマーとなっていることをうかがわせる。

　個人手配旅行の場合についてはとくに，消費者と生産者を切り離さない視点が，観光地アメニティの再設計には必要であろう。こうした状況においては，今はそれほど大きな力を持っていないかもしれないが，今後は地

図4.3 個人・グループ旅行の事業ネットワーク

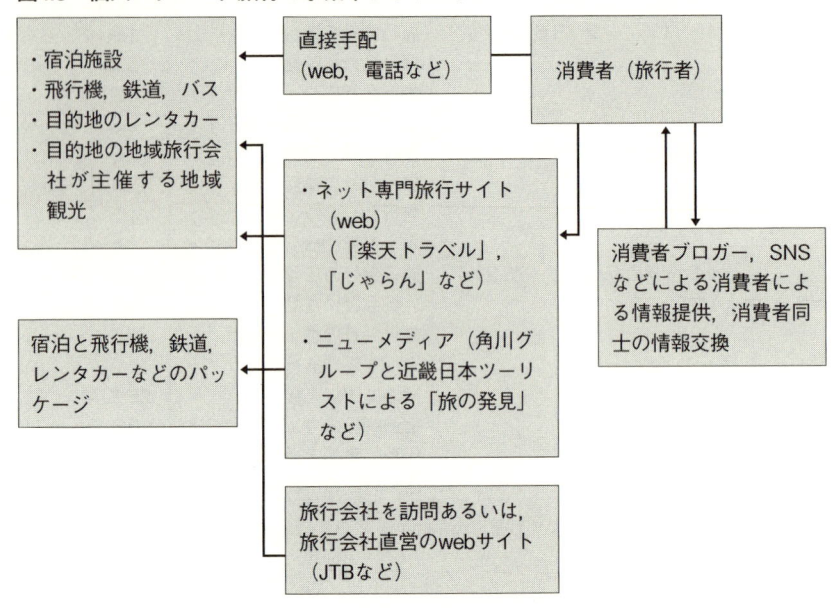

```
                    直接手配
┌─────────────┐   (web, 電話など)    ┌─────────────┐
│・宿泊施設    │◄──────────────────│消費者(旅行者) │
│・飛行機, 鉄道,│                    └─────────────┘
│  バス        │                           ▲ ▼
│・目的地のレン│                    ┌─────────────┐
│  タカー      │                    │消費者ブロガー,│
│・目的地の地域│                    │SNSなどによる │
│  旅行会社が主│   ┌─────────────┐ │消費者による  │
│  催する地域観│◄──│・ネット専門  │ │情報提供, 消費│
│  光          │   │  旅行サイト  │ │者同士の情報交│
└─────────────┘   │  (web)       │ │換            │
      ▲           │  (「楽天トラベ│ └─────────────┘
      │           │  ル」,「じゃら│
┌─────────────┐   │  ん」など)    │
│宿泊と飛行機, │◄──│              │
│鉄道, レンタ  │   │・ニューメディ│
│カーなどのパッ│   │  ア(角川グルー│
│ケージ        │   │  プと近畿日本│
└─────────────┘   │  ツーリストに│
                  │  よる「旅の発│
                  │  見」など)    │
                  └─────────────┘
                  ┌─────────────┐
                  │旅行会社を訪問│
                  │あるいは, 旅行│
                  │会社直営のweb │
                  │サイト(JTBなど)│
                  └─────────────┘
```

域に根ざした旅行会社が力を発揮する状況も予想される。

▶修学旅行の場合

　最後に，修学旅行についてふれておこう。修学旅行の行き先は，その学校がある都道府県の補助金によって左右される。したがって，その時々の都道府県の補助金予算によって目的地が絞られる。すなわち，補助金に余裕があると多くの目的地が候補地の対象になるが，補助金が削減されると費用がかかる目的地は候補地から除外される。

　目的地の決定に際して，大きな権限を持つのはPTAである。PTAはある目的地に不都合なことが発生すると，その目的地を候補地から外させる発言力を持つ。他府県からの旅客に依存している候補地は，その影響を大きく受ける。また，複数の旅行会社同士の競合がある。

　次節で述べる観光圏の中では，徳島県の「四国・にし阿波観光圏」などは，修学旅行に絞り込んで誘致を行っている。ここは行政が主体となって，

図4.4　修学旅行の事業ネットワーク

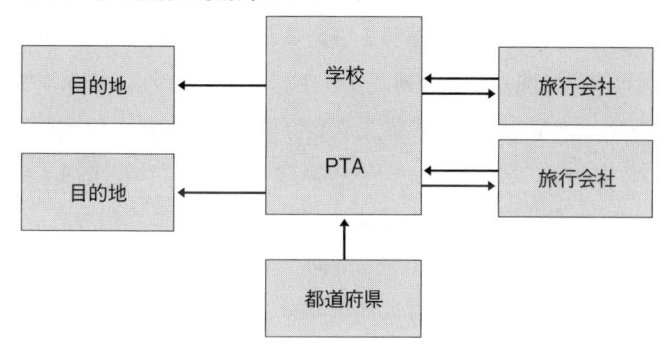

```
          ┌──────┐       ┌──────┐       ┌──────────┐
          │ 目的地 │←─────│ 学校  │←────→│ 旅行会社  │
          └──────┘       │      │       └──────────┘
          ┌──────┐       │ PTA  │       ┌──────────┐
          │ 目的地 │←─────│      │←────→│ 旅行会社  │
          └──────┘       └──────┘       └──────────┘
                              ↑
                         ┌────────┐
                         │ 都道府県 │
                         └────────┘
```

修学旅行に求められる地域ならではの伝統や文化の体験旅行を中心に商品を造成している[*35]。第Ⅲ章「外客が求めるアメニティ」でも論じているように，学生団体が求めるアメニティは，「歴史遺産」，「郷土文化」，「グリーン」に大きなウエイトが置かれている。そうした点からも，この「四国・にし阿波観光圏」の観光政策は修学旅行の主催者ニーズに合致していると考えられる。

修学旅行の事業ネットワークを図示すれば，次のページの**図4.4**のようになるであろう。

3. 新しい政策としての観光圏

観光庁の諸政策のうち観光圏に関する新しい政策の1つに，観光地域づくりプラットフォームの構築がある。これは，従来のように，個々の事業者が，旅行会社の主導のもとに，それぞれの観光客を囲い込んで商品・サービスを提供するのではなく，対象とすべき観光客層の行動範囲となる地域全体が一体となり，地域内の観光商品を集め，地域と消費者，地域と旅行会社をつなぐワンストップ窓口の機能を担う事業体のことである[*36]。

このような政策の効果を高めるためには，観光地を既存の一地域に限定することなく，消費者が観光を希望するような地域を一体化して，観光商品の開発を行うことが必要である。こうした考えのもとに，行政区域にと

らわれないエリアで様々な関係者が協力して，当該地域の資源を活用し，消費者ニーズに応えるための態勢を整えるために，観光圏整備事業が始まった（「観光圏」に関しては，補論4-1に概要を示す）。観光地域づくりプラットフォーム事業は，この観光圏整備事業のうちの1つである。

　観光地域づくりプラットフォームの概念を図示すれば，**図4.5**の右側のようなものになる。[37] この図にあるように従前の関係との相違点は，**図4.6**に示すように，地域のサプライヤー群同士で事業ネットワークを形成していること，また，消費者は旅行会社だけではなく，地域のプラットフォームとのネットワークに加わること，また，インターネットなどを通じて，消費者同士がバーチャルなネットワーク（消費者コミュニティ）を形成していること，消費者にとって旅行会社は，関係を結ぶ選択肢の1つとして位置付けられることである。

　こうした関係では，旅行会社は，第1節で述べたような，構造的空隙を埋めることで優位性を保つ存在ではなく，ネットワーク論の概念でいえば，地域の観光プラットフォームと同じように消費者と観光地を結ぶためのノードの1つとして存在するに過ぎなくなる。

　観光庁による観光圏整備事業は，複数の観光地の連携による1つの圏域の形成促進を目指すものである。そうすることにより，単一の観光地では実現できない，観光地アメニティの再設計，新規開発，観光人材の育成などを可能にするという構想である。

　しかし，この事業に対しては，いくつかの疑問が提示されている。例えば，消費者にとって観光圏というものが認知されていないのではないか，あるいは，本来意図した観光圏内の観光地間の連携がとれずに，観光圏内の観光地間で消費者の奪い合いが生じているのではないか，といったものである。[38]

　この政策の本質は，消費者の立場から見た時に，従来の，宿泊施設の自己完結型の観光ではなく，各地域にある固有の多彩な観光資源を，地域自らが発掘してその素材を組み合わせ，それらの観光地アメニティを再設計して，地域特性を活かした観光商品をつくり出し，消費者に多様な選択肢

図4.5　観光地域づくりプラットフォーム

観光地域づくりプラットフォームの必要性　　　　　　　　　国土交通省 観光庁

観光を通じた地域振興を図っていくためには，行政区域にとらわれないエリアで様々な関係者が協働し，当該地域の資源を活用した着地型旅行商品を企画・販売する等，滞在型観光につながる持続的な取り組みを活性化させていくことが重要である。
そのためには，地域内の着地型旅行商品の提供者と市場（旅行会社、旅行者）をつなぐワンストップ窓口としての機能を担う事業体が必要である。

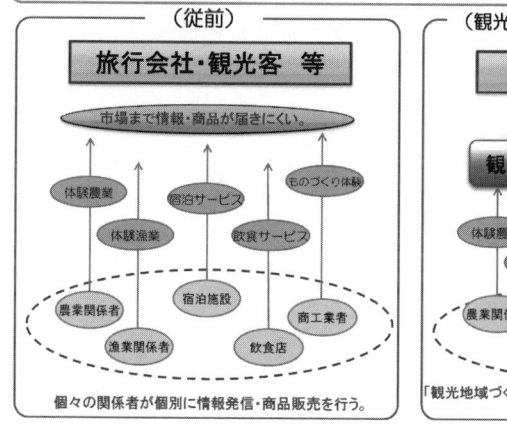

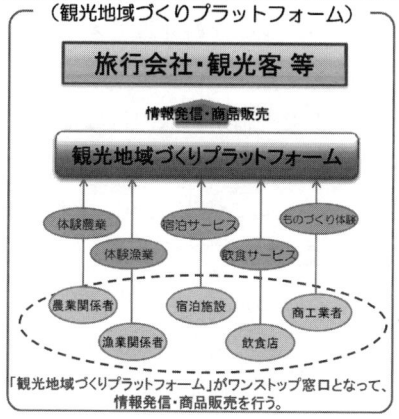

出所：国土交通省観光庁ホームページ。
http://www.mlit.go.jp/kankocho/shisaku/kankochi/platform.html

図4.6　新たな地域観光の事業ネットワーク

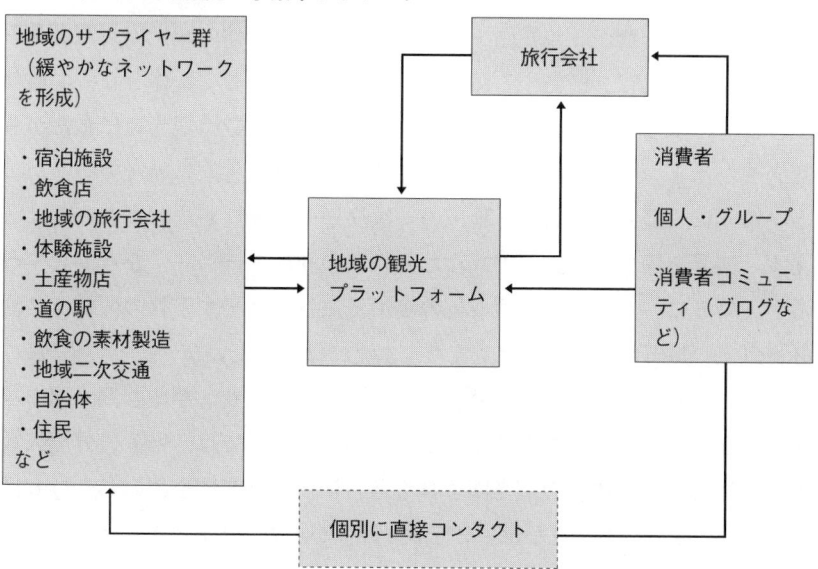

Ⅳ　事業ネットワークとしての観光商品　149

を提供することを可能にし，それにより持続可能な観光地を創り出すことと理解すれば，これまでの観光形態から脱却する1つの転機を与える重要な施策である。

観光圏整備の構想は，市町村単位で見た場合，1つの地域では実現が難しい課題について，複数の地域の協働による内発的な観光発展を目指し，そのための多様な観光地アメニティミックスの形成や地域資源を活用した新商品をつくり上げることが本質的な目的である。

これまでの宿泊施設の自己完結型の観光は，団体旅行を前提とした大型の宿泊施設を建設し，その設備投資を回収するために，1泊2食付きの宿泊形態とすることにより，比較的高額な宿泊料金を設定している[39,40]。消費者の観光予算からすれば，その多くは，1泊2日分の支出が上限となっているといえよう[41,42]。こうした宿泊形態の制約が取り除かれれば，2泊3日以上という旅行形態も選択肢の1つになるであろう。

しかし，この政策が目指すものが実現するためには，様々な課題も多くある。第1に，温泉地などの観光地に行っても，宿泊施設の外に夕食のための飲食店が極めて少ないため，現在の1泊2食付きの宿泊料金形態を一気に変えることは現実問題としてそう簡単ではないであろう。第2に，複数の自治体にまたがる観光圏を設定しても，各自治体の観光協会が自身の観光協会への集客を優先する傾向にあり，観光圏として一体となって取り組む姿勢にはなっていない実態がある[43]。第3に，複数の観光地にまたがる観光圏が，1つの観光圏として消費者が認識できる状態になっていないこと[44]。第4に，観光圏における地域の二次交通の利便性が決してよいとはいえず，観光圏内での移動が困難なため，狭い範囲での滞在になってしまうこと[45]。第5に，わが国の休暇取得の実情と旅行に費やす予算の関係で2泊3日以上の旅行をすることは，まだ，主流にはなっていないこと[46]。最後に，観光圏の設定が供給サイドの発想になっていて，消費者が望む観光圏のイメージとの間にギャップがあること。この点については，とくに外国人観光客の場合には，現在の観光圏よりもさらに広い観光圏を想定しなければならない（より詳しい考察は，第Ⅲ章「外客が求めるアメニティ」を参照）。

以上の課題を，事業ネットワークとしての観光商品という観点から見た場合には，次のように要約できるであろう．

・情報ネットワーク

　観光圏内で消費者に関する情報ネットワークをつくって情報を共有することの意味は，例えば，旅行中の事故やアクシデントなどに対応する場合，リスクマネジメントの観点から不可欠である．また，2泊3日以上の旅行をする場合，食事の内容が重ならないようにすることや，宿泊客の好みや苦情など，宿泊施設などの間で情報を共有することも必要になってくる．これらについては，今のところ，大半の観光圏では行われていないようである．

・交通ネットワーク

　すでに述べたが，目的地までの交通の利便性がよくても，目的地における二次交通ネットワークが貧弱であると，消費者が観光圏内を広範囲に移動することが困難である．採算が合わないという問題もあり，この問題が解決されていない地域が多いと考えられる．

・ネットワーク調整機構

　社会システムの調整機構は，「知覚」システム，「目標」システム，及び「実施」システムという3種の下位システムを持っている．すなわち，情報をどのように知覚して，どのような目標を追求するのか，そして目標の実現のためにどのような活動を，どのように行うのかというシステムである．事業ネットワーク組織においては，情報ネットワークを通して事業ネットワーク組織参加者によって情報が収集され，事業ネットワークを組むことによって得られる共通の利益のために，対等なパートナー関係において対話がなされることで，環境に対して柔軟に対応する[47]．こうしたネットワーク調整機構を備えることが，観光圏の構想を実現するためには欠かせない．観光圏における調整機構が抱える課題は，予算の確保と執行に関し

て，行政という概して変化には柔軟に対応しにくい成員を巻き込まなければならないことであろう。観光圏が事業ネットワークとして機能するかどうか，この点が重要なポイントである。

・事業ネットワーク組織における信頼関係

　事業ネットワーク組織における信頼という場合，信頼の次元を明確に区別しなければならない。製造業のサプライヤー関係の研究によれば，信頼は3つに分類される。[48] 第1の信頼は，取引にかかわる双方の取引相手が，契約や約束を守るという次元の信頼である。第2の信頼は，取引する相手がその役割を十分に果たすという期待に関する信頼である。技術力や経営能力に対する信頼がこれにあたる。第3の信頼は，前の2つのような特定の状況における信頼というよりは，普遍的な人間関係に由来する信頼関係である。すなわち，その相手が善意ある人物であるかどうかということにかかわる信頼である。これはサプライヤー・システムの研究における信頼の区分であるが，観光圏の事業ネットワーク組織における信頼関係についても，同様のことがいえるであろう。このように定義付けされた信頼関係を観光圏の事業ネットワーク組織で構築できるかどうかが，この政策の実現には欠かせない要因である。

　以上のように，この観光圏政策が施行されて間もないこともあり，構想と現実の間には，いくつかのギャップが存在する。しかしながら，この政策は，今後のわが国の観光の再生にとって転機となり得るものであるから，この目的をいかに実現させるかを考えなければならない。そこで，これを実現しつつある事例の1つである雪国観光圏について次節で分析する。

4．雪国観光圏のアメニティ再設計の取り組み

▶新しい観光地のあり方としての観光圏

　これまでに見てきたような新しい観光事業ネットワークの関係を詳しく

考察するために，観光圏整備実施計画認定地域のうち，雪国観光圏について詳しく考察する。この雪国観光圏を事例として取り上げた理由は補論4-2に記している。

▶雪国観光圏の概要[49]

（1）雪国観光圏形成の背景と経緯

　雪国観光圏は，新潟県の魚沼市，南魚沼市，湯沢町，十日町市，津南市，群馬県のみなかみ町，長野県の栄村から形成されており，観光圏整備事業の初年度（2008＝平成20年度）に認定された。もともと，これら観光圏を形成する地域では，合同して計画的に観光事業を行うというほどの強い結びつきはなかったが，新潟県の湯沢町と，それに隣接する南魚沼市，群馬県みなかみ町とは，従来から自治体職員同士の交流，共同観光PR事業，商圏が重なるなどの事情から，緩やかなつながりがあった。

　また，新潟県津南市と長野県栄村は，県境という壁で仕切られているが，歴史的に「秋山郷」と呼ばれ，同一の生活基盤を持ち，昔から協力して生活してきた経緯がある。[50]

　湯沢町を含む北越地域は，日本有数の豪雪地帯として知られ，川端康成の小説『雪国』の舞台となったことや，多くのスキー場があることで知られている。1982（昭和57）年に上越新幹線が開通してからは，首都圏からの時間距離も大幅に短縮され，気軽に訪れ，温泉，スキー，ゴルフ，釣りなど，四季を通じて豊かな自然に触れることができる条件がそろっていたため，リゾートマンションを購入するなどして，足繁く通う観光客も多い。また，東京と新潟の中間地点に位置するため，同窓会を行う地としても選ばれている。

　そうした湯沢町ではあるが，2005（平成17）年頃から，観光地としていくらかの危機感を覚えるようになり，広域連携を行って湯沢町を含む周辺地域の観光地としてのアメニティ再設計を模索していた。

　危機感を与えた理由の1つは2014（平成26）年に長野新幹線（正式名称は北陸新幹線）の延伸により，長野から上越を経由して金沢までのルー

表4.6 索道旅客輸送数 2005（平成17）年度を100とする

年度	千人	指数
2003	474208	107.5
2004	438780	99.5
2005	441006	100.0
2006	370126	83.9
2007	395440	89.7
2008	363126	82.3
2009	350001	79.4
2010	329254	74.7

出所：国土交通省「鉄道輸送統計年報2010」。

トが開通することになり，それに伴い，越後湯沢駅（湯沢町）に乗り入れる上越新幹線の本数が減少することである。

そのほか，リゾートマンションの住民との関係は良好であるが，景気後退を受けてリゾートマンションの販売も減少し，新規のリゾートマンションに入居する住民の増加が見込めないことや，温泉街の景観改善課題，また，近年全国的に見られることであるが，スキー客の減少，などの問題がある。表4.6の索道とはリフト，ゴンドラ，ロープウエイなどのことであるが，この旅客数の減少はおもにスキー，スノーボード客の減少によるものと推測される。

また，これも全国的な傾向ではあるが，先に述べた，消費者の団体旅行離れなども，団体客を受け入れることを前提に経営してきた大型宿泊施設にとって，宿泊形態の変更について解決を迫られる問題があった。

そうした状況の中で，国の政策として観光圏整備事業が実施されることを契機に，新潟県魚沼市，南魚沼市，湯沢町，十日町市，津南市，群馬県みなかみ町，長野県栄村が1つの単位（観光圏）として，互いにこれからの地域観光を考える機会を持つことになった。観光圏整備法では，計画実施にあたって，連絡調整を行うために協議会を組織することができるとされているので（第5条），雪国観光圏推進協議会を組織するための話し合いの機会を持つことになった。

この観光圏内では，湯沢町がもともとこの地域の交通の要衝であったと

いう背景もあり、湯沢町長が雪国観光圏協議会の会長に就き、協議会代表者を湯沢温泉旅館商業協同組合長が務め、事務局を湯沢町に置くという計画が整えられた。また、この協議会には各種部会（宿泊魅力向上部会、二次交通促進部会など、合計6つの部会）が設けられ、それらの部会を含む協議会構成員には、各自治体、民間団体（観光協会など）のほかに、地域のNPO法人や企業も加わり、2008年10月に認定を受けるまで、2008年3月からの半年あまりの間に、10回を超える会合を持った。

また、体験型旅行プログラムの実施主体となる住民や、観光地に暮らす住民へのヒアリングや協議も、延べ15日間にわたって行われ、地域住民も観光圏整備事業に参画する機会が与えられた[51]。

（2）雪国観光圏の事業ネットワーク

これら雪国観光圏を形成する自治体は、江戸期から「北越」という総称で呼ばれていた地域の一部であり[52]、県境を越えて、同じ地域であるという意識があった。また、先に述べたように、新潟県津南市と長野県栄村は、県境という壁で仕切られているが、昔から併せて「秋山郷」[53]と呼ばれているといった歴史的経緯もある。そのため、これらの自治体、事業者、住民の間には1つの行政区を形成するという緊密な関係ではないが、その心情において結ばれる緩やかな関係が形成されていたと推測される。

一方、雪国観光圏に限ったことではないが、それぞれの観光地域内では、観光に関する各事業者や農業関係者などの緊密な関係、例えば旅館組合や各自治体が事務局となる観光協会などのネットワーク組織が従来から存在している。これら同業者の組織は、それぞれの地域内の事業者の集まりであることから、外部に対しては閉鎖的な事業ネットワーク組織であると考えられる。

湯沢町は、先に述べたように、リゾートマンションの所有者が多数おり、それらの人々は、観光客とは異なり、その地域の事業者や町民、自治体と関係を持たない訳ではないが、かといって、地元の住民や事業者と緊密な関係を持つわけでもない。いわば、緩やかな関係をつくっていたと考えら

れる。また，湯沢町に限らず，雪国観光圏を形成する地域には，その自然環境に惹かれて，他の地域から移り住んで観光関連事業に従事している住民も少なくない。これらの住民は，何世代も前からその地域に住んでいる住民や事業者との結びつきは緩やかなものである。

　以上の点から，雪国観光圏においては，各自治体内において，強い結びつきの中にも緩やかな結びつきが交じり合い，外の世界に向かって適度に開放されている機能があったと考えられる。

　こうした雪国観光圏のネットワーク構造の特徴を，ネットワーク論の観点から見た場合，これらの自治体間には，緩やかな関係＝弱い紐帯が存在していたといえる。他方，各自治体には，雪国観光圏に限ったことではないが，観光協会や旅館組合などの，ネットワークとしては自治体内部に限定された，閉鎖性を持つ強い紐帯が存在していた。

　このような状況において，観光圏整備事業に応募することを契機に，各自治体に存在する強い紐帯で結ばれた種々の閉じたネットワーク（＝クリーク）[54]間に弱い紐帯が架橋（リンク）し，さらに橋渡し（＝局所ブリッジ）機能を持つ弱い紐帯によって，様々なネットワーク同士が結ばれたと考えることができる。

　繰り返しになるが，弱い紐帯については，グラノヴェターの研究「弱い紐帯の強さ」で知られているように，局所ブリッジになり得るのは弱い紐帯だけである。[55] グラノヴェターによれば，局所ブリッジとなる可能性の高い弱い紐帯には，①ネットワークの拡散，②下位集団の結合，③新しく有用な情報を呼び込む，などの実質的機能において有効性があるとされる。

　このことを，マーケティングの文脈でいえば，次のようにいうことができるであろう。

　戦略形成プロセスにおいて，これまでに出会ったことのないほど複雑な問題である場合や，状況があいまいで変化し続けるような場合には，従来のような合理的視点，すなわち，「分析」－「決定」－「実施」という単線的な過程を経るのではなく，有機体的視点，すなわち「知識の獲得」と「コミットメントの達成」と「アクションの創出と維持」という，3つのプロ

セスが，同時並行的に，相互依存的に行われることが有効的である。[56]

　マス・ツーリズムからオルタナティブ・ツーリズムへと観光形態が変化する状況は，観光事業者にとっても，消費者にとっても，これまでに出会ったことのない複雑な問題で，状況があいまいで変化し続けるような場合であるといえる。

　「知識の獲得」とは，メンバーが自身を取り巻く世界の状況や可能性を解釈するプロセスである。解釈は，メンバーが直面する問題に解決法を適用する基礎となる。「コミットメントの達成」とは，個々のメンバーが，ある特定の目的と一連の選択とアプローチについて共鳴し専心するプロセスである。「アクションの創出と維持」とは，ある特定の方向性へのコミットメントが，具体化されていくプロセスである。

　これらを遂行するためには，関係する事業者及び顧客との関係性として対話が重視される。この有機体的視点では，製品・市場が最も適切な分析単位ではなくなり，関係性が分析単位となってくるので，[57]従来型の大手旅行会社による団体・パッケージ旅行という1回単位の取引を前提にした観光商品マネジメント，観光マーケティングとは異なった視点が必要になろう。観光地のサプライヤー群，住民，旅行会社，旅客輸送事業者などが，旧来とは異なった消費者のまなざしを理解し，そのまなざしとそれに対する観光事業者の認識を共有する場とその場における関係性の構築が必要になる。

　類書や報告書などでも，新しい観光においては，地域の様々な資源の事業ネットワーク形成の重要性が指摘されているが，[58]どのような性質の事業ネットワークを構築することが必要なのか，さらにいえば，そもそもなぜ事業ネットワーク構築が重要なのかということが明確にされていない。こうした視点がこれまでの研究では欠落している。これからの地域の観光事業にとって重要な点は，どのような性質の事業ネットワークを形成することが重要なのか，構築すべき事業ネットワークの構造や関係性を議論することである。

　また，観光事業者や消費者との関係性について，事業ネットワーク構築を通じて，どのようにして，どのような知識が獲得され，どのようにして

コミットメントが達成され，どのようにしてアクションが創出されたのか，それら3つの行為の相互関係はどのようなものであるのかという，ネットワーク視点のマーケティングのありかたも，明らかにされなければならない。

▶雪国観光圏のアメニティ再設計

　雪国観光圏の取り組みの特長の1つに，既存の観光協会といったような組織ではなく，サプライヤー群が一体となって相互に対話し，コミュニケーションを深めることから，新しく組織をつくり上げたことが挙げられる。

　観光圏整備法（第5条）には，観光圏整備のための連絡調整を行う協議会を組織することができるとされているが，多くの観光圏では行政や観光協会など，従来の観光関係者を中心にした協議会がつくられている。しかし，雪国観光圏の場合は，前述したように，各自治体，民間団体（観光協会など）のほかに，地域のNPO法人や企業も多く加わり，また，体験型旅行プログラムの実施主体としての住民や，観光地に暮らす住民も観光圏整備事業に参画する機会が与えられた。[59]

　観光圏という，これまでには存在しなかったものを新たにつくり出し，それを定着させるということは，これまでに出会ったことのない複雑な問題解決をしなければならないことである。そうした課題に立ち向かうためには，前項で述べたように，従来のような「分析」－「決定」－「実施」という方法ではなく，「知識の獲得」と「コミットメントの達成」と「アクションの創出と維持」という，3つのプロセスが，同時並行的に，相互依存的に行われる方法が有効である。協議会メンバーに，多くの民間団体（NPO法人，企業など）が加わっていることは，新しい発想を生み出す要因の1つになり得る。

　この同時並行アプローチをとる中で，雪国観光圏としてのアメニティを再設計するためには，様々な解決しなければならない課題があることが明らかになった。例えば，宿泊施設の質が一定の水準に達していない場合があること，観光に携わる人材の育成が十分でないこと，埋もれている観光資源があるのではないかということ，二次交通が不便であること，観光情

報の収集と共有の必要性があることなどである。こうした問題を解決するために、雪国観光圏協議会の中に、これらを検討する部会が設けられ、活発な議論がパートナー関係による対話を通じてなされ、新しいアクションが生まれ、その過程で全体として同じ方向を目指すという一体感が生まれた。

例えば、この観光圏の中で、従来17の雪祭りがばらばらの時期に、各々勝手になされていたところを、一緒になって開催することで来訪者が2万人増えたという成果が出ている。[*60] また、地元の食材を使い、雪国伝統の調理法を用い、化学調味料や食品添加物に頼らない飲食を提供する旅館や飲食店、加工食品を「雪国A級グルメ」として認定する仕組みが生まれた。[*61] 例えば、「まいたけ」といえば全国的には「雪国まいたけ」が有名であるが、地元では「石坂まいたけ」が一般的である。これは、肉厚で大きく、ここに来なければ味わえないものである。また、この地方には江戸時代から続く酒蔵があるが、この酒蔵と提携して、ここでしか入手できない日本酒の製造・販売も試みられている。このように、地元に根付いた特有の食材を使うことが、この制度には盛り込まれている。

こうして、地元の埋もれている独自資源の発掘が行われ、それによって「地域」をベースにして、考える視点が与えられ、こうした視点に立った新たな観光地アメニティの再設計が協議され続けている。こうしたプロセスの中から、雪国観光圏という事業ネットワーク組織に対するコミットメントが深まっていると考えられる。このように、雪国観光圏では「知識の獲得」と「コミットメントの達成」と「アクションの創出と維持」が同時並行的、相互依存的に行われている。

また、観光事業者や行政のみならず、地域住民も参加する「スノーカントリーカフェ」という対話の場を、2010年度から2011年度の間に4回開催して、地域固有の資源を再認識することなど、雪国観光圏という事業ネットワーク組織が継続していく仕組みをつくるべく活動している。

ヒアリングする中で、「観光とは地域を包む包装紙である。包装紙である以上、中身以上の魅力は語れない。すなわち、商品は地域そのものであり、観光は地域に魅力があって初めて成り立つものである」という言葉を聞い

たが，雪国観光圏の取り組みは，観光地アメニティの設計に際して，独自の資源と与えられた競争環境における資源の配置方法から構想するという，資源ベースの戦略論の観点からも理にかなっている。こうしたアプローチが，観光圏としての成功ポイントの1つではないかと考えられる。

また，協調行動が可能になるためには，真に実力のある者同士でなければ成り立たないといわれるが[62]，雪国観光圏では，こうした取り組みを行う中で，それぞれが実力を養っており，能力を高め合っている。また，雪国A級グルメのようにその基準，ルールを明確にすることによって，約束を守るという姿勢も問われることになる。こうして，真に実力を備えた者同士が向かい合うことによって，初めて協調行動が可能になる。自治体もそうした取り組みを後押ししており，事業者たちに安心感を与えている。こうした取り組みの中で，第3節で述べた，信頼（約束や契約を守る信頼，能力的信頼，善意ある者としての信頼）が培われてきたものと推測される。

5. アメニティ再設計戦略の基本的方向

最後に，これまでの議論を振り返りながら，事業ネットワークの視点から，最適アメニティ・ミックスの形成を目指したアメニティ再設計戦略の基本的方向を提示する。

▶観光形態の変化と旅行会社の役割

観光地ライフサイクル論に照らし合わせて考えると，わが国の観光地の多くは停滞期に差しかかっており，その再生が課題になっている。また，消費者の観光行動が大きく変わってきており，観光事業は，大手旅行会社が造成，仕入れして消費者に販売する形態からの転換を迫られている。こうした状況において，旅行会社のみならず，それに依存してきた観光地が自ら新しいあり方を構想しなければならない。

従来の旅行会社は，観光地と消費者の間にある構造的空隙の存在を前提にして，その空隙を埋めることで社会的役割を果たしてきた。しかし，イ

ンターネットの発達などにより，消費者にとって，観光地との構造的空隙は埋められつつある。とくに再訪問では，消費者の観光へのまなざしが変わり，これまでの商業施設やテーマパークへの訪問から，歴史遺産，グリーン，郷土文化，ご当地料理，イベント・祭り，郷土芸能などであることが明らかになってきている（この点についてのより詳しい考察は，第Ⅱ章「アメニティ変化の兆し」を参照）。

こうした観光へのまなざしの変化に対応した観光商品を提供することができるためには，その土地の魅力をよく知った上で観光商品を作らなければならないが，近年大手旅行会社は地域の情報収集能力を低下させてきている。日本旅行業協会（JATA）は，次のように述べている。

「各大手旅行会社は，業務効率化を目指して地域仕入機能を大都市拠点に集中化してきているが，この動きに対して地域のサプライヤーや自治体は『旅行会社との接点が希薄になった』と感じる傾向がある。各旅行会社の重点送客先となっている旅館の任意組織である旅館連盟の会議等，旅行会社との意見交換の場はあるものの，普段からのよもやま話的コミュニケーションを通じての情報交換や，地域での観光プロモーションへの参画が以前より難しくなった。

仕入・販売に関するサプライヤー・旅行会社間相互の情報交換は，情報と付加価値に敏感な『賢い消費者』に受け入れられる商品・サービスの開発に不可欠であるが，この機能が低下することにより，旅行会社の仕入・商品企画担当者とサプライヤーとの認識の差が広がり，ひいては個々の旅行者との距離が遠くなることが懸念される。[63]」

このように，旅行会社が主導する，従来のようなサプライヤー群や消費者とのネットワークが機能しなくなっていることから，これらの関係のあり方を問い直す時期にきていることは明らかである。

▶事業ネットワークとしての観光商品

他方，地域の情報を収集できる立場にある地元の事業者はおおむね小規模であり，単独で魅力ある観光商品をつくったり，販売したりすることは

困難である。また，消費者との関係も，宿泊施設事業者など個々の事業者と消費者との関係はあっても，地域全体として事業者同士や消費者との関係を築いている例は少ない。

先に述べた雪国観光圏などは，そうした試みを積極的に行っている数少ない事例であろう。雪国観光圏では，「雪国観光圏事務局」を置いて，ここが情報の収集と発信を行っている。これとは別に観光圏の各市町村に「雪国観光舎」を設置し，旅行商品の開発と事業向けビジネスの展開を行っている。雪国観光舎は消費者と直接接する窓口であるため，ここで集められた消費者の声が観光圏事務局で商品開発につなげられている。

消費者の観光へのまなざしが変化している今日，前節で述べたように，従来のような「分析」-「決定」-「実施」といったアプローチによる商品開発・販売は十分に機能しない。それぞれの関係者がパートナーとして対等な関係で対話を行うことが有効であろう。対話を通してものごとを決めていくということは，ある事がらに関して「知識を持っている者」と「知識を欠いている者」を区別して，前者から後者へ知識を伝えるという関係のあり方ではなく，それぞれの立場にある者は，それぞれの文脈に依存した独自の知識を持つという関係のあり方で臨むことである。[64]

この考え方に立てば，地域観光にかかわるあらゆる関係者が，今後の観光商品のアメニティ再設計にかかわることが求められることになる。それが行われる場として，事業ネットワーク組織という仕組みは有効なものであろう。ただ，事業ネットワーク組織はヒエラルキー組織のように，法律や命令によって関係が維持されるのではなく，互いの信頼関係によって成り立つため，第3節で述べたように，「信頼とは何か」ということを明確にする手続きが欠かせない。その上で，それぞれが持っている地域独自の資源を再発見することを通して，ほかにはない，その地域特有の観光地アメニティを再設計することが可能になると考えられる。

補論4-1　観光圏

　政府の政策である観光圏整備の目的は，観光地が連携して，2泊3日以上の滞在が可能な「観光圏」を形成することで，民間のソフト事業に対する補助制度や，各種法律の特例により，従来の地域を越えた事業を可能にし，地域の自主的な取り組みを支援することで，国際競争力の高い魅力ある観光地づくりを推進することである。[65]

　その根拠法として「観光圏の整備による観光旅客の来訪及び滞在の促進に関する法律」が2008年5月に施行され，旅行業法の特例，道路運送法や海上運送法の特例を設けるなどして，従来の地域を越えた観光事業を可能にすることを目指している。これらによって，一地域だけではできない，観光地域が主体となってつくり上げる新しい観光事業を支援している。

　その実施単位である観光圏とは，自然，歴史，文化等において密接な関係のある観光地を一体とした区域であり，その観光地同士が連携して2泊3日以上の滞在型観光に対応できるよう，観光地の魅力を高めようとする区域を指す。[66]

補論4-2　雪国観光圏の事例を取り上げる理由

　観光庁の観光圏整備事業については，「観光圏の整備による観光客の来訪及び滞在の促進に関する基本方針」で以下のような項目が示されている。[67]

・観光圏の形成を図ろうとする地域において，観光地間の連携，地域の幅広い産業間の連携，及び国・地方公共団体と民間主体間の連携という3つの連携を促進すること。

・観光圏の区域を定めるに際しては，既存の行政区域にとらわれず，自然・歴史・文化等における観光地間の密接な関係を踏まえること。

・代表的な観光関連産業のみならず,農林漁業,商工業者も含めた,地域の幅広い業種間での連携及び協力や,また,計画期間終了後の自立をにらんで,地域の幅広い関係者が共同で出資する会社形態の組織等自立的な民間組織が参加すること。

・もてなしの質向上,泊食分離,地産地消等の創意工夫のある取り組みを実施すること。

・観光客のニーズ分析,当該分析に基づく観光商品の内容の集中と選択,宣伝やPRの内容,手段,タイミング及びチャネルについての戦略的な検討及び実施等,マーケティング力も強化すること。

・協議会は,単なる有識者の集まりとするべきではなく,(中略),観光協会等の観光関係者のみならず,商工会及び農林漁業者等の関係者,NPO等,幅広い関係者により構成すること。

以上の指針項目に照らし合わせて,これらを実践している代表事例として雪国観光圏を取り上げた。

注

*1 例えば,原田順子・十代田朗編著『観光の新しい潮流と地域』放送大学教育振興会,2011年,pp.51-66。
*2 本節の考察は,既存資料の分析ならびに,興津泰則氏(一般社団法人　日本旅行業協会),松岡弘晃氏(一般社団法人　日本旅行業協会),林克郎氏((株)HKワークス),岩崎智子氏((株)HKワークス),三上秀夫氏(元ジャルツアーズ),南雲剛氏(湯沢町産業観光課),井口智裕氏(株式会社いせん),山内浩二氏(水前寺とうや病院,元東京観光(株))の各氏へのヒアリングによるものである。本文中に注番号がない記述は,上記の方々へのヒアリングから得られたものである。
*3 石井昭夫「観光地発展段階論の系譜」『立教大学観光学部紀要』第4号,2002年3月,

pp.52-56。
*4 大橋昭一「観光地ライフサイクル論の進展過程」『和歌山大学観光学部設置記念論集』2009年3月，pp.23-37．
*5 R.W. Butler, (ed.), *The Tourism Area Life Cycle*, Vols.1&2, Channel View Publications, 2006.
*6 大橋，前掲，pp.24-25．
*7 一般社団法人 日本旅行業協会・財団法人 日本観光振興協会『数字が語る旅行業2011』p.8によると，わが国全体の旅行者数及び旅行消費額は1990年代をピークに減少を示している。
*8 佐藤郁夫「北海道観光のライフサイクル活性化」『産経論集』Nos.31・32，2006年，pp.31-104．
*9 http://ja.wikipedia.org/wiki/%E 9 %9B%AA%E 5 %9B%BD_（%E 5 %B 0 %8F %E 8 %AA%AC）(「雪国」の項)。
*10 佐藤郁夫，前掲，p.44。
*11 同上，pp.46-48。
*12 同上，p.46。
*13 同上，pp.49-56。
*14 例えば，週刊観光経済新聞は，近畿日本ツーリストの「近旅連」呼ばれる組織が，観光ホテル・旅館の経営者を対象にした経営勉強会を行っていることを報じている（2010年6月5日）（http://www.kankokeizai.com/backnumber/10/06_05/business.html）。
*15 特定の地域の旅行に関する各種手配を行う事業者のことを指し，欧米では一般的に見られるものである（尾家建生・金井萬造『着地型観光』学芸出版社，p.220，2008年）。
*16 Nigel Evans, "Tourism: A Strategic Business Perspective", in Tazim Jamal and Mike Robinson, eds., *The Sage Handbook of Tourism Studies*, pp213-234, Sage, 2009.
*17 ここでいう「宿泊施設の自己完結型」の観光旅行とは，おもに大手の旅行会社によって，その協定ホテル・旅館を中心としてつくられた旅行形態であり，消費者は旅館へ到着してから出発するまで，ほとんどの時間をその旅館内で過ごすものと定義しておく。
*18 和辻哲郎『風土』岩波書店，1979年，pp.213-214。
*19 芦原義信『街並みの美学』岩波書店，2001年，pp.8-10，pp.54-60。
*20 観光庁「観光カリスマ一覧」後藤哲也（熊本県小国町）http://www.mlit.go.jp/kankocho/shisaku/jinzai/charisma_list.html
*21 やや古い数値ではあるが，旅行情報誌「じゃらん九州発」の人気観光地調査で1998年から5年連続1位，年間観光客は136万人（平成13年）ということである（前掲「観光カリスマ一覧」より）。
*22 後藤哲也『黒川温泉のドン　後藤哲也の「再生」の法則』朝日新聞社，pp.92-96，2005年。

*23 同上，pp.102-103。
*24 同上，p.179。
*25 David J. Collis & Cynthia A. Montgomery, *Corporate Strategy*, McGraw-Hill, 1998.（根来龍之ほか訳『資源ベースの経営戦略論』東洋経済新報社，p.ⅰ，2004年）
*26 高橋伸夫編著『未来傾斜原理』白桃書房，1996年，pp.93-95。
*27 渡辺深『経済社会学のすすめ』八千代出版，2002年，p.91。
*28 安田雪『ネットワーク分析』新曜社，1997年，pp.96-97。
*29 安田雪『実践ネットワーク分析』新曜社，2001年，pp.75-121。
*30 佐藤喜子光『旅行ビジネスの未来』東洋経済新報社，1997年，pp.39-58。
*31 Ronald S. Burt, *Structural Holes*, Harvard University Press, 1992.（安田雪訳『競争の社会的構造』新曜社，2006年，pp.6-19）
*32 井口貢編著『観光学への扉』学芸出版，2008年，p.66。
*33 ㈶社会経済生産性本部『観光レジャー白書2007』2007年。
*34 http://travel.blogmura.com/
*35 http://www.nishi-awa.jp/index.html
*36 観光庁観光地域振興課「これからの観光地域づくりと国の支援」平成22（2010）年。
*37 国土交通省観光庁「地域プラットフォームの必要性」(http://www.soranosato.jp/image/bpdf.pdf)。
*38 行政刷新会議ワーキンググループ「事業仕分けWG-B　B-1議事録」内閣府　行政刷新会議事務局，2010（平成22）年11月15日，pp.5-8。
*39 宮本常一『日本の宿』八坂書房，2009年，pp.277-280。
*40 この料金設定に関しては，観光地の季節変動とも関係している。観光地の季節変動に関しては，第Ⅱ章「アメニティ変化の兆し」，ならびに第Ⅴ章「需要平滑化のためのアメニティ開発」を参照。
*41 観光庁観光産業課「平成21年度観光産業のイノベーション促進事業報告書」平成22年3月，p.237でも，供給サイドでの供給調整の課題の1つに「1泊2食型の客室供給量を減らすこと」が提言されている。
*42 「旅行・観光産業の経済効果に関する調査研究」（観光庁，2011年3月）によれば，宿泊旅行（出張・業務旅行を含む）の宿泊費単価は，個人旅行と団体旅行・パッケージ旅行を合わせて6,929円となっているが，別項目として飲食費が4,912円となっているので，観光地の1泊2食付きの宿泊費は，最低でもこの両者を合わせた金額（11,841円）に近くなると推定される。この調査によれば，国内宿泊旅行（観光と出張業務を含む）に使う費用は（旅行中とその前後を合わせると）49,640円であるが，2泊3日になれば，61,481円（49,640円＋11,841円）となる。この金額の増し分が，2泊3日以上の観光滞在を増やさない制約になっている可能性が考えられる（2泊3日でこの金額を支払うとすれば，東アジアや太平洋地域への安価な海外旅行も可能になるであろう）。

*43 行政刷新会議ワーキンググループ「事業仕分けWG-B　B-1議事録」内閣府　行政刷新会議事務局，2010（平成22）年11月15日，pp.6-8。
*44 同上，pp.6-7。
*45 この二次交通問題を解決する試みの一例として，九州の中北部で「なないろ九州バス」という県境を越えた観光地をつなぐバスを運行している事例もあるが，これにしても7日前までに予約しなければならないなど，利便性が高いとはいいがたい（http://www.welcomekyushu.jp/whatsnew/?mode=det）。
*46 ヨーロッパでは，年次有給休暇制度が普及して長期間の観光が可能になったが，リゾート・ホテルで長期休暇を過ごすには費用がかかるため，安価な費用で長期間過ごすことができる農村民宿に滞在するルーラル・ツーリズム，アグリ・ツーリズム（総称としてグリーン・ツーリズム）が広まった。これは，田舎でくつろぐことを目的とした観光スタイルである。一方，わが国のグリーン・ツーリズムは，農業体験や農村との交流が主目的となり，くつろぎを求める長期滞在型の観光とは異なり，文化事業的要素が強いといえよう（原田順子・十代田朗編著『観光の新しい潮流と地域』放送大学教育振興会，2011年，pp.118-122）。
*47 田村正紀『流通原理』千倉書房，2001年，pp.311-313。
*48 酒向真理「日本のサプライヤー関係における信頼の役割」藤本隆弘・ほか編著『リーディングサプライヤー・システム』有斐閣，1998年，pp91-118。
*49 本節の考察は，門間俊也氏（北海道運輸局），南雲剛氏（湯沢町産業観光課（当時）），井口智裕氏（株式会社いせん），上田恭平氏（雪国観光舎（当時）），高橋厚史氏（青木酒造株式会社），阿部勉氏（青木酒造株式会社）の各氏へのヒアリング，ならびに現地での各種会合への参与観察，及び，公表資料によるものである。本文に注番号がない記述は，上記の方々へのヒアリングや参与観察から得られたものである。
*50 NPO法人雪の都GO雪共和国ホームページ（http://www.go-setsu.com/page_info/top.html）より。
*51 新潟県，十日町市，魚沼市，南魚沼市，湯沢町，津南市，みなかみ町，栄村「雪国観光圏整備計画」2008（平成20）年9月11日。
*52 鈴木牧之編撰『北越雪譜』岩波書店，1936年。
*53 鈴木牧之（訳・解説 磯部定治）『秋山記行』恒文社，1998年。
*54 「クリーク」は本来，相互に強い関係で結ばれている人々の集団を指す概念である。しかし，ネットワーク分析では，完全な結合関係にはなくても，他の点を通じて間接的に結合している点同士をクリークと考える方法も提唱されている。これを「n－クリーク」という（安田雪『ネットワーク分析』新曜社，1997年，p.92）。この「n－クリーク」で考えると，クリークは必ずしも強い閉じた関係だけではなく，ここで述べようような，局所ブリッジとなりうる弱い紐帯を含む，緩やかな結合として定義することができるが，ここでは，本来のクリークの定義である強い結びつきを「クリーク」と

呼ぶことにする。

*55　Granovetter, Mark S., "The Strength of Weak Ties", *American Journal of Sociology*, 78：1360-1380, 1973.（大塚栄美訳「弱い紐帯の強さ」野沢慎司編・監訳『リーディングス ネットワーク論』新曜社, 2006年, p.129）

*56　David Ford *et al.*, *Managing Business Relationships*, Wiley, 1998.（小路雅博訳『リレーションシップ・マネジメント』白桃書房, 2001年, pp.100-110）。

*57　高嶋克義「関係性マーケティング論の再検討」『国民経済雑誌』193（5）, 2006年, pp.27-41。

*58　敷田麻実ほか『観光の地域ブランディング』学芸出版, 2009年, p.155；観光庁観光地域振興部観光地域振興課「観光圏整備事業のノウハウに関する基礎資料」2011（平成23）年, p.19など。

*59　新潟県, 十日町市, 魚沼市, 南魚沼市, 湯沢町, 津南町, みなかみ町, 栄村「雪国観光圏整備計画」2008（平成20）年9月11日。

*60　行政刷新会議ワーキンググループ「事業仕分けWG-B B-1議事録」内閣府　行政刷新会議事務局, 2010（平成22）年11月15日, p 8。

*61　http://www.jiyujin.co.jp/yukiguni/

*62　高橋伸夫編著『未来傾斜原理』白桃書房, 1996年, p.152。

*63　一般社団法人 日本旅行業協会「更なる国内旅行に向けて―新時代の旅行業の役割　第1部　国内旅行の現状と課題認識」2004年（http://www.jata-net.or.jp/membership/info-japan/research/03_1st.html）。

*64　藤垣裕子・廣野喜幸編著『科学コミュニケーション論』東京大学出版会, 2008年, pp.110-120。

*65　観光庁ホームページ（http://www.mlit.go.jp/kankocho/shisaku/kankochi/seibi.html）。

*66　同上（観光町庁ホームページ）参照。

*67　農林水産省・国土交通省告示第3号「観光圏整備事業の基本指針　新規制定」平成20年7月23日。

V 需要平滑化のためのアメニティ開発

　アメニティ開発の必要性は，たんに観光客の求めるアメニティの変化や，外客など新しい観光客の登場に対応するためだけではない。これらとともに，需要平滑化のためのアメニティ開発も極めて重要な課題である。需要平滑化とは，観光地を訪れる観光客数の時間的変動をならすことである。特定の季節，月などに観光客が集中し，他の時季になると観光客が極端に落ち込む。このような需要の時間的変動ほど，観光地の経営を困難にし，またマーケターを悩ますものはない。実際に，観光地として停滞している多くの観光地がかかえる基本問題は，この需要の時季変動を克服できない点にあると言っても過言ではない。需要平滑化は観光地が栄えるための必要条件であり，そのためのアメニティ開発は永遠の課題である。

　なぜ需要の時間的変動が観光地の経営に深刻な問題を生じさせるのだろうか。日本各地の観光地におけるこの時間的変動はどのような状態にあるのか。本章ではこれらを展望した後，需要平滑化のための先端的な取り組み事例を検討しよう。これらを踏まえて，需要平滑化を目指してアメニティ開発を行う際，どのような視点が重要であるのか。これを整理することによって，需要平滑化のためのアメニティ開発の指針を探ることにしよう。

1. 観光事業の特性と経営の課題

▶観光需要の時間的変動

　観光需要は，年末・年始，春，夏の3つの時期ないし，季節に集中する傾向が強いと指摘されている。これは，古くからの慣例的行事や風習，及び国民の祝日や学校，勤務先の休暇時期に影響されているためである。そしてこのことが，観光需要に時間的変動（時季変動）をもたらす。観光における需要の時間的変動について，「ツーリズムの季節性は，最も広く認められている特徴であるとともに，最も研究がなされていない[2]」といわれている。

▶サービスの特性

　観光業が提供する観光商品は，輸送，宿泊，飲食，土産物の販売，施設の見学・利用，その他観光資源の利用等であり，そこには多種多様な業種がかかわる。物的商品も存在するが，基本的にサービスを提供しており，観光商品はサービスの特性を持っている。観光需要の時間的変動と，サービスの特性が相俟って観光事業の経営に難しい問題をもたらす。サービスには，以下に述べる（1）無形性，（2）消滅性（非貯蔵性），（3）不可分性（同時性），（4）変動性の特性がある。

（1）無形性

　観光商品（サービス）は，有形財と異なり，購入する前に見たり，味わったり，触れたり，聞いたりすることができない。有形財である洋服ならば試着，自動車ならば試乗，食べ物ならば味見ができるが，ホテルや旅館に試泊することはできない。観光商品（サービス）を購入したのちに，購入者に残るのは有形財ではなく，記憶である。

　しかし，無形のサービスを有形の証拠で補うことは可能である。例えば，レストランで料理の提供サービスを受ける場合，レストランの外観や店内全体の清潔さ，インテリア，従業員の身だしなみなどはそのレストランの

状態を知る手掛かりとなる。観光商品（サービス）では，このような有形の証拠で，無形性の品質を示唆することは重要である。

（2）消滅性（非貯蔵性）

観光商品（サービス）は在庫が持てない。日用雑貨などの物的商品ならば，今日販売できなかったものは翌日でも販売の機会があるが，飛行機の座席やホテルの客室などは，今日販売できなかったものを翌日に販売することは不可能である。また，物的商品であれば，需要のピークを予測して事前につくりおきして在庫を持つことで需要変動に対応できるが，観光商品は在庫によって需要変動に対応することができない。

観光事業において，収益の最大化のためには，収容能力（キャパシティ）と需要の管理が重要である。

（3）不可分性（同時性）

観光商品（サービス）は，サービスの提供者とサービス行為を分離することができない。そしてサービスの供給と消費が同時に起こる。また，サービスの提供に際しては，購入者の要求に応じながらサービスを提供するという，いわば提供者と購入者との相互作用が起こる。

さらに，観光商品は提供される場所や建物からも切り離すことができない。例えば，富士山の雄大さ，荘厳さという感動は，富士山以外の場所や施設からは受けることができない。

（4）変動性

観光商品（サービス）の品質は，提供者，場所，タイミングによって変動する。観光商品（サービス）は供給と消費が同時に起こるため，品質を管理することは難しい。また需要が絶えず変化するため，需要のピーク時に一定の品質を保つことも難しい。提供者の技量やコンディションによって品質に差が出ることがある。観光商品（サービス）の品質を保持して提供できるかは，購入者の維持にかかわる。

これらのサービスの特性と観光需要の時間的変動は，観光事業の経営にとっては重要な課題をもたらす。観光商品（サービス）の無形性，消滅性の特徴から，観光商品（サービス）は購入者に提供されると同時に消費される。有形財であれば，事前に時季変動を予測し，適切な在庫量を算出し，在庫を持つことで需要の変動に対処することが可能である。需要のピークに必要な商品は比較的暇な時期に製造し在庫にすることで，従業員や製造ラインの不稼働状態を低減するとともに，売り逃しによる機会ロスを防ぐ[*3]ことができる。しかし，観光商品（サービス）は設定された提供能力（キャパシティ）を超える需要には対応できないため，購入者が提供を受けるタイミングを変更できない場合には機会ロスが発生する。機会ロスをなくすには，提供能力（キャパシティ）を需要のピーク以上に設定すればよいが，需要がピークに満たない場合は，その提供能力の未利用の部分（アイドル・キャパシティ）が生じ，それに伴うコストであるアイドル・キャパシティ・コスト[*4]が発生する。

　観光事業は一定の施設・設備を持ち操業することが多い。需要の時季変動により，収益は変動的になるが，コストは固定的にならざるをえない。例えばホテルの宿泊サービスについて考えてみよう。ピーク時の機会ロスをなくすためにピーク需要に合わせて収容できるだけの客室を保有すると，需要には時間的変動があるためピーク時以外の時季には未稼働客室が出て，アイドル・キャパシティ・コストが発生してしまう。アイドル・キャパシティ・コストには物的（施設・設備）なものと人的（人員）なものがある。これらは固定費が多く，需要より保有キャパシティが大きい場合にコスト負担は大きくなる。

　さらに，不可分性，変動性という特徴から，観光商品の品質には提供者である人が深く影響する。品質を向上させたり，維持するためにはサービス・エンカウンターの当事者となる人の教育訓練が重要であり，それらは一朝一夕にできるものではない。

　観光商品（サービス）の品質の決定には，自動化された製造工場でつくられる製品よりも，はるかに人が強く影響する。需要の変動に合わせて，

人員をコントロールすると，本来固定費である人件費を変動費化できるが，サービスの品質の水準の維持は難しい。

どんな事業であっても，健全な経営を継続的に続けるためには，収益を確保し，コストを削減して利益を獲得しなければならない。観光事業では，需要の時間的変動によって収益は変動するが，コストは固定的であるという構造を持っている。

2. 観光需要の現状

▶観光宿泊客の月別変動

観光需要には時間的変動があることを述べたが，実際に観光需要はどのように変動しているのか。観光需要を表す指標の1つである観光宿泊者のデータを見てみよう。観光宿泊者のデータは，観光庁の「宿泊旅行統計調査」[5]から得られる。この調査では，観光施設の宿泊者について，観光目的の宿泊者が50%以上の宿泊施設の宿泊者か，50%未満の宿泊施設の宿泊者かによって区分している。ここでは，観光目的の宿泊者が50%以上の宿泊施設の宿泊者を観光宿泊客と定義する。図5.1は日本全体の観光宿泊客の月別割合を示している。このグラフから，観光需要の変動は8月がピークで，2月，4月，6月が少なくなっている。需要のピークである8月は，需要が少ない2月，4月，6月の約1.7倍である。

▶月別変動係数

観光の需要に対する月ごとの変動については，月別変動係数という指標が用いられる。月別変動係数 δ は，次の式で求められる。

$$月別変動係数\ \delta = \frac{\sqrt{\sum_{i=1}^{n}(x_i - \bar{x})^2/n}}{\bar{x}} \times 100$$

x_i：i月入込者数　　$\bar{x}$：月平均入込者数　　n：12か月

図5.1 観光宿泊客の月別割合

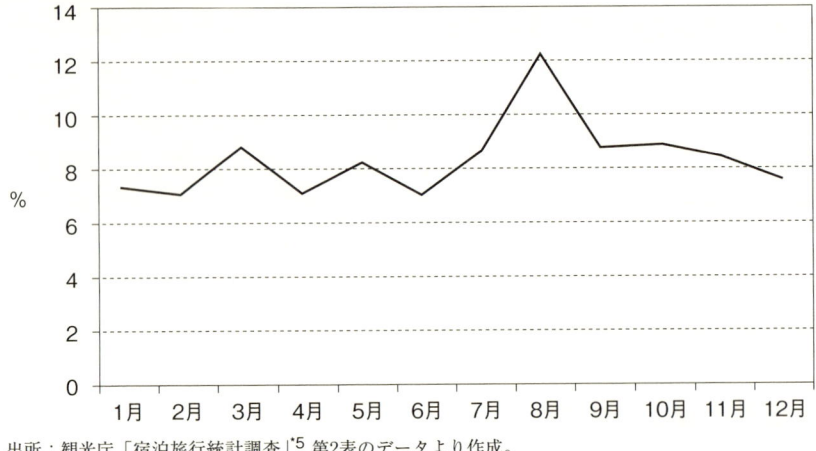

出所：観光庁「宿泊旅行統計調査」[5] 第2表のデータより作成。

　一般的に月別変動係数が30％以下であれば四季を通じて観光客が訪れ、月別変動係数が30％から70％の地域であれば三期型、70％から120％の地域は二季型、120％以上であれば、一季型とされている。[6] 月別変動係数が高い地域は、月によって観光客数のピークとボトムの格差が大きい地域であり、反対に月別変動係数が低い地域は、月によって観光客数の格差が小さい、つまり年間を通してコンスタントに観光客が存在する地域である。

▶都道府県の月別変動係数

　全国47都道府県別の観光宿泊客の月別変動係数を算出し、3段階に区分してその分布を表したものが、図5.2である。[7]

　青森県と秋田県は月別変動係数が高い地域である。同じ東北地方でも岩手県、宮城県、福島県、山形県は月別変動係数が低くなっている。また東京、大阪、名古屋、福岡といった大都市圏とその周辺ならびに北海道、沖縄などは、月別変動係数が低く、年間を通して観光宿泊客の来訪がある地域である。新潟県、長野県、山梨県の甲信越地方、和歌山県、奈良県、滋賀県の近畿地方の一部、及び四国などは、月別変動係数が中程度の地域となっている。

図5.2 都道府県の月別変動係数

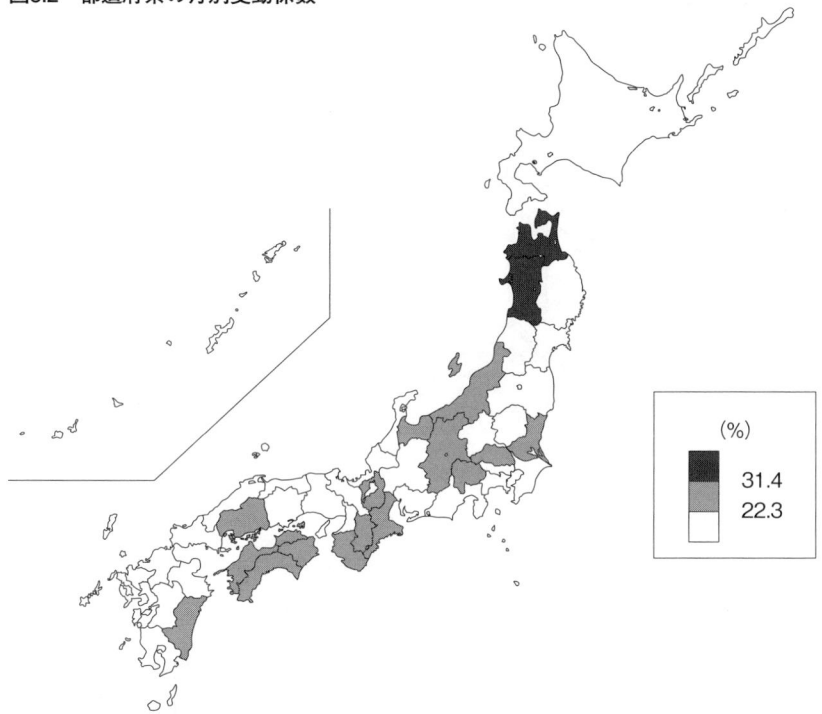

(%)
31.4
22.3

▶観光地の月別変動係数

　全国の観光地において宿泊者にどれだけの月別変動があるかを見てみよう。このデータは,『JTB宿泊白書2010（観光地別）』[8]から得られる。これには,全国154か所の観光地の月別宿泊人数の構成比がある。**図5.3**は全国154か所の観光地の月別変動係数の分布を示している。月別変動係数の平均値は,40.7％である。

　表5.1は,全国の観光地の中で,月別変動係数の大きい地域と小さい地域のそれぞれトップ10地域を示している[9]。

　月別変動係数の最も高い金沢と最も低い東京都区部の月別宿泊人数割合をグラフに表してみよう（**図5.4**,**図5.5**）。

V 需要平滑化のためのアメニティ開発　175

図5.3　全国154観光地の月別変動係数の分布

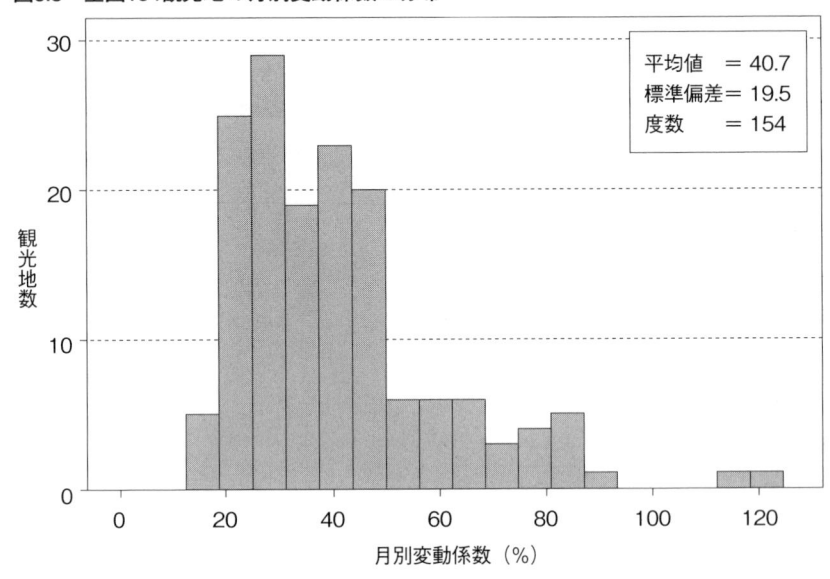

平均値　＝ 40.7
標準偏差＝ 19.5
度数　　＝ 154

表5.1　全国観光地の月別変動係数の高い地域と低い地域

単位：％

	高い地域			低い地域	
	地域	月別変動係数		地域	月別変動係数
1	金沢	122.5	1	東京都区部	13.9
2	トマム	113.4	2	名古屋	14.3
3	越後湯沢	91.0	3	那覇	15.4
4	知床・ウトロ	87.1	4	松山	16.6
5	川湯・弟子屈	85.1	5	舞浜	17.6
6	猪苗代	84.1	6	成田	18.8
7	十和田湖畔	83.7	7	道後	19.0
8	山中	83.2	8	福岡	19.4
9	オクマ・大宜味	81.1	9	箱根湯本	19.8
10	赤井川	79.7	10	諏訪	19.9

　金沢では，宿泊客のピークは1月で，12月から3月の4か月間で年間の宿泊客の約80％が訪れている。これ以外の時期の宿泊客は非常に少ない。これに対して，東京都区部は1年を通して宿泊客が来訪する状態である。金沢の月別変動係数は122.5％であり，図5.4からも冬季に宿泊客が集中する一季型であるとみなされる。東京都区部の月別変動係数は，13.9％で，

図5.4　月別宿泊人数割合（金沢）

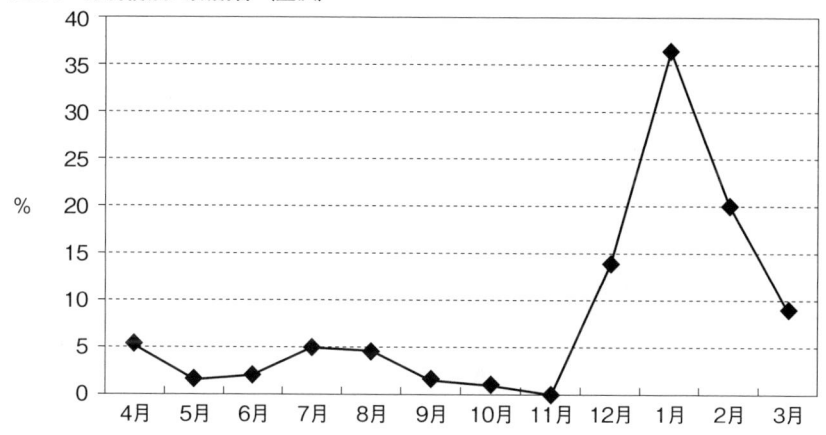

図5.5　月別宿泊人数割合（東京都区部）

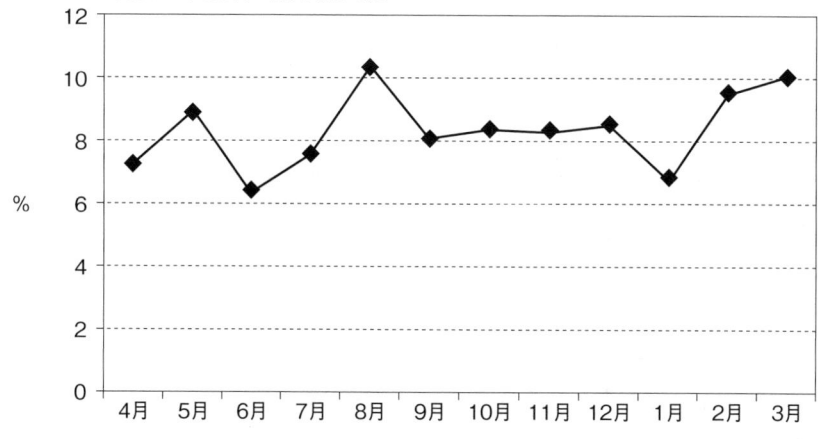

図5.5からも，年間を通して宿泊客が来訪する四季型であるとみなされる。

▶四季別変動係数

　日本は四季があり，四季折々の自然の変化が見られる。観光資源としての自然の影響力は大きい。これまで月単位で宿泊客の変動を検討したが，分析単位を四季にして，その変動を見てみよう。四季を区分する月に関しては，桜の咲く時期が北海道と沖縄とで異なるように，地域によって季節

図5.6 全国観光地の四季別変動係数の分布

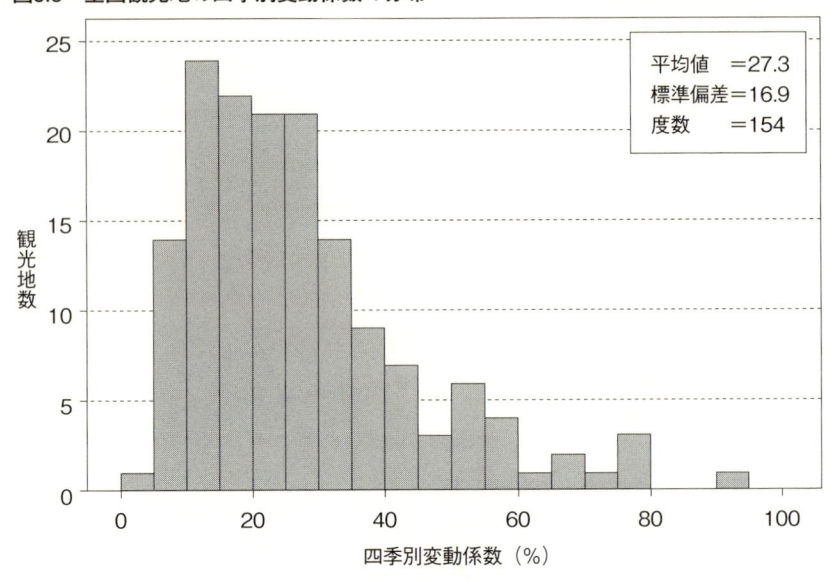

```
平均値　＝27.3
標準偏差＝16.9
度数　　＝154
```

に対する感覚が異なる。ここでは,『JTB宿泊白書』で使われる区分を用いる。[10]

図5.6は,全国観光地154か所の四季別変動係数の分布である。四季別変動係数は,月別変動係数より平均値が下がり分布のばらつきも少なくなっている。四季単位で捉えると,宿泊人数構成比の変動は月別の変動を緩和する。

表5.2は,四季別変動係数の高い地域と低い地域のそれぞれ10地域である。[11]分析単位を四季としても,金沢,トマム,知床・ウトロといった地域は変動係数が高く,宿泊人数構成比の高い季節と低い季節の格差が大きい。一方,四季別変動係数の低い地域は,指宿,道後,上ノ山,城島高原・湯布院といった地域で,奇しくもこれらは有名な温泉地である。また,東京都区部,成田,那覇のような交通網の発達している地域も宿泊人数構成比の変動は少ない。月という単位ではなく,四季の分類によると,上位3位までに有名温泉地域がランキングされ,温泉地に対する需要は年間を通して存在していると考えられる。

表5.3は,全国154か所の観光地の四季別の延べ宿泊人数構成比の統計

表5.2　全国観光地の四季別変動係数の高い地域と低い地域

単位：％

高い地域		
	地域	四季別変動係数
1	金沢	93.3
2	トマム	78.7
3	知床・ウトロ	76.9
4	越後湯沢	76.5
5	川湯・弟子屈	74.9
6	富山	67.5
7	山中	67.3
8	十和田湖畔	60.2
9	オクマ・大宜味	58.6
10	旭川	58.2

低い地域		
	地域	四季別変動係数
1	指宿	4.7
2	道後	5.0
3	上ノ山	5.1
4	東京都区部	5.8
5	松山	5.9
6	城島高原・湯布院	6.5
7	北九州	7.0
8	成田	7.8
9	那覇	8.3
10	高松・屋島	8.4

表5.3　全国観光地の四季別宿泊人数構成比の統計量

	春	夏	秋	冬
平均値	21.4	33.6	24.5	20.5
中央値	21.6	32.3	24.7	21.1
標準偏差	4.2	7.9	4.7	7.0
分散	17.7	62.9	22.5	48.4
歪度	−0.3	0.8	−0.3	1.4
尖度	2.5	0.6	0.6	10.9

量である。

　四季の中で，夏の平均値が最も高くなっている。学校の夏休みやお盆休みのある夏が，最も宿泊する観光が多くなる時季であることがわかる。次に多いのは，秋で，その次は春，最も宿泊を伴う観光が少ないのは冬の時季である。また，分散を見ると，最も高いのは夏，次に冬，秋，春となっている。夏は，全般的に宿泊客が多い時季であるが，観光地による差が大きいことを表している。

　四季別に154か所の観光地の宿泊人数構成比の分布について見てみよう。各観光地における宿泊人数構成比の春，夏，秋，冬のヒストグラムを図5.7，図5.8，図5.9，図5.10で表す。

　このヒストグラムの横軸は，全国154観光地の宿泊人数構成比（％）で，縦軸は観光地数である。これらは，各季節の観光宿泊というマーケットに

図5.7 春の宿泊人数構成比の分布

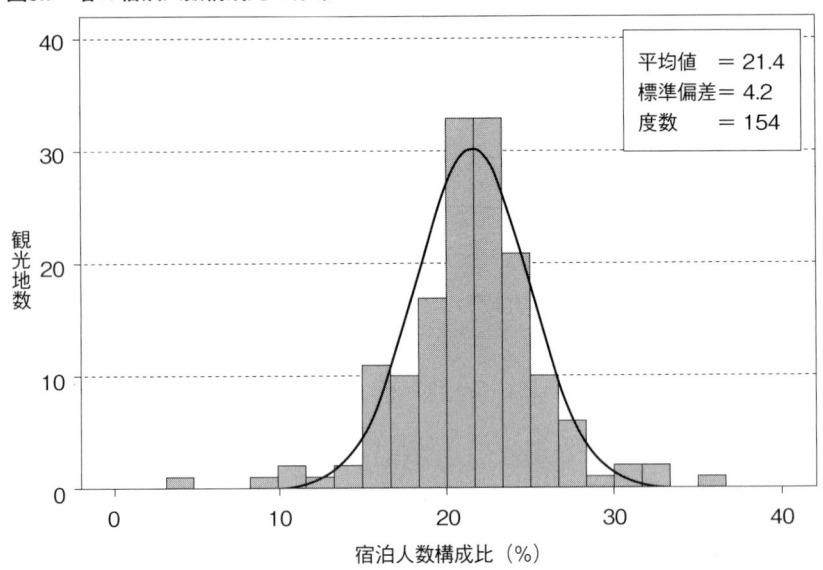

平均値　＝ 21.4
標準偏差＝ 4.2
度数　　＝ 154

図5.8 夏の宿泊人数構成比の分布

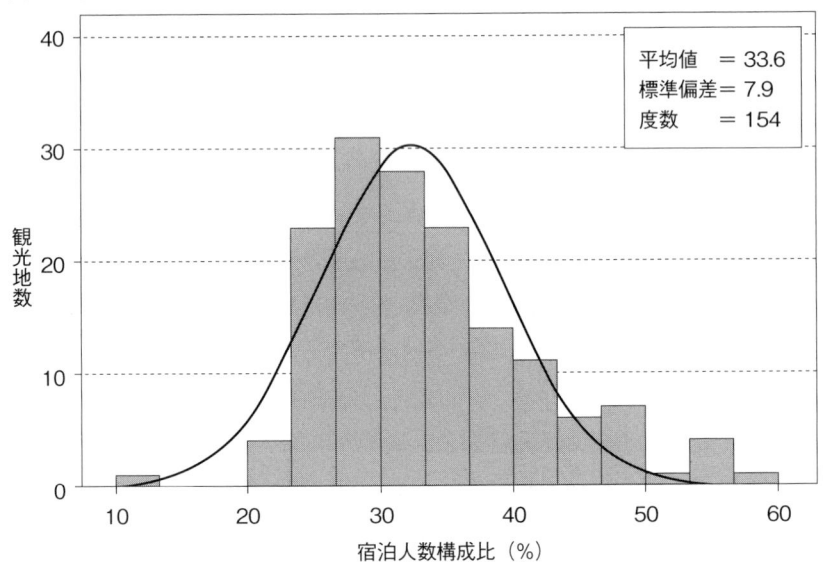

平均値　＝ 33.6
標準偏差＝ 7.9
度数　　＝ 154

図5.9 秋の宿泊人数構成比の分布

平均値 ＝ 24.5
標準偏差＝ 4.7
度数 ＝ 154

観光地数

宿泊人数構成比（％）

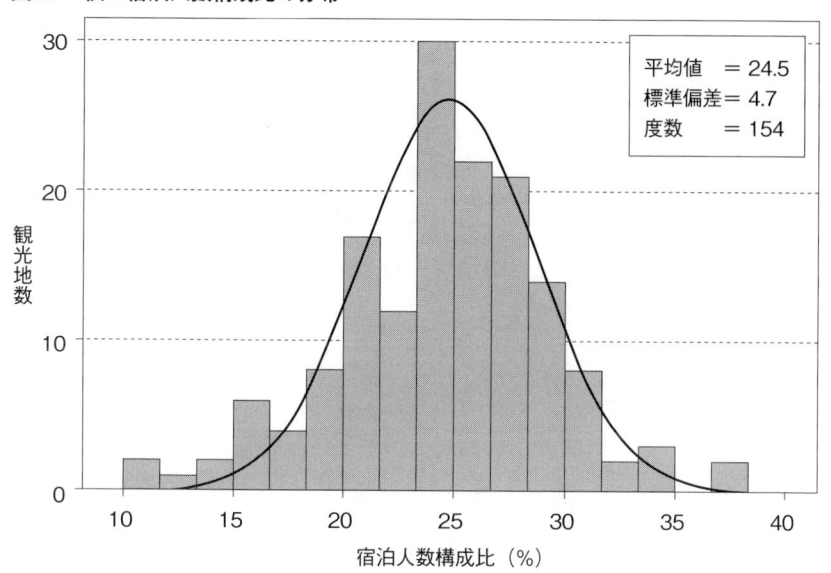

図5.10 冬の宿泊人数構成比の分布

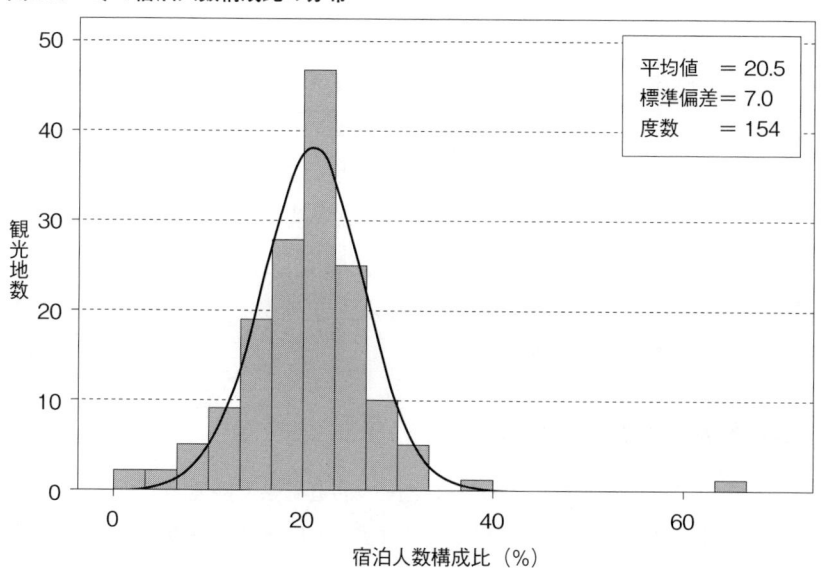

平均値 ＝ 20.5
標準偏差＝ 7.0
度数 ＝ 154

観光地数

宿泊人数構成比（％）

Ⅴ 需要平滑化のためのアメニティ開発

おける各観光地のポジショニングを表している。例えば春のヒストグラムでは、全国154の観光地の春の宿泊人数構成比の平均は約21％である。つまり、四季を通じて時季変動がなければ、25％の宿泊人数構成比があるはずであるが、それより若干少ないため、春の宿泊観光の需要は年間平均より少ない。春において最も宿泊人数構成比が高いのは、35.9％（和倉温泉）で、最も低いのは4.3％（トマム）である。春の季節において、和倉温泉は、全国154の観光地の中で最も宿泊観光客を集客でき、トマムは最も集客できない地域と見ることができる。

　これらのヒストグラムは、正規分布に近い分布になっている。そこで、各季節の宿泊人数構成比の分布を5段階に分け[12]、構成比を分類する。この分類によって、全国154か所の観光地の季節ごとの宿泊観光客の集客力を相対的に評価できる。**表5.4**、**表5.5**は季節ごとの集客力の高い地域と低い地域を表している。これは全国154か所の観光地について、各季節の宿泊人数構成比の分布の上位7％を集客力の高い季節、下位7％を集客力の低い季節として捉えている。これらの表に載っていない大部分の地域は、その季節での平均的な集客力を保有している地域とみなすことができる[13]。

　四季別変動係数の高かった金沢は、冬は集客力が非常に高く、春・夏・秋は集客力が極端に低い。そのために季節間の格差が大きく、四季別変動係数が高くなっている。同様に、トマムは夏の集客力が高く春・秋は集客力が低く、越後湯沢は、春・夏は集客力が高く秋・冬は集客力が低下する。

　表5.4、**表5.5**の両方に掲載されている地域は、上位と下位7％の分布に属している地域であり、季節によって宿泊観光客数の格差が大きく、四季別変動係数が高い地域である。

▶需要変動と観光地のアメニティ

　これまでのデータ分析によって、全国の都道府県や観光地では、月ごと、季節ごとに需要の変動が存在していることが明らかになった。需要の変動は、観光客の吸引状況を示している。観光地の魅力は、観光地までの距離と観光地のアメニティの2要因で分けることができるが、観光客を吸引す

表5.4 集客力の高い季節と地域（相対評価）

春	夏	秋	冬	春・夏
十和田湖畔	旭川	鳴子	ニセコ	越後湯沢
繋・鶯宿	白金・富良野	磐梯熱海	幕張	
花巻	知床・ウトロ	日光	市川・船橋・新浦安	
東山	川湯・弟子屈	京都	佐渡	
和倉	赤井川	嵐山	金沢	
浜松	トマム	山陰湯村	軽井沢	
雄琴	富山	神戸・六甲山	長島	
岡山	山中	奈良	大阪（うちUFJ地区）	
徳島	オクマ・大宜味	宮島	城崎	
足摺岬	久米島	萩	姫路	
内ノ牧・赤水		長崎	三朝・関金	

表5.5 集客力の低い季節と地域（相対評価）

春	夏	秋	冬	春・夏・秋	春・秋	秋・冬
赤井川	上ノ山	旭川	十勝川・帯広	金沢	トマム	知床・ウトロ
ニセコ	市川・船橋・新浦安	層雲峡	十和田湖畔			川湯・弟子屈
信濃大町	諏訪	白金・富良野	湯野浜			越後湯沢
三河三谷	山陰湯村	釧路	東山			
長島	奈良	猪苗代	日光			
大阪(うちUFJ地区)	宮島	富山	山中			
城崎	嬉野		河口湖			
姫路	長崎		種子島・屋久島			
久米島	雲仙					
	沖縄・石川					

るうえで重要なのは，その観光地の地理的位置よりも圧倒的に観光地が持つアメニティによることが大きいとされる。[14]

そうすると，月別，四季別変動係数が示すのは，観光地が持つアメニティの月別，四季別格差と考えることができる。つまり変動係数は，観光地の相対的なアメニティ力とみなすことができる。

冬の金沢は観光客にとってのアメニティを提供しているが，冬以外の時季のアメニティ力は弱い。一方，東京，那覇，道後といった地域は，年間を通じて観光客にとってのアメニティがある。月別変動係数や四季別変動係数で変動係数が低い地域に，道後，箱根湯本，指宿，上ノ山，湯布院と

いった温泉地がある。温泉は，年間を通じて観光客に訴求できるアメニティと考えられる。

▶アイドル・キャパシティ率

　観光地，観光事業のマネジメントにとって，いかに保有するキャパシティを有効利用するかは重要な問題である。需要変動は，キャパシティの未利用部分を生じさせる。それに伴い，コストが発生する。需要変動によって生じる観光商品・サービスの提供能力（キャパシティ）の未利用部分の割合をアイドル・キャパシティ率と呼ぼう。アイドル・キャパシティ率は次式によって計算できる。

$$\text{アイドル・キャパシティ率}(\%) = 1 - \frac{\text{月別宿泊人数構成比の最小値}}{\text{月別宿泊人数構成比の最大値}}$$

　観光地が保有する観光商品（サービス）のキャパシティを，宿泊人数構成比の最大値で近似的に捉えると，宿泊人数構成比が最小値をとる時に，最もキャパシティの未利用部分が大きくなる。保有キャパシティから保有キャパシティに対するキャパシティの最大未利用部分の割合を引くと，キャパシティの未利用率（アイドル・キャパシティ率）を求めることができる。月別の宿泊人数の格差が大きければ大きいほど，キャパシティの未利用部分が大きくなるため，アイドル・キャパシティ率は高くなる。このデータの単位は月別であるので，月単位で捉えた保有キャパシティに対する未利用キャパシティの割合である。**図5.11**は，全国154の観光地のアイドル・キャパシティ率の分布を示している。

　アイドル・キャパシティ率の平均値は70.8％であり，全国の観光地では，総じてキャパシティの未利用の割合が高いことがわかる。施設，設備は，いったん投資を行うとそれにかかわる固定費が発生する。アイドル・キャパシティ率が大きくなると，収益は得られないのに固定費が発生し，利益が圧迫される状態に陥る。**表5.6**は，アイドル・キャパシティ率の高い地域と低い地域のそれぞれ10地域である。

図5.11 全国観光地のアイドル・キャパシティ率の分布

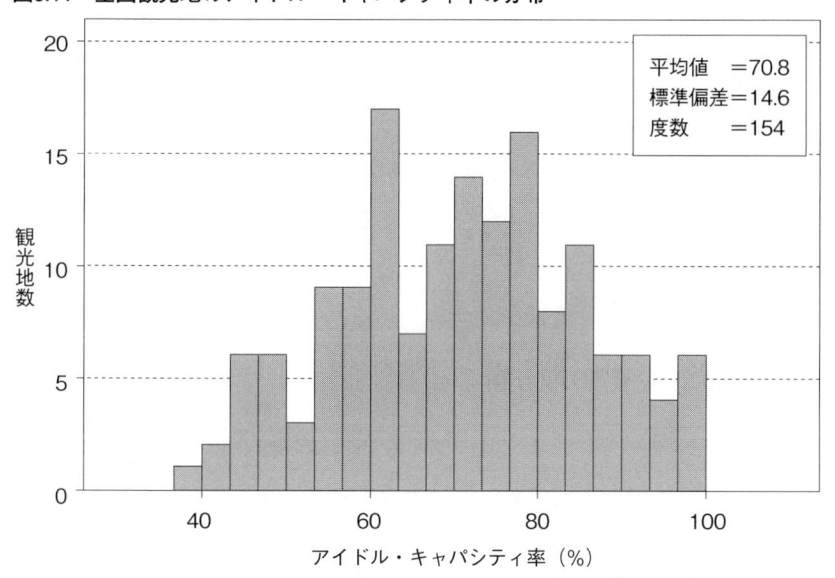

平均値　＝70.8
標準偏差＝14.6
度数　　＝154

表5.6 全国観光地のアイドル・キャパシティ率の高い地域と低い地域　　単位：％

	高い地域			低い地域	
	地域	アイドル・キャパシティ率		地域	アイドル・キャパシティ率
1	トマム	100.0	1	東京都区部	37.9
2	金沢	99.7	2	成田	40.5
3	赤井川	99.3	3	名古屋	41.8
4	越後湯沢	99.2	4	舞浜	43.7
5	十和田湖畔	98.9	5	那覇	44.0
6	ニセコ	97.3	6	道後	44.9
7	知床・ウトロ	96.3	7	箱根湯本	45.5
8	白金・富良野	95.9	8	諏訪	46.2
9	川湯・弟子屈	95.5	9	上ノ山	46.3
10	山中	95.1	10	湯田	47.0

　アイドル・キャパシティ率の高い地域は，トマム，金沢，赤井川といった地域で，月別変動係数の高い地域と重複する地域もある。しかし，ニセコ，白金・富良野は月別変動係数の高い地域の10位までにランクインされていなかった地域であるが，アイドル・キャパシティ率では，高い地域10位にランクインされている。一方，アイドル・キャパシティ率の低い

V　需要平滑化のためのアメニティ開発

地域の第1位は東京都区部になっている。全国154地域のアイドル・キャパシティ率は，**付表6**で表す。

　月別変動係数が高くなるほど，アイドル・キャパシティ率も高くなる。アイドル・キャパシティに伴うアイドル・キャパシティ・コストを減少させるためには需要の時間的変動の格差を縮小させなければならない。そのためには保有キャパシティに見合う需要を年間通して確保することが必要になる。

3. 需要平滑化の取り組み事例

　アイドル・キャパシティを低減するためには，保有キャパシティに需要を近付ければよい。年間を通してコンスタントに保有キャパシティ相当の需要を確保した時，最もアイドル・キャパシティは低くなる。すなわち，需要の平滑化が有効である。観光の需要平滑化の成功事例として，観光庁の「観光カリスマ」[15]が行った通年化の取り組みがある。観光カリスマの事例では，観光需要の創出についての取り組みが挙げられている。観光客が，数ある観光地の中から旅行先を選定する際には，観光客にとって魅力的なアメニティが提供されているかどうかが関係する。**表5.7**では，観光カリスマが行った需要創造のためのアメニティを整理したものである。

　観光需要を創出するアメニティは，季節性のあるものと通年的なものに分かれる。季節性のあるものは，時季特有の気候・風土，自然を訴求するアメニティであり，通年的なものは，季節に関係なく年中観光客にアメニティを提供する。

▶季節性のあるアメニティ

　気候・風土にかかわるアメニティは，その時季特有の気候・風土を訴求するものである。津軽や白川村の冬は，寒さが厳しく豪雪に見舞われる。地元の人にとっては厄介な気候であっても，温暖な地域に住んでいる人にとっては，非日常を体験できるアメニティとなる。これらは，冬の厳しい

気候が観光アメニティになったケースである。

　祭り・イベントは，もともと地元にあった祭りを大規模にしてアメニティとしたものや，閑散期の集客のために行われたものがある。津軽の夏祭りはどこにでもあるような祭りであったものを，地元の伝統芸能も披露して大規模な祭りにしたことでアメニティとなった。小樽の「雪あかりの路」というイベントは，小樽を滞在宿泊型観光に移行させるためには，夜と冬を舞台にしたイベントが必要という意図で開催され，冬の北海道の著名なイベントとなった。河津の「夜桜まつり」も，昼の河津桜だけでなく夜の桜も楽しんでもらい，宿泊客を増やしたいという思いで企画され，観光客を集客するアメニティとなっている。富士河口町では，各季節に様々なイベントを開催し全国から観光客を集客している。

　自然にかかわるアメニティは，季節特有の自然を満喫することを狙ったものである。ニセコはもともと冬のスキーでは有名な地域であったが，冬以外の季節には観光需要が少なかった。そこで，ニセコの自然の中でできるラフティングやカヤックといったアウトドアスポーツを事業化することで，春，夏，秋のアメニティを創り出した。白馬村も美しい自然景観を四季折々に体感できるよう，季節ごとに登山，トレッキング，スキー等のアウトドアスポーツを白馬マイスターと呼ばれる地元の名人がサポートしてくれる観光アメニティである。静岡県河津町では，桜，花菖蒲，バラ，百合，カーネーションなど季節の花が年中途絶えることなく鑑賞できるようにして，花の観光地というアメニティを作り出している。

　施設にかかわるアメニティで，南房総では，花摘み園，苺園，枇杷園をつくっている。これは，南房総の観光シーズンは夏季型であったものを，苺や花の栽培をし，観光農業を訴求することで冬から春にかけての観光アメニティを創った。同様に，ルスツでは冬のスキーが観光資源であったが，冬以外の時季の観光アメニティとなるよう遊園地を開設している。

　ご当地料理のアメニティでは，日間賀島は年間を通して旬の食材を活かした料理の提供を行っている。もともと日間賀島は，たこの島として有名であり，春，夏は観光客でにぎわっていたが，10月から3月は閑散期とな

表5.7 季節ごとの需要創造のためのアメニティ開発　　※網かけは，通年的なアメニティ

季節 アメニティ要素	春 地域	春 アメニティの内容	夏 地域	夏 アメニティの内容	
気候・風土					
イベント・祭り			小樽	サマーフェスティバル	
			津軽	伝統芸能を集めた金木夏祭り	
	富士河口湖町	富士桜ミツバツツジまつり	富士河口湖町	河口湖ハーブフェスティバル，湖上祭	
			白馬村	白馬Alps花三昧	
			大阪天神橋筋	天神天満七夕祭，天満賑い船	
歴史・伝統			白馬村　白馬マイスター		
			白川村　農村の風景と暮らし再現（粟，ひえ，キビ，		
			大阪天神橋筋		
			沖縄県恩納村　琉球の昔の伝統文化体験		
郷土芸能			津軽	伝統芸能を披露する夏祭り	
			富山県八尾町　風の盆ステージ		
自然	ニセコ	アウトドアスポーツ（ラフティング）	ニセコ	アウトドアスポーツ（ラフティング，カヤック，キャニオリング）	
	白馬村	白馬マイスター（バードウォッチング，トレッキング，ネイチャーウォーク）	白馬村	白馬マイスター（登山，トレッキング，アウトドアスポーツ，ブルーベリー狩り）	
	静岡県河津町	バラ，百合	静岡県河津町	バラ	
			日間賀島	自然体験漁業	
施設	ルスツ	遊園地	ルスツ	遊園地	
	南房総	花摘み園，苺園，枇杷園			
	静岡県河津町	カーネーション見本園，花菖蒲園			
			登別		
			静岡県河津町　河津バガテル公園		
			富士河口湖町　見る，聴く，嗅ぐ，		
			広島県三次市　観光農園（りんご，ぶどう，くり，		
			水俣市　湯の児スペイン村（農産加工品販売のスペイン館，		
			沖縄県恩納村　琉球村（琉球王朝時代の旧家を		
農水畜産物			南房総　枇杷，枇杷関連品（規格外		
			広島県三次市　果実，果実加工品（規格外		
			指宿市　地域産農水産物を		
宿泊施設			日立市　国民宿舎鵜の岬（家に来た大切な		
			指宿市　健康増進型滞在		
ご当地料理	日間賀島	たこ料理	日間賀島	たこ料理	
			白川村　雑穀を使った		
			水俣市　湯の児スペイン村		
			沖縄県恩納村　沖縄菓子，		
お土産物			日間賀島		
			大阪天神橋筋		

	秋		冬	
	地域	アメニティの内容	地域	アメニティの内容
			津軽	地吹雪体験ツアー
			白川村	自然の脅威を知らせるツアー
			小樽	雪あかりの路
			津軽	子供向けイベント
	富士河口湖町	河口湖紅葉祭,スポーツマラソン	富士河口湖町	富士山の日（2月23日）の花火大会
			静岡県河津町	河津桜まつり,夜桜まつり
	富山県八尾町	坂のまちアート	富山県八尾町	曳山囃子鑑賞会
	(木彫り,切り絵,民俗・文化等)			
	そば等雑穀栽培,草木染,機織り,木工,わら細工,田植え)			
	一日丁稚体験			
	(紅型,沖縄漆器,三線,琉球舞踊等)			
	(越中おわら風の盆)			
	ニセコ	アウトドアスポーツ（ラフティング）	ニセコ	アウトドアスポーツ（スキー,スノーボード,スノーシュー）
	白馬村	白馬マイスター（登山,トレッキング,アウトドアスポーツ,ブルーベリー狩り）	白馬村	白馬マイスター（ノルディックスキー,スノーシュー）
	静岡県河津町	バラ,カーネーション	静岡県河津町	桜,花菖蒲
	ルスツ	遊園地	ルスツ	スキー場
			南房総	花摘み園,苺園,枇杷園
	静岡県河津町	カーネーション見本園	静岡県河津町	カーネーション見本園
	クマ牧場			
	(春から秋：フラワーシーズン,冬：グルメシーズン)			
	味わう,触れるの五感に訴える施設			
	すもも,おうとう,西洋なし等年中果実栽培)			
	レストランのバレンシア館,地ビールのセビリア館)			
	集めた施設で琉球文化を体験できる)			
	果実を加工した加工品を年間販売)			
	果実を加工した加工品を年間販売),ワイン			
	ホテルロビーで販売			
	お客様をおもてなすような接客サービス)			
	(温泉＋運動指導)			
	日間賀島	ふぐ料理	日間賀島	ふぐ料理
	そば,もち,だんご			
	のスペイン料理			
	伝統の薬草茶,沖縄料理			
	たこグッズ			
	天神花（縁起物）			

っていた。そこで冬の時期に日間賀島周辺で大量に水揚げされるふぐに着目し，島のホテルや旅館でふぐ料理を提供するようになり，冬季のご当地料理とした。このようにして，年間通して日間賀島のご当地料理ができ，アメニティとなった。

▶通年的なアメニティ

　歴史・伝統にかかわるアメニティは，民俗・文化のレクチャー，農村の暮らしの再現，伝統文化体験といった地域特有の歴史・伝統に根付いたテーマ性がアメニティになっている。

　富山県の「越中おわら風の盆」は，毎年9月1，2，3日の3日間で20万人の観光客が訪れる郷土芸能である。この一時期に人口の10倍近くの膨大な数の観光客が集まるが，この時季以外にはこれといった観光資源がなかった。そこで，観光客が年間通して，おわら風の盆を鑑賞できるよう，月に2回の「風の盆ステージ」を開催し，人気の伝統芸能のアメニティを通年化した。

　施設のアメニティは，施設そのものがアメニティになるのではなく，あくまでも施設の中で提供されているコンテンツが観光アメニティになるのである。施設は，年間通してアメニティを提供するための場所という位置付けである。静岡県河津町の河津バガテル公園は，パリのバガテル公園のバラ園を再現したもので，4月から11月まではバラを楽しみ，12月から3月までの花のない時季にはグルメを楽しむ通年の集客施設となっている。広島県三次市の観光農園では，年間を通じて果実を栽培している。水俣市の湯の児スペイン村では，施設内に農産物，農産加工品販売所，レストラン，地ビール館があり年間通して集客できる施設となっている。沖縄県恩納村の琉球村は，琉球王朝の文化を琉球王朝時代の旧家で体験できる施設であり，時季に関係のない通年型の観光アメニティとなっている。

　農水畜産物には旬があり，季節ごとに変化する。しかし，加工品にすることによって年間販売が可能になる。さらに加工品は，規格外品も加工できるため，そのままで出荷できない農水畜産物を廃棄することなく有効活

用できるというメリットもある。南房総の枇杷，広島県三次市の観光農園の果実は，いずれも加工品にすることによって年間通して特産品というアメニティを提供している。指宿市は九州屈指の観光地であるとともに農業が盛んである。そら豆，オクラは全国生産高1位の特産品である。そこで農村女性グループとホテルが連携し，ホテルで朝市，夕市として地域の農産物販売している。

　宿泊施設も年間通してアメニティの提供ができる。茨城県日立市の国民宿舎では自分の家に来た大切なお客様をもてなすという接客サービスを提供することで集客を図り，国民宿舎利用率全国1位を22年間継続させている。これはまさしくホスピタリティがアメニティになるというケースである。ホスピタリティは，時季に関係なく，年間通して提供可能であるので，通年的なアメニティである。指宿では，砂蒸し温泉と地元の食材の料理を楽しみながら，専門家から個人にとって必要な運動の指導を受けられるというヘルスツーリズム商品を開発してアメニティとしている。

　ご当地料理，お土産物も観光客にとっては魅力となる。特産品の農水畜産物をその地域の調理方法でつくるご当地料理は，その地域に行かなければなかなか味わえないものである。食材は旬によって変わるが，調理法や食材の保存技術によって，料理としては年間提供できる。白川村では雑穀の栽培を行っており，雑穀を使ったそば，もち，団子は昔の食生活を体験できるご当地料理になっている。水俣市の湯の児スペイン村や沖縄恩納村の琉球村という施設では，施設ならではのご当地料理を提供している。

　地域の農水産品もお土産になるが，地域の工芸品やキャラクターグッズもお土産物になり，年間通して販売が可能である。お土産物も観光の思い出とともに持ち帰るものであり，帰宅後も観光の楽しさを思い起こさせる。お土産物に希少価値があれば，なおさら魅力的なアメニティとなる。

　このように，各地域ではアメニティの開発が行われており，1つの地域でも様々なアメニティを複合的に組み合わせて，需要の平滑化に取り組んでいる。これらのアメニティは，複数を組み合わせ提供することで，観光

地のアメニティとしてより強力なものになると考えられる。観光カリスマの17の事例の概要については，補論 5－1 で示す。[16]

4. 需要平滑化のアメニティ開発の視点

　観光カリスマの事例では，アメニティを開発して需要を平滑化する取り組みがなされている。事例からアメニティ開発のパターンは，季節性のあるアメニティと通年的なアメニティがあることが明らかになった。これらのアメニティ開発のパターンは，**表5.8**のように表される。

表5.8　アメニティ開発のパターン

	春	夏	秋	冬
従来保有していたアメニティ		シーズン		シーズン
欠落していた時季のアメニティ開発				
全シーズン共通のアメニティ開発				

　例えば，夏と冬が観光シーズンとなっている観光地では，閑散期である春と秋のアメニティを開発する。その結果，その観光地には年間通してアメニティが存在することになる。あるいは，閑散期に着目するのではなく，全シーズン共通のアメニティを開発するパターンもある。いずれのパターンでも，観光カリスマの事例では，観光客の吸引に成功している。

　このことは，従来閑散期になっていたのは，観光客にとってのアメニティが不足していたということを示している。つまり，需要の喚起にはアメニティの提供が必要である。そこで，これまでの分析と事例をもとにアメニティ開発の視点をまとめてみよう。

▶需要を創出するアメニティ

（1）気候

　観光客が訪れるのは，気候のよい時期であるという固定観念を捨てるこ

とが，アメニティ開発につながることがある。温暖な気候の地域に住んでいる人にとっては，厳寒で豪雪の冬という気候がアメニティになる。観光客にとって観光の魅力の1つは，非日常を体験することである。観光地の人にとって日常的なことであっても，観光客にとっては非日常を感じることがある。観光アメニティの開発には，地元の人の日常の発想を転換することが糸口になる。

（2）イベント・祭り

閑散期の需要を活性化するアメニティとして，イベントや祭りの開催がある。イベントや祭りは，比較的短期間の開催となるが，閑散期の集客の起爆剤となる。さらに，年間を通じてイベントや祭りを開催して需要の平滑化を図ることが可能である。

（3）施設・設備

施設そのものがアメニティになるのではなく，地域の歴史や伝統，文化を体験したり，伝統芸能を鑑賞したり，四季折々の花や農産物を楽しむ場としての施設がアメニティにつながっている。施設があることで，特定の時季ではなく，いつ訪れても地域の歴史，伝統，文化を知り，体験したり，季節の花などを鑑賞できる施設は，年間通じての需要の平滑化に役立つものである。

（4）自然

日本は四季の自然を楽しむことができる。日常生活圏から離れて自然に触れることが観光客にとってはアメニティになる。さらに，自然環境を活かしたプラスアルファのアメニティ，例えば，登山，トレッキング，スキー等のアウトドアスポーツなどがあれば，観光客吸引の大きな要素になる。

（5）農水畜産物

農水畜産物の特産品は，観光客の味覚を満足させ，集客に有効である。

地元特有の季節の旬の野菜，果実，魚などの産品は，観光客にとっては魅力である。また，農水畜産物の特産品は，ご当地料理やお土産物と関連する。地域の食材を地域の調理法で料理するご当地料理は，その地域を訪れなければなかなか味わえない。地域の独自性のないお土産物は魅力がないので，お土産物になるのは特産品でなければならない。季節性のある農水畜産物の特産品は，年間を通じて観光客を吸引できる。[17]

（6）お土産物

　農水畜産物の特産品以外にも，伝統工芸品はお土産物になる。地域独自の文化や伝統的な技によってつくられる伝統工芸品は旅の貴重な思い出になる。地域独自のお土産物は年間通じての観光客の集客に役立つ。

　これらのアメニティの開発とともに，それを観光商品に転換することが重要である。魅力的なアメニティがあっても，それを観光客が受け入れられるよう商品化しなければ集客にはつながらない。地域まで行く交通の状況，その地域の二次的交通の利便性なども商品化するうえでの重要な要素である。
　また，施設，設備等，アメニティ開発に多額の投資を伴うものは注意が必要である。ハードへの投資は，新奇性から当初は集客できるかもしれないが，その効果がどれくらいの期間継続するか予測することは難しい。さらに，集客力を維持するためには，継続的にハードをスクラップアンドビルドする必要がある。ハードの維持管理には，継続的な固定費が伴う。ハードの集客力が低下すると，アイドル・キャパシティ・コストは増加する。ハードへの投資に関しては採算性を十分考慮しなければならない。

▶地域連携によるアメニティの強化

　集客のために，近隣地域との連携も有効である。連携することで，互いのアメニティの補完ができるとともに相乗効果も期待できる。観光庁では，観光圏を支援する取り組みを行っており，現在48地域の観光圏が制定されている。観光圏とは，自然，歴史，文化等において密接な関係のある観

図5.12 金沢と山中の四季別宿泊人数構成比

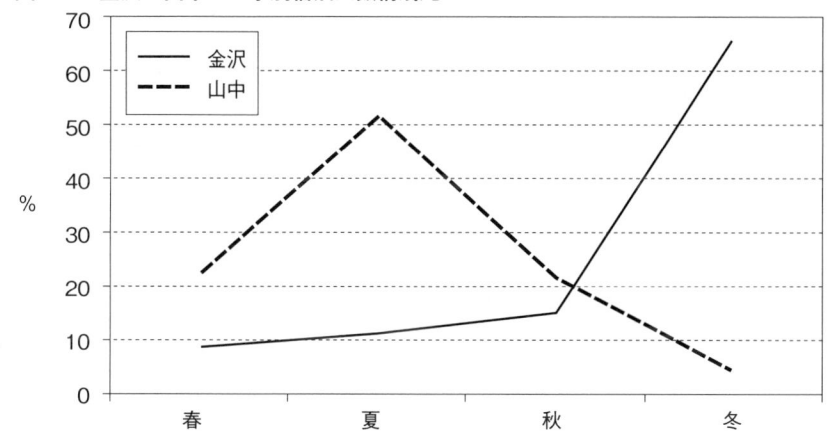

光地を一体とした区域であり，その観光地同士が連携して2泊3日以上の滞在型観光に対応できるよう，観光地の魅力を高めようとしている区域のことである。[18]

観光地の四季別の集客力の分析で明らかになったが，金沢は冬の集客力が高く，春・夏・秋は集客力が低い。一方，金沢と同じ石川県の観光地に，温泉で有名な山中がある。山中は金沢から自動車で1時間程度の距離にあり，夏は集客力が高く，冬は集客力が低くなっている。金沢と山中の四季別宿泊人数構成比は図5.12の通りである。距離的には近い観光地であっても，金沢と山中の集客のパターンは正反対である。冬に金沢を訪れた観光客が少し足を延ばして，山中でもう1泊したり，夏に山中を訪れた観光客が金沢まで足を延ばす企画を，金沢と山中が協力して提案することで，両地域の集客力の変動を緩和できる可能性がある。

このように近隣の観光地間で集客力（需要）の時季が異なっている現実がある。観光圏の形成には，単独の地域の観光資源を訴求するよりも，近隣の観光地が一体となって多くの観光資源を活用し，それぞれの魅力を訴求し，集客につなげるという意図があるが，加えて，近隣の観光地の連携は，各地域が持つ季節のアメニティの強みを活かし，弱みを緩和することに効果があると考えられる。

V 需要平滑化のためのアメニティ開発

図5.13 観光宿泊人数の月別構成比

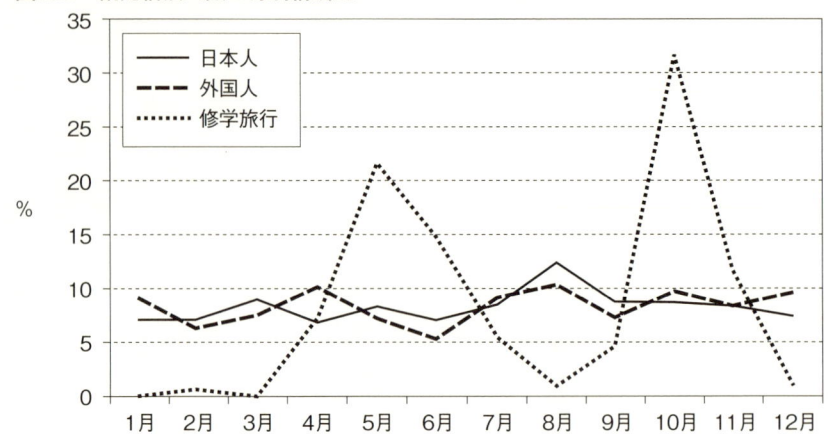

出所：観光庁「宿泊旅行統計調査」第2表,[19] 及び ㈶日本修学旅行協会「政令指定都市を中心とする主要都市における小学校修学旅行の実態調査」[20] より作成。

▶一般観光客以外の市場への着目

　需要の平滑化のために，一般観光客以外の市場へ着目し，それらのアメニティを開発することも有効である。具体的には，修学旅行の受け入れや外国人観光客の集客である。

　図5.13は，日本人，修学旅行，外国人の観光宿泊人数の月別構成比を表したものである。修学旅行が行われるのは，10月が最も多く，次いで，5月，6月，11月で，この4か月で年間修学旅行件数の80％近くが実施されている。これらの時期は，日本人の観光客が比較的少ない月であり，とくに，春や秋が閑散期になっている地域にとっては，修学旅行の受け入れは閑散期の集客を向上させる手段となる。

　修学旅行などの学校教育を目的とした団体旅行の延べ宿泊人数は，2009年度で217万人であり[21]，全旅行の約10％の規模である。修学旅行の内容は，寺院，史跡，文化財等の見学，博物館，美術館等の見学，伝統的町並みや建造物群保存地区の見学，自然や野外活動体験，伝統工芸やものづくり体験，農業体験，マリンスポーツ体験，スキー・スノーボード体験などが多い[22]。高校の修学旅行中に体験学習を実施した学校は86.9％に上っており，体験

学習は，修学旅行での重要な要素になっている。修学旅行で集客を図ろうとする地域は，体験学習のプログラム開発が重要になるだろう。

また，外国人観光客と日本人観光客では，旅行の時季が異なっている部分がある。新年度が始まる4月は日本人の宿泊観光客は少なくなる月であるが，気候がよいためか外国人の宿泊観光客は多くなっている。年末年始の12月，1月も日本人の割合は低いが，外国人の割合は高い。外国人観光客の季節性を考慮して，4月や年末年始の時期に外国人観光客にとって魅力的なアメニティを訴求して誘致を行えば，外国人の吸引につながり，需要の平滑化に寄与する。

5. アメニティ開発を補完するもの

観光客を吸引するにはアメニティが重要であるが，アメニティだけで需要を平滑化することは難しい。需要平滑化のため，アメニティを補完して需要をコントロールする要因として以下のものが挙げられる。

(1) 価格

一般的に，観光消費は価格弾力性が高い。したがって，アイドル・キャパシティが大きい時期に，通常期より価格をディスカウントして提供することで，需要を喚起することができる。観光商品（サービス）のコスト構造は，固定費部分が大きい。収益があってもなくても，固定費はかかってくる。それならば，販売価格をディスカウントして収益を獲得することが有効である。ディスカウントの幅は，原価を割れしても，限界利益[23]がゼロより大きければ僅かでも固定費を回収できる。通常の価格を維持して，アイドル・キャパシティを出すよりも，限界利益がマイナスにならない範囲でディスカウントして，収益を得ることが得策である。

さらに，ディスカウントによる集客は，初めは安さが魅力で訪れた人でも，その観光地やサービスを気に入れば，リピーターになってくれる可能性を持つ。価格の値上げも需要のコントロールを可能にする。ホテルで

は繁忙期の価格は高く設定されている。これは，閑散期の収益を補てんする意味もあるが，需要を減少させる効果もある。消費者は，ある時季に旅行に行きたいと思っても，それにかかるコストが高ければ，その時季の旅行をあきらめ，時季を変えるにか，行き先を変えるという行動をとることになる。これは，観光地から見れば，過剰需要を減少させ，需要を平滑化することになる。

（2）情報の発信

どんなに素晴らしいアメニティがあっても，その情報を広く発信しなければ，需要の創出には結びつかない。インターネットを通じて観光情報を発信したり，新聞・雑誌やテレビ局といったマスコミに取り上げられることは観光客を吸引するのに効果がある。情報の発信は，需要を高める大きな要素である。

（3）アメニティと観光商品（サービス）の改革

消費者が求める観光アメニティは多様化している。観光庁が推進しているニュー・ツーリズムはその例である。ニュー・ツーリズムは「従来の物見遊山的な観光旅行に対して，テーマ性が強く，体験型・交流型の要素を取り入れた新しいタイプの旅行」[24]といわれている。このような旅行は，団体旅行が旺盛な時代には考えられなかった旅行である。消費者の観光に対するニーズは変化し，それに伴い観光客にとってのアメニティも変化する。消費者の変化に合わせて，アメニティを捉え，常に改良，改革することが必要である。

旅行の形態の変化にも注目しなければならない。図5.14は宿泊観光旅行の同行者の推移である。現在の宿泊旅行の主流となっているのは，家族や友人・知人と行く個人やグループの旅行であり，団体旅行の割合は低い。1990年代後半からわが国の経済環境が厳しさを増したことに伴い，企業の職場旅行，招待旅行などの団体旅行の減少は加速している。大手4社の国内団体旅行取扱額は1997年から2001年までの4年間で約600億円（約

図5.14　宿泊観光旅行の同行者

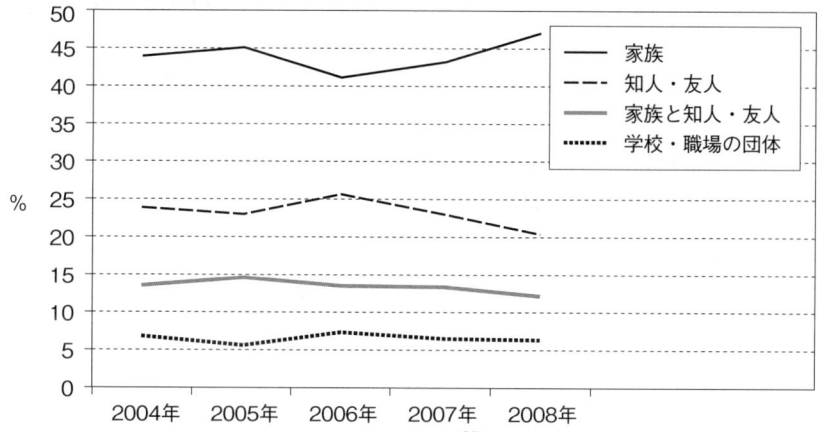

	家族
---	知人・友人
━━	家族と知人・友人
⋯⋯	学校・職場の団体

出所：日本観光協会「観光の実態と志向（第28回）」[27]より作成

20%）減少している。[25]

　団体旅行を受け入れるためには，大人数を収容できるような大規模な施設や団体客にとってのアメニティが必要になる。団体旅行の需要が大きかった時代に，団体旅行向けのキャパシティを保有した観光施設や地域では，現在の主流である個人やグループ旅行の観光客を受け入れるアメニティを整備できていない可能性がある。旅行形態の変化に合わせて，提供する観光商品やサービスのフォーマットの見直しを行い，それに保有するキャパシティを対応させる必要がある。[26]

補論5-1 「観光カリスマ」による需要平滑化の事例の概要

本章で取り上げた観光カリスマの事例の概要は以下の通りである。

(1) 北海道登別市，北海道留寿都村

登別の夏は霧が発生し，眺望が望めないため山頂に登る観光客が減少する。そこで，ロープウエイ山頂に「のぼりべつクマ牧場」開業して集客を図った。クマ牧場は，年間25万人の来場者が訪れる観光名所になった。しかし，冬には寒さが厳しいためクマ牧場の来場者は激減する。そこで，ルスツスキー場を買収し，冬の集客を図るとともに，遊園地も併設し年間を通じて集客が可能なルスツリゾートをつくった。その結果，留寿都村には，2002年7～9月で約47万人，通年で約150万人の観光客が訪れるようになった。

(2) 北海道小樽市

1988年に「サマーフェスティバル」を開催した。このイベントは，当時全国で最も長期間の夏祭りであったため，全国的に有名になった。

また，小樽の観光の情報などを発信するため「小樽マニア大集合」というホームページを開設した。2003年度のアクセス件数は12万件，累計では55万件を超え，全国に小樽の情報を発信している。

小樽を宿泊滞在型観光地へと移行させるために，真冬の夜を舞台にした「小樽雪あかりの路」というイベントを開催し，2003年の開催では50万人の来訪者を集め，現在では北海道の著名な冬のイベントとなっている。小樽の観光客は，1978年の250万人に対し，1999年度は973万人に達し，その後も800万人以上で推移している。また韓国，台湾，香港などの東アジアを中心にした外国人観光客は年々増加している。

さらに，小樽地域にとどまらず2003年からは後志地域という単位で広域的に連携を図るホームページ「しりべしネット」で情報発信をしている。

(3) 北海道倶知安町（ニセコ）

　北海道のニセコは冬のスキー観光しかなかった地域であったが，冬以外の時季にラフティング，カヤック，トレッキングなどのアウトドアスポーツを事業化した。アウトドアスポーツを体験観光できるという魅力から，国外，道内外から観光客，修学旅行生が訪れる通年観光が実現した。

　さらに，2002年にアウトドアスポーツの振興のため，一定の知識，経験，技術を有するアウトドアガイドの認定や優良事業者の登録を行う「北海道アウトドア資格制度」を創設している。

(4) 青森県津軽半島

　津軽地方には，春は桜，夏は祭り，秋は紅葉という観光資源はあったが，冬の観光資源が乏しかった。そこで地元では厄介者である地吹雪を冬の観光資源として捉え，「地吹雪体験ツアー（地吹雪体験だけでなく，馬ソリ，津軽の郷土料理，津軽弁の入門講座も実施）」を発案したところ人気になった。回を重ねるごとに，暖かいハワイ，台湾といった諸外国からのツアーも組まれている。

　子ども向けイベントとして「サンタ列車」「かなぎサンタフェスティバル」や夏の新たな観光資源として，地元の伝統芸能を一堂に集めた夏祭りを開催し，2004年からは「金木夏祭り」として7月末と8月のお盆に様々なイベントが行われている。これらの結果，金木町の観光客数は1987年の33万人から2001年には67万人と大幅に増加している。

　さらに，金木町だけでなく，津軽半島全体での広域観光ルートへの展開を目指し，関東，関西，九州へのキャンペーン展開，旅行代理店への観光名所の紹介などを行い，2003年には津軽の観光事業者を中心にして，津軽半島観光ネットワークを組織している。

(5) 茨城県日立市

　国民宿舎鵜の岬は，国民宿舎利用率全国第1位を1989年から22年間継続している[28]。宿泊率は90％を超えており，トップシーズンの夏休み，年末

年始の申し込み倍率は非常に高くなっている。

　長期間高利用率を維持できているのは，従業員の「自分の家に大切な人が来たような」接客サービスであると考えられている。

(6) 千葉県南房総市

　南房総の観光シーズンは，夏季型であったが，道の駅「枇杷倶楽部」のオープンとともに，花摘み園，苺園，枇杷園の整備をして冬と春の観光資源をつくった。花摘み園は耕作放棄地を有効利用したもので，そこには周辺農家の農産物の直売所も設けられている。

　特産品の枇杷の販売にも力を入れており，規格外の枇杷を加工して商品にして，観光客への販売から，周辺観光施設への卸販売，ネット販売などに展開を図ることにより，枇杷を南房総の特産品として定着させた。

　南房総には，小規模な観光施設が点在していたため，道の駅が観光施設のとりまとめ機能を持つようにした。道の駅では，観光会社に対して企画営業を行い，観光会社からの集客の配分，代金の清算，クレーム処理までを行う「一括発注システム」を運営している。その結果，周辺市町村の飲食店や民宿，農園，観光業者などが連携し集客力が高まり，観光バスを年間4,000台，12万人のツアーを誘致することができるようになった。また，南房総ポータルサイトで情報発信を行っている。

(7) 富山県八尾町

　毎年9月1，2，3日に行われる「越中おわら風の盆」という祭りは，20万人の観光客が訪れる祭りだが，3日間に押し寄せる観光客は膨大な混雑とごみを発生させ，大勢の観光客の来訪はあっても地元にはそれに見合うだけのメリットがなかった。そこで，「おわら」という伝統文化を年中観光客が楽しめる場の「風の盆ステージ」を創設した（観光会館で月2回開催）。1998年から「風の盆ステージ」に県内の民謡や曳山囃子鑑賞会も加えた「越中八尾冬浪漫」を始めている。

　また，10月には，住民による「坂のまちアート」というイベントが開催され，

集客に寄与している。さらに周辺市町村にも同様の取り組みが波及している。

(8) 山梨県富士河口湖町

富士河口湖町には，もともと春，初夏，夏，晩秋にはイベントが開催されていたが，冬には観光資源となるイベントがなかった。そこで，冬のイベントとして2月23日（富士山の日）に大焚火，キャンドル・イルミネーション，花火大会などを開催した。こうして富士河口湖町では四季を通じてイベントが開催されるようになり定着した。

また，五感（視る，聴く，嗅ぐ，味わう，触れる）に訴える施設があり，年間を通して観光客を集客している。

(9) 長野県白馬村

白馬村での滞在時間や宿泊日数を増やす目的で，白馬フリー切符（有効期間3日）をつくった。また白馬村内の様々な分野で卓越した技術や知識を身に付けた人を「白馬マイスター」として認定し，白馬村観光局が企画するプログラムやイベントに参加してもらう制度を創設した。白馬マイスターのジャンルはアウトドア（スキー，スノーボード，登山，ラフティング，トレッキング，バードウォッチング，自然観察など），カルチャー（木彫り，切り絵，民俗・歴史など）で，旅行会社8社が白馬マイスターツアーを企画している。7月から8月にかけては，白馬マイスターを活用した「白馬Alps花三昧」というイベントも開催している。白馬マイスターはボランティアではなく，報酬を伴う事業活動である。

(10) 愛知県南知多町日間賀島

日間賀島に伝わる昔話の「たこあみだ様」から日間賀島を「たこの島」として訴求した。「たこの島」をアピールするため，キャラクターをデザインし，島の旅館，民宿ではたこ料理を提供し，たこグッズの販売や観光船乗り場にたこのモニュメントを設置した。

従来春から秋は海水浴，活魚料理が観光資源となり集客できていたが，

10月から3月にはこれといった観光資源がなく閑散期となっていた。この時期の集客のためにいままでクローズアップされていなかった食材の「ふぐ」に着目した。ふぐ料理の講習会を開き，約60軒の宿で「ふぐ」を提供できるようになり，この季節の観光資源の1つになった。このほか，小学生を中心とした自然体験漁業を開催し集客を図っている。

(11) 岐阜県白川村

　白川郷の冬（12月～4月）は，豪雪のため閑散期となっていたが，都会の住民を対象として自然の脅威を知らせるツアーを企画し，首都圏，関西の旅行会社にPRし，冬期の観光客の拡大を図った。このツアーで冬期の「民家園」[29]の観光客数は，1999年に約7,700人であったが，2002年には約31,000人と約4倍に増加した。

　また，食を通じて農村の昔の暮らしを再現するために，ヒエやアワ，キビ，そば，豆といった雑穀を植え，観光客に提供した。昔の暮らしを体感できる「民家園」に都市の小中高生を修学旅行等で受け入れ，草木染，機織り，木工工作，餅つき，わら細工，田植えを体験学習させている。

(12) 静岡県河津町

　早咲きの桜として有名な「河津桜」の桜祭りを全国的なイベントにするために地元のテレビ局に働きかけた。その後，NHKが定点カメラを据え，「河津桜」を毎朝のニュースや天気予報に取り上げ，全国的に知れ渡ることになり，「河津桜まつり」は観光客が100万人を超えるイベントに成長した。

　さらに宿泊者増加を図るため桜並木をライトアップし「夜桜まつり」を開催し，2000年からお茶や甘酒のサービスを行った。「夜桜まつり」は定着し，期間中に1万人を超える人が集まり，近隣の町にも宿泊者が増加した。

　河津町は，桜以外では，海水浴の夏型観光地であったが，1998年から「花」を生かしたまちづくりに着手し，河津バガテル公園，カーネーション見本園，花菖蒲園を開設し，年間通じて花を楽しめる観光地へと転換を図った。

(13) 大阪市天神橋筋商店街

天満の土産物として,明治大正時代に天満宮の周辺で販売されていた縁起物の天神花を復活させた現代版天神花(葦でつくった縁起物,名刺,絵葉書)を開発した。また,1995年には400年ぶりに天神天満七夕祭として七夕の神事を復興させた。

修学旅行生などが移動屋台で商売を体験できる「一日丁稚体験」を企画,実施し,また,落語寄席「天満天神繁盛亭」の開設を通じて,買い物と楽しさの場の提供を図っている。

(14) 広島県三次市

「観光農園」設立当初は,りんごとぶどうのみを栽培していたが,少しずつ果実の種類を増やし,1991年には冬に石垣イチゴのもぎ取りができるようになり,年間を通して果実の栽培が可能になり集客できる体制ができあがった。観光農園内には西洋レストラン,和食レストランを設置し,観光農園でとれた果実,地域食材を提供している。

また,地域の果樹栽培農家と加工組合を組織し,2級品の果物を加工し地域特産品としてジャムやアイスクリームを観光農園,道の駅,三次ワイナリーで販売している。

(15) 熊本県水俣市

水俣とスペインが,気候や風土,自然景観,柑橘類の産地であることなどの類似点が多いことに着目し,「湯の児スペイン村」を建設した。スペイン村には,農産加工品を販売する「スペイン館」,レストランの「バレンシア館」,地ビール工場のある「セビリア館」[30]がある。また,地元の農産物を使用したスペイン料理のパエリアが名物料理になっている。
水俣市の観光入込客数は1989年に57,000人であったが,2003年には約17万人に増加した。

(16) 鹿児島県指宿市

指宿の政府登録ホテル9軒の間で，予約状況を透明化して顧客送迎を相互協力する「指宿方式」を生み出した。

また，観光と健康増進サービスを併せた滞在型観光の開発に取り組んでいる。それは，指宿の有名な砂蒸し温泉を楽しみ，鹿児島ならではの食材を使った食事と個人に必要な運動について医師や専門家の指導を受けられるというものである。

そのほか，農村グループ女性とホテルが連携し，ホテルで朝市，夕市を開催して，地域の農産物の販売をしている。また，外食産業や食品産業と連携し，県産農林水産物の販売を促進したり，指宿の観光資源である砂浜を維持するため，砂浜の再生活動を行っている。

(17) 沖縄県恩納村

琉球王朝文化が体験できるよう100年以上昔の旧家を移築復元し，「琉球村」という観光施設をつくった。「琉球村」の旧家の台所では沖縄のお菓子や料理をつくり観光客に提供したり，近隣の高齢者に依頼して三線を弾いてもらったり，古くから伝わる年中行事を再現して観光客をもてなしている。

補論5-2　オペレーションによる収益とコストのマネジメント

本章では，需要平滑化のために，年間を通して保有キャパシティと需要の乖離をできるだけ小さくするという視点で議論した。キャパシティは，最大需要に合わせて設定されることが多い。したがって，アイドル・キャパシティを発生させないために需要を喚起する必要があり，そのためにはアメニティ開発が有効である。これは，収益の向上につながる。

機会ロスを減らすことは，収益の向上に寄与する。観光カリスマの南房総の事例では，機会ロスを減らすオペレーションが行われている。南房総には，小規模な観光事業者が点在していたため，観光バスツアーなど大量の観光客を受け入れる受け皿がなかった。そこで，道の駅の「枇杷倶楽部」

が,「一括発注システム」というオペレーションを担当するようになった。一括発注システムとは,南房総の小規模農園や食事会場を束ね,1つの大きな農園,レストランに見立てて,食事メニューや料金,サービスを規格化して,道の駅が観光会社に対して企画営業を行い,観光会社からの集客の配分,代金の清算,クレーム処理までを行うものである。その結果,周辺市町村の飲食店や民宿,農園,観光業者などが連携し集客力が高まり,観光バス年間4,000台,12万人のツアーの誘致ができた。道の駅が地域のランドオペレータとして機能することにより,個々の小規模な観光事業者では獲得できなかった観光客を獲得することに成功しており,機会ロスを低下させることになったのである。

さらに,観光事業の経営の観点からは,収益の向上とともにコストダウンが重要である。本章で取り上げた観光カリスマの事例では,指宿のケースで唯一コストに関わる施策が行われていた。指宿のコストダウンの試みは,政府登録9ホテルでオーナー会を結成し,予約状況を透明化し,顧客送迎を相互に協力するというものである。個々のホテルが送迎車を出すと,送迎車がいつもフル稼働している状況ではないので,送迎車にはアイドル・キャパシティが発生している。これは経営上非効率である。しかし,利用者にとってはホテルまでの送迎というサービスは必要なサービスである。そこで,「顧客送迎」という業務について,各ホテルが協力して,それまで各ホテルがそれぞれ運行していた送迎車を共同運行することで,送迎車の利用効率を上げることができる。利用効率が上がることで,送迎に関わるコストの削減ができる。このように,コストダウンのためにオペレーションを見直すことは有効である。

事業経営では,収益の増加とともに,コストダウンを図り,より多くの利益を確保する努力をしなければならない。需要を創出して,保有キャパシティに近付ける努力は必要であるが,年間通して需要と保有キャパシティを一致させることは不可能である。したがって,常にコストダウンを目指すコストマネジメントが必要である。

サービス業では,提供できるサービスは,物的・人的キャパシティとオ

ペレーションによって決定する。物的キャパシティ（施設・設備）と人的キャパシティ（人員）に関わるコストは固定費が多く，需要の変化に対して非弾力的である。コストダウンを図るためには効率的なオペレーションを構築が重要である。オペレーションの構築にあたっては，顧客がどのようなサービスに価値を見出すか，自社は顧客からどのようなサービスを求められているかを踏まえる必要がある。

注

*1　小沢健市『観光を経済学する』文化書房博文社，1994年。
*2　J. B. Allocock, "Seasonality", in Witt and Moutinho, (eds.), *Tourism Marketing and Management Handbook*, Prentice Hall, pp. 387-392, 1989.
*3　機会ロスとは，商品があれば売れていたのに提供できる商品を欠いたために販売する機会を逃すことである。
*4　商品やサービスの提供において，提供者は経営資源を取得し，一定の提供能力（キャパシティ）を確保して事業を行うが，このキャパシティをフルに活用できない遊休（不働）の状況をつくりだすことがある。このことによって発生する機会コストをアイドル・キャパシティ・コストという。
*5　観光庁「宿泊旅行統計調査（平成22年1月〜12月）」2010年（http://www.mlit.go.jp/common/000172760.pdf）。
*6　小谷達男『観光事業論』学文社，1994年。
*7　47都道府県の月別変動係数の最大値は40.6，最小値は13.3，平均値は21.6，標準偏差は5.7である。
　　47都道府県の月別変動係数を等間隔に3分割すると，31.4% ≦ x は2度数，22.3% ≦ x ＜ 31.4%は16度数，x ＜ 22.3%は29度数と分類された。
*8　ツーリズム・マーケティング研究所『JTB宿泊白書2010』JMC，2010年。
*9　全国154観光地の月別変動係数は本書資料編付表3に示す。
*10　『JTB宿泊白書2010』（注9に前掲）による四季区分は，春は4月〜6月，夏は7月〜9月，秋は10月〜12月，冬は1月〜3月である。ちなみに，気象庁による四季の区分は，春は3月〜5月，夏は6月〜8月，秋は9月〜11月，冬は12月〜2月となっている（http://www.jma.go.jp/jma/kishou/know/yougo_hp/toki.html）。
*11　全国154観光地の四季別変動係数は本書資料編付表4に示す。
*12　正規分布の5段階の分類により，上位から順に7%，24%，38%，24%，7%で分ける。
*13　全国154観光地についての季節ごとの集客力（相対評価）は本書資料編付表5に示す。

*14 ここでの議論は第Ⅰ章「アメニティが決める観光地の魅力」を参照のこと。
*15 「観光カリスマ」とは,観光庁が選定した各観光地の魅力を高め,観光振興を成功に導き,観光振興の核となった人達である。観光庁のホームページでは,これらの人達の経歴や実績を紹介している(http://www.mlit.go.jp/kankocho/shisaku/jinzai/charisma_list.html)。ここでは,観光カリスマが実施した季節変動平滑化の17事例を検討する。
*16 観光庁のホームページでは,通年化の事例を「観光カリスマ」という人の次元で取り上げている。これらの事例では,観光カリスマたちの氏名や,企業団体等の固有名詞が紹介されているが,本章では,17のケースについて,地域と取り組み内容の概要を記載するにとどめる。詳細は注16に前掲のアドレス(観光庁のホームページ)を参照されたい。
*17 特産品,お土産物と観光との関係については,田村正紀『ブランドの誕生』千倉書房,2011年が詳しい。
*18 観光庁「観光圏整備法」(http://www.mlit.go.jp/kankocho/shisaku/kankochi/seibi.html)。
*19 観光庁「宿泊旅行統計調査(平成21年1月から12月)」(http://www.mlit.go.jp/kankocho/siryou/toukei/shukuhakutoukei.html)
*20 ㈶日本修学旅行協会「政令指定都市を中心とする主要都市における小学校修学旅行の実態調査」(http://www.jstb.or.jp/research/pdf/elschool2009.pdf)
*21 『JTB宿泊白書2010』(注9に前掲)。
*22 財団法人日本修学旅行協会「全国の中学校修学旅行の実態調査」「全国の高等学校国内修学旅行の実態調査」(http://www.jstb.or.jp/research/index.html)。
*23 限界利益とは,売上高から変動費を差し引いたものである。貢献利益ともいう。
*24 観光庁ホームページ「ニューツーリズム創出・流通促進事業」(http://www.mlit.go.jp/kankocho/shisaku/sangyou/new_tourism.html)。
*25 日本旅行業協会「更なる国内旅行にむけて―新時代の旅行業の役割―」(http://www.jata-net.or.jp/membership/info-japan/research/index.html)
*26 観光地における観光客を引きつける魅力要因については,R.W. Butler, (ed.), *The Tourism Area Life Cycle*, Vols. 1&2, Channel View Publications, 2006.が詳しい。
*27 日本観光協会編『観光の実態と志向 第28回』日本観光協会,2010年。
*28 観光庁の「観光カリスマ」のホームページでは,国民宿舎利用率全国第1位を15年間継続と記載されているが,鵜の岬はその後も利用率全国1位を維持し,22年間継続している。鵜の岬の2010年の宿泊利用率は91.9%で,2位はサンロード吉備路(岡山県)の71.2%,3位はサンライズ九十九里(千葉県)の69.2%である(http://blog.livedoor.jp/pahoo/archives/65498358.html)。
*29 民家園は,白川村にある合掌造りの野外博物館である。
*30 湯の児スペイン村ホームページ(http://www.fukuda-farm.co.jp/page/sevilla.htm)。

VI
日本における観光研究の展望

　観光は社会生活の一分野であるが，極めて多様な側面を持っている。観光には多くの人が異なる役割を持って関与している。また，観光は異なる場所間に極めて多様な関係性を創り出していく。さらに観光者が行う行動も多面的である。観光が持つこの多面性のために，観光研究は多くの専門分野をベースとして行われてきた。観光学と称しても，その内実は観光学の仮面をかぶった異なる専門分野をベースとする研究の集まりである。だが同じ対象を問題にしていることから，各専門分野をベースとする観光研究は，その境界部分で部分的に重なり合っている。

　各専門分野は独自の問題の立て方，コンセプト，方法論などを持っている。これを反映して，観光，観光者，観光地，観光地魅力，観光形態，観光行動など同じような用語を使っても，その意味や力点の置き方は，ベースとなっている専門分野によって微妙に異なる。このような現状から見ると，これまでの諸章で行ったマーケティング視点からの研究を，観光研究の中で明確に位置づけておくことが必要である。このため，これまでの諸章で取り扱ったコンセプトや問題を中心に，日本におけるこれまでの観光研究を展望しておこう。この展望は，本書の研究を日本の観光研究上に位置づけるプラットフォームとして役立つはずである。

　観光は，あるいは旅行と広く捉えればなおさら，人類にとっては古来よ

り行われていた行動である。しかし，観光を，体系的に考察するようになったのは近年になってからである。観光という，複合的で広範囲にわたる多様な現象はどのように捉えればよいのだろうか。これまでに提示されてきた様々な観光に関する言説を概観することによって，観光についての理解を深める助けとするために，本章では日本を中心にこれまで観光について語られてきた多岐にわたる多様な言説を紹介する。

1. 観光者をどのように捉えてきたのか

　観光という現象は，観光として目的地を訪問する観光者がいないと発生しない。観光現象にとっては，観光者は観光主体として振る舞うのである。本章では，観光を行う観光主体を観光者と呼ぶことにする。一般には，観光客という呼び方も多く使われているが，様々な意味合いで使われ，とくにネガティブな意味でも使われているので，本章では使用しないこととする。また，観光行動にそなわる消費行動の側面に注目すれば，観光者は消費者だが，後述するように消費以外の行動も行うので，消費者という表現も使用しない。

　このような観光主体たる観光者を，我々はどのように捉えればよいのだろうか。観光者に関する諸説を概観しながら，観光者とはどのように捉えればよいのか，また観光者が行う観光行動をどのように捉えればよいのかについて考察していく。

▶観光の動機・目的

　観光動機，すなわち人を観光行動へと向かわせる動機とは何なのだろうか。松尾芭蕉の『おくのほそ道』の序文を引くまでもなく，我々人間は，無性に旅に出たいと感じることもある。しかし，それではこの後の議論が進められないので，具体的にどのような心理状態が観光動機となるのかを考察しなければならない。観光現象が成立する基本的必要条件が，日常生活圏を離れるということであるなら，観光においては日常生活を営んでいる際には訪れない場所への訪問が行われなければならない。

このことは，観光者に普段と違った環境に身を置かせ，普段は見たり接したりしない物事や人々との接触をさせ，日常生活及びそれを成立させている様々な事物や人から隔絶させることが，観光には伴うということを意味する。したがって，観光者はその観光を行っている期間中に，普段には見られない事物を目にすることや普段ではできない行為を経験できると同時に，普段なら当然な安全や寝食の確保に気を配らなければならない。
　しかも，観光の際に安全や寝食の確保をしようとすると，日常生活圏においてよりもコスト的に割高になるのが一般的である。にもかかわらず，多くの人々が観光へと赴くのは，観光が他では得られない何かをもたらすことを潜在的観光者たちが期待するからである。
　この期待こそが，人々の観光への動機を形成していると考えられる。このように考えれば，観光動機は，まず日常生活圏では直接は経験できない事物を見たり触れたりすることを求める，[*1]すなわち好奇心を満たしたいという動機が考えられる。さらに，日常生活圏を離れるということは，日常生活圏においては当然である義務的な活動，すなわち労働や学業から自由な状態を享受できるので，義務的な活動で蓄積した心身の疲労や倦怠を一掃してリフレッシュできる温泉入浴などを伴う場合はなおさらであり，したがって心身疲労からの回復という動機が考えられる。
　そして，とくに家族や友人あるいは職場や学校の仲間と観光に赴く場合は，義務的な活動から自由な時間を彼／彼女たちと共有することによって，[*2]彼／彼女たちと相互に理解を深め，親密度を向上させるという動機が考えられる。これらから，観光行動の動機としては上述の3種が主となり，[*3]あるいはそれらの混合，さらにその他の動機も合わさった心理的状態が，人を観光に行きたいという気持ちにさせていると考えられる。
　観光動機を満たすためには，個別の観光行動を実行しなければならない。アーリによると，観光とは労働と直接結びつかない対象に「観光のまなざし」を向けることによって強烈な楽しみを得ることを目的とすると指摘されている。[*4]橋本は，このアーリの定義を受けて，観光を「異郷において，よく知られているものを，ほんの少し，一時的な楽しみとして，売買すること」

と定義している。[5] さらに橋本は，楽しみの研究から，観光の目的には次の3つの分類を提唱できるという。すなわち，「問題解決」の楽しみ，「見知らぬ場所の探索」の楽しみ，「レクリエーション」の楽しみである。[6]

いずれも何らかの楽しみを得ることが，観光の目的であるということである。具体的にどのような観光目的が，観光者に楽しみをもたらし，観光動機を満たすことになっているのか，実証調査が示す現状から考察してみる。

観光庁が平成23年3月に日本全国の18歳から25歳の学生を対象に行った「若年層の旅行性向調査・分析」[7]によると，国内旅行に行こうと思った目的の回答割合上位10項目は，「自然景観を見る・触れる」(62.0%)[8]，「飲食を楽しむ」(59.7%)，「温泉に入る」(51.1%)，「史跡・文化財・博物館・美術館などを訪ねる・観賞する」(46.2%)，「特産物の買い物をする」(40.7%)，「お土産を買う」(39.4%)，「有名建築物を訪ねる」(38.5%)「サークル・ゼミの合宿する」(32.3%)，「ドライブをする」(31.2%)，「テーマパーク・遊園地に行く」(29.9%) となっている。一方，回答割合が低かった目的は，「農業・漁業などの体験をする」(1.2%)，「工芸・農産品加工などの体験をする」(3.4%)，「工場見学などに行く」(6.1%)，「花の名所を訪ねる」(8.8%)，「山に登る」(9.7%) などであった。

自然景観を見たり史跡などを訪問したりするという目的は，普段見られないものを見るという目的なので，好奇心を満たすという動機に対応する目的だと考えられる。温泉に入るという目的は，心身疲労からの回復という動機に対応している。そして，回答者が若者なので，サークル・ゼミの合宿という目的への回答割合が高いが，これは仲間との親密度向上という動機に対応していると考えられる。このような観光目的の傾向は安定的なものなのかどうかを，少し以前に実施された調査結果と比較することで確認する。

総理府広報室（当時）によって全国の15歳以上を対象に昭和63年11月に実施された「余暇と旅行に関する世論調査」[9]の結果では，宿泊観光レクリエーションの旅行先での行動意向は，「温泉に入る」(52.3%)[10]，「美しい自然景観を見る」(50.4%)，「のんびりとくつろぐ」(45.8%)，「珍しい料

理を食べたり，ショッピングをする」(44.9％)，「史跡・文化財（博物館，美術館など）を観賞する」(32.0％)，「家族と一緒に遊ぶ」(27.2％)，「大勢でにぎやかに過ごす」(17.2％)，「スポーツ・レクリエーション活動をする」(13.6％)，「旅行先の土地の郷土色豊かな行動（工芸品造りなど）に参加する」(10.3％)，「旅行先での見知らぬ人との出会いや交流」(9.0％)，「祭りなどの催しを見る」(8.2％)となっている。

　ほぼ，四半世紀の時間的間隔があるにもかかわらず，かなり似通った結果を示している。「のんびりとくつろぐ」という回答項目は先の調査では用意されていなかったので比較できないが，それ以外は若干の変化はあるものの，とくに上位の目的に関してはほぼ同じ結果となっている。つまり，実体としての日本人観光者にとっての観光目的は，上に紹介したような内容で，かなり安定していると考えられる。

　また，橋本は，観光者が観光行動に求める意義を次のように示している[11]。馴染んだ日常的な空間から一定期間離れる時，人はその移動に何らかの意義を見出そうとする。仕事から離れて野外に出かける時には，日常的なものからの「解放」という意味が付与され，信仰の地を訪ねる時には，さらに生命の「蘇り」という意味が付与されると主張している。

　以上のことから，日本における主要な観光動機は，好奇心を満たすこと，心身の疲労を回復すること，そして家族や友人との親密度を増すことの3種だといえるだろう。

▶観光形態

　実際の観光がどのように行われるのかを考えるには，その形態から捉えることも可能だろう。観光形態をどのように分類するかには，いくつかの次元が考えられている。

　代表的なものには，同行する人数により「個人型か団体型か」，主目的により「教養型か慰安型か」，そして訪問先が出発地と比較して相対的に都市か地方かにより「上り型か下り型か」の3種類がある[12]。これら3つの軸では，観光者が当該観光から受ける心理的影響は，それぞれ前者では緊

張感が強く，後者では解放感が強いと考えられている。

　また，その観光の購買形態あるいは準備形態によって，パッケージ観光か手配旅行あるいは個人で計画及び予約を行うかという分類も可能である。[13]この場合の心理的影響は，逆に前者の方が，解放感が強いだろう。

　観光行動における移動の仕方そのものでの分類も可能である。すなわち，複数の目的地を順に巡る「周遊型観光」か，1つの目的地に滞在を続ける「滞在型観光」か，という分類である。この形態の違いは，観光行動空間の差異をもたらし，周遊型観光の行動空間は，①出発地（居住地）から主たる訪問地域への距離が短いと，周遊する範囲は狭くなる。②出発地から主たる訪問地域への距離が長いと，周遊する範囲は広くなる。③より長距離でコストがかかるほど，さらに多くの場所に滞在し，観光行動空間は広域化すると指摘されている。[14]

　欧米のバカンスでは，滞在型観光が多く見られるのに対して，現在日本の観光では周遊型観光の方が優勢である。日本の古典的観光である「伊勢参り」は典型的な周遊旅行であり，この形態が現在まで引き継がれているため，日本人の観光行動は周遊型が中心となり，限られた時間と費用の中でできるだけ多くの著名観光地を巡ろうとする傾向が強いと述べられている。[15]一方では，日本でも，伝統的な湯治は，滞在型観光であったという点も指摘されている。[16]

▶観光者タイプ

　残念ながら，日本の既存研究では，観光者タイプについてのオリジナルな研究はほとんど見られない。この分野に関する研究では，多くの場合，欧米の先行研究を紹介し，それらを比較したり，コメントしたりするにとどまっている。例えば，大橋は，プログ，AmexTRS，コーエンといった代表的な観光者タイプ研究を紹介し，解説を加えている。[17]

　すなわち，プログによると，観光者はその行動から，アロセントリック，ミドセントリック，サイコセントリックの3種に分類できるという。アロセントリックとは，他人と同じことを志向する性向をいい，他の人々がた

くさん訪れるという理由で訪問先を選択したりするタイプを指す。また，サイコセントリックとは，自分の欲求を重視し，他人と違うことを好む志向を指す。そして，ミドセントリックは，これらの中間的な志向であるという。

　AmexTRSの実証研究結果によると，観光者は，冒険志向，心配性，夢見的，節約家的，贅沢追求的の5種に分類できるという。同様に，コーエンによると，観光者は，その動機から，レクリエーション志向，気晴らし追求，行って見てみたい，体験的行動をしてみたい，信念や信仰などのため，の5種に分類できるとされている。

　一方，ブーンは，観光者は，その価値観などに基づいて，オールドツーリストとニューツーリストに分類できると，主張している。ここで，オールドツーリストとは，従来型の価値観を持ち，伝統的な名所などを訪問することを好む観光者であり，ニューツーリストとは，新しいものを求めているタイプの観光者である。

　ところが，ウェアリングらは，同一の観光者であっても，どこにだれとどんなきっかけで出かけるかによって当該観光に求めることが大きく変わるのが普通であるから，上述したような観光者の類型学は無意味であると主張しているということも大橋は紹介している。

　いずれにせよ，観光という行動は，日常の消費行動より，人間の欲求や欲望が直接表に出やすい状況であるので，この点に注目したタイプ分けに関して，日本でも観光研究の一環として，観光者のタイプ研究，とくに日本独自の研究が進められることが必要であろう。

　ところで，観光者の実態調査などの実証研究で行われている観光者の分類では，上で紹介したような観光者の志向や価値観などが用いられることはほとんどない。[18]これは，実際には測定上の困難があるからであり，調査対象となる観光者がどのような志向や価値観を持っているかを客観的に判別するのは難しいということが大きな理由である。そのため，ほとんどの統計的調査では，観光者の年齢層・性別あるいは「だれと」というような客観的に測定が容易な次元で観光者の分類が行われているのが実情である。

▶観光者の意識・行動に影響する社会経済的要因など

（1）近世以前

　観光の歴史は古いが，近代以前の倹約原則が社会の規範であった時代には，楽しみを目的とする自由な行動である観光は社会的に認められにくいという状況であった。貴族や武士といった支配層や僧侶あるいは商人など裕福なものたちといったごく限られた人々は，湯治や寺社参拝あるいは諸国漫遊や業務旅行といった様々な名目で観光を行っていたが，庶民にとっては観光は高嶺の花であった。

　江戸時代までの庶民は，経済的にも社会的にも観光を制限されていた。為政者たちは，庶民の観光を制限しようと様々な規制を行っている。土地と結び付けられた労働力である庶民が，その土地を離れ消費活動に専念する観光を行うことは，生産力を弱めかつ富の減耗につながると考えたからである。また，人々が交流し情報が交換されることは，情報を制限することで支配力を維持する側にとっては都合の悪いことだったのである。これらの理由から，江戸幕府は，旅の禁令を出したり，街道に関所を設けて許可のない移動を制限したりした。

　しかしながら，そのような状況下でも多くの人々が観光への欲求を絶ちがたく，観光へと出かけたが，そのために，彼／彼女たちは自身の観光に対して社会的に承認される理由を付与する必要があった。

　その1つに信仰がある。信仰のための旅に巡礼があるが，巡礼としての観光は，少なくとも外見上，信仰のための巡礼という形式をとることで観光を正当化しようとしたものである。江戸時代に盛んに行われた「抜け参り」や「おかげ参り」という伊勢神宮参拝は，当時の庶民にとって，貴重な観光の機会となった。[19]さらに，伊勢参りを名目とした観光訪問は，伊勢以遠の各地を訪問することもあったと報告されている。[20]

　もちろん，非常に信仰心が篤く，寺社参拝以外は行わない巡礼者もいたはずだが，多くの人々は，巡礼をいわば口実として，観光の機会を手に入れていた。この時代，もう1つ，観光の理由として用いられたのが，湯治

や海水浴などのような病気治療や体力回復という理由である。農閑期に，数週間から数か月単位で，湯治場に滞在し，労働で疲れたり傷ついたりした体を癒し，次の春からの労働に備えたのである。このような理由付けが存在すると，為政者たちもむげに禁止することができなかったのである。

　また，経済的な制約も，庶民にとっては観光の障壁となった。旅先では生産手段から隔離されているので，衣食住はじめあらゆる必要な財やサービスを購買して消費しなければならない。したがって，それらに要する費用をあらかじめ準備して持参しなければならないのである。東海道五十三次を12泊13日で旅した場合，贅沢をしなければ1両弱が必要だったと紹介されているが[21]，観光の場合は戻ってこなければならないので，当然往復となり，2倍の費用がかかることになる。

　このような金額は，当時の庶民にとっては大金であったはずである。これだけの金額を，楽しみのためだけに準備するのは，容易ではなかったと考えられる。さらに，大金であるから，旅先で盗まれたり奪われたりする危険も発生する。もし旅費を失ってしまったら，文字通り路頭に迷わなければならない。そのような危険も同時に引き受けなければ，観光には出かけられなかった。

　しかし，日本人の知恵は，観光の経済的な問題解決といった点でも発揮されたようである。伊勢参りに代表される各地への巡礼観光の実施を容易にするべく，講（正確には代参講）が組織された。講は，遠隔地にある有名寺社への参詣・巡拝を目的として設置され，その寺社を信仰する人々が講員となり，資金を出し合い，くじ引きまたは輪番で決まった代参人を集まった資金でその寺社に送るというものである。代参人は，他の講員の代表として参拝をし，お札を受けて持ち帰り，講員たちに配る。これによって，講員全員が参拝したのと同様の御利益が得られるとするものである[22]。このようにすることによって，個人が貯蓄をして観光資金を積み立てる場合より容易に巡礼観光を実施することができたのである。

　観光行動を実現させるためには，社会的インフラの充実が必要である。道路をはじめとした交通インフラ，通信や金融のインフラが整備されてい

ないと，安全に観光を実施できない。為政者は，支配を確立し，国内を安定させるために，これらのインフラを整備する。例えば，江戸幕府も，日本全国への支配を確立するために，五街道をはじめ道路整備や飛脚制度整備を行った。また，諸大名への支配を維持するために，参勤交代の制度を設け，これを実施するために街道各所に宿場を設置し宿泊施設の充実を図った。[23]

また，経済活動を盛んにするために，為替制度などの金融インフラ整備を認めた。しかしながら，このようにして整備されたインフラは，いったんできあがると，幕府の支配以外の用途にも利用可能である。観光の面からは，庶民の観光行動の拡大の条件整備になったと考えられ，皮肉にも，庶民の観光を制限しようとした幕府の意図とは逆の結果に利用されるようになっていった。

さらに，観光者たちは日常生活圏を離れて旅に出向くわけであるから，[24]道中や目的地についての情報を十分に持っているわけではない。安全に観光を行い帰還できるかどうかについて不安があれば，観光に出かけることを躊躇するだろう。この障壁を低くするには，何より情報が必要である。

これには，まず書物による情報提供が役割を果たした。日本では，古くから紀行文学が著され，平安時代には紀貫之の『土佐日記』を代表とする旅の世界を描いた文学が著された。[25]これらの紀行文学は，遠く離れた地域のありさまやそこへの往復の行程の状況を人々に伝えた。また，『万葉集』をはじめとする歌集も，各地の場所が歌枕として詠み込まれ，人々の旅心をかき立てた。

時代が下り，江戸時代初期になると「名所記」と呼ばれる書籍が出現した。名所記の多くは，絵入りで，京・江戸や街道を対象に，神社仏閣の縁起，口碑・伝説など加え，その地にちなんだ和歌・狂歌・俳句などを入れているものもあったという。[26]この名所記は，その後，名所図会という形式に進化した。名所図会は，各地の名所の風景や沿革などを描いた絵入りの冊子本で，ガイドブックとしての性格を強めていったものである。一方で，『東海道中膝栗毛』に代表される滑稽本の形式で庶民の旅を面白おかしく描い

た文学も現れた。[27]これは，読み物としての娯楽性を持ちながら，多くの人々に東海道をたどる旅の様子やそこでの出来事などを仔細に伝える役割を果たした。

　他方，人的な情報伝達と実際の観光行動に対する様々な援助を行う制度も成立した。御師・先達の制度である。御師は，神社の神職であり，神社の経済的基盤を強化するために，遠隔地に信者を増やし，彼らを巡礼させる役割を果たした。巡礼に訪れた人々の参拝の手配・援助や宿泊施設（宿坊）を運営して宿泊・飲食の提供を行うことを業として行っていた。先達は，御師にしたがい，実際に諸国に出向き，布教活動を行うとともに，各地から巡礼に出かける信者たちの道案内や旅行中の各種の手助けをした。

　代表的なものは，熊野御師と伊勢御師であり，室町時代に成立し，江戸時代には先述した講と組み合わさることで，多くの庶民を巡礼観光へと導いた。[28]このように，御師・先達の制度は，現在の観光業の業務と重なるものであり，日本では近代以前にかなり明確な形で観光業が成立していたことがわかる。

（2）近代以降

　明治維新により，日本は近代的産業社会に突入していく。都市部を中心に，人口が流入し，その多くは工場やオフィスで働く賃労働者となった。彼らは，安定した現金収入を得たが，同時に労働のために長時間の拘束を受けるようになった。明治維新当初は，多くの人々は，収入も高くなく労働時間も長かったため，観光に出かける余裕があるものは少なかったが，社会が安定し経済発展が進むにつれて，上流階級から順に観光に出かける機会を増やしていった。

　この観光活動の増加の条件としては，社会の安定，経済的余裕，労働条件整備による余暇時間の増加，といった基本的要素の向上があった。これらに加えて，鉄道路線や客船航路の整備といった交通機関の発達も，人々にとって観光を身近なものとしていくと同時に，鉄道会社や船会社がそれらの需要を開拓するために観光ルート開拓や専用列車の運行など直接的に

観光需要を刺激する活動を開始した。[29]

　都市住民を中心とした人々の観光需要に応えるために，名所旧跡や温泉地といった観光地は施設整備を進め，一方，都市では博覧会などのイベント開催や博物館や美術館あるいは遊園地といった施設の整備が進められた。[30] これらの施設整備も，観光を普及させる働きをしたといえるだろう。

　他方，制度的な条件整備も広く国民に観光を普及させる推進力となった。明治政府による国内移動の自由化，それ以降の，道路網や鉄道路線の整備，修学旅行の制度化，休暇制度の拡充，企業の慰安旅行や観光地への保養所などの設置，国民宿舎などの公的施設の整備といった制度が整えられたことが，多くの人々に安心して観光を楽しめる，あるいは観光をすることの習慣化を促した。同時に，様々なメディアを通じた観光関連情報の提供や近代的な観光業や観光関連産業の発展も，人々の観光を推進した。

　しかしながら，明治以降，世界大戦による観光衰退期を挟んで，高度成長期までは，日本国民の多くが生活の規範として倹約原則を保っていたために，観光に関しては保守的であったようである。形式的に必需性が当てはまらない観光は，贅沢であると考えられがちで，観光を実行に移すには何らかの口実，すなわち理由付けが必要だと考えられていた。このことは，観光の形態に現れていた。具体的には，神社仏閣や温泉地あるいは名所旧跡を団体で訪れるという形態が主流であったということである。信仰や保養といった理由，あるいは皆と同じという横並び意識によって，口実を得ていたのであろう。

　ところが，このような傾向は，高度成長期の終わりとともに大きく変化する。人生を楽しむことを肯定する快楽原則が広く認められるようになり，観光のあり方にも大きな変化をもたらした。この変化は，1970年に始まった国鉄（当時）の「ディスカバー・ジャパン・キャンペーン」に端を発したといわれている。[31] それまでの団体で温泉地や神社仏閣・名所旧跡を巡るといった観光から，ひとりまたは少人数で独自の歴史や文化あるいは町並みが残されている地方の小都市を訪れるという観光行動の変化である。

　自分の趣味にあった目的地に，少人数で訪れ，自分のペースでその地域

を探訪する観光を求め，実行するということである。これは，このような観光も「あり」だと認め，従来のような口実を不要と考えるという観光に対する心理的な変化がもたらしたと考えられる。このような心理的な条件も，人々の観光行動に大きく影響するといえる。

2. 観光地のアメニティをどう捉えてきたのか

▶観光資源

観光者は，訪問した観光地で何を経験しているのだろうか。観光者が観光体験をする観光客体は，観光対象と呼ばれ，それは観光資源と観光施設（サービスを含む）とからなるといわれている。[32] 観光資源及び観光施設は，表6.1のように分類されている。

このように分類される観光資源及び観光施設は，観光者によってどのよ

表6.1 観光対象の分類

			例
観光資源	自然観光資源	有形自然観光資源	山岳・高原，海洋・海岸，河川・湖沼，動・植物，温泉，気象（雪）
		無形自然観光資源	気象（暖かさ，涼しさ），空気（透明度）
	人文観光資源		史跡，寺社，城跡・城郭，庭園，年中行事（祭り，イベント），郷土料理
	複合型観光資源		大都市，農山漁村，郷土景観，歴史景観，産業遺跡，湯治場，盛り場
観光施設（サービスを含む）	宿泊施設		ホテル，旅館，キャンプ場，民宿
	飲食施設		レストラン，バー，食堂
	物品販売施設		土産物店，ショッピング・センター
	レクリエーション施設	野外スポーツ・趣味・娯楽施設	スキー場，遊歩道，レジャーランド，サファリ・パーク，観光農園
		屋内スポーツ・趣味・娯楽施設	ボーリング場，工芸教室，外湯
	文化教育施設		博物館，美術館，動物園，植物園，水族館
	観光案内施設		観光案内所，ガイド，展望台
	公共サービス施設		治安，保全，水，エネルギー，ゴミ処理

出所：前田，p.123に加筆・修正。

うに経験され，観光者にどのような価値を提供しているのだろうか。観光資源や観光施設というのは，提供側の視点からという捉え方だが，それだけでは片面しか見ていないことになる。観光者によって，その地域の空間は，視覚，聴覚，嗅覚，触覚，味覚といった五感を通じてつねに知覚されているのであるから[33]，需要（受容）側である観光者の視点から見て，これらがどのような価値を提供しているかと捉える必要がある。これが，アメニティの視点である。

　ある観光地は，もちろんそこに存在する観光資源及び観光施設を通じてだが，ある観光者に何らかのアメニティを提供している。そして，提供されるアメニティは単一とは限らず，いくつかの異なったアメニティを構成する魅力素の集合が，その観光地のアメニティとして観光者に経験されるのである。以下では，このような視点から，観光地のアメニティとなる，アメニティ要素を分類し，それぞれの特徴を考察する。

▶アメニティ要素

（1）自然景観

　江戸時代，自然景観は，それまでの信仰の地，伝説の地，歌枕の地の観点ではなく，奇観という純粋に珍しい景観の観点から，再編され始めたという[34]。すなわち，それまでの日本人にとって，観光対象となる自然景観とは何らかの故事来歴を伴った景観であり，その自然景観を眺めることは，それら信仰や伝説あるいは和歌などの世界を追体験するという意味を持っていた。日本三景と室町時代に端を発する近江八景は，その代表であったが，これらを模倣して各地に〇〇八景が設定されることが盛んになると，個々の景観には必ずしも故事来歴があるとは限らず，景観のおもしろさだけから挙げられるということが増えていったのである[35]。

　日本人の自然景観観が大きく変化するのは，やはり明治期である。西田は，山岳に限らず，日本における風景の見方が，明治期，西欧文明の受容によって劇的に変容し，伝統的風景観から近代的風景観に変容したと指摘している[36]。開国によって日本を訪れた欧米人たちが，それまで日本人が注

目しなかった山岳などの雄大な自然景観のすばらしさを指摘し，日本人はそれによって自然景観の再認識を始めたのである。さらにその傾向は続き，1927年の「日本八景」の選定は，壮大な自然景観，新しい自然景観を見出し，新たな観光地を生み出し，そして，わが国の国立公園誕生につながっていったという[37]。

このような変化は，観光地のありようにも変化をもたらした。川島は，大正から昭和初期に「観光のまなざし」は，海や山といった「壮大な自然景」を求めるという，次のステージに移行し，1934年の国立公園誕生や各地に敷設されたロープウェイやケーブルカーはそれを示す装置であったと指摘している[38]。

このように，現在では，自然景観は，有名な景色や珍しい景色を見ることで好奇心を満たすと同時に，壮大な自然を見て，それによって心が大きくなるような精神的なリフレッシュを観光者に提供するというアメニティとなっていると考えられるだろう。

（2）文化

アメニティ要素としての文化に相当する観光資源は人文観光資源である。そこでは，史跡，寺社，城跡・城郭，庭園といった観光資源が挙げられているが，これらは文化財として見学するタイプの観光資源である。観光者は，これらの観光対象を見学することで，知的好奇心を満足させたり，教養を高めたりする。しかし，近年では，観光者は文化観光において，上述したように静的に見聞するだけより，五感を使って動的に経験したり参加したりするということを求める傾向が強くなっている。例えば，その地域特産の食材や料理も人文観光資源の一種だが，これらを食べることは味覚や嗅覚を使って，その地域の文化を経験することになる。

松谷によると，ここ10年ほどの間に，観光情報誌の記事件数割合という指標で測ると，これら食に関連する記事割合が有意に増加しているという[39]。また，土産物に関しても，その地域の文化を反映した品物を購入する傾向が増加している。森によると，ローカルな事物に美を見いだす消費嗜

好の転換は，現地の都市部を中心におしゃれな雑貨店を出現させて，そうしたローカル文化の産物を販売する店舗を巡ることが，観光地の行動様式の1つになっていったという。[40]

これらから，文化は，観光者の知的好奇心を満足させたり，教養を高めたりするということはもちろんだが，日常では経験できない異文化を，五感を使って動的に経験するというアメニティとなっていると考えられる。

（3）都市

都市には，多くの人々が集まっている。その人々の生活を支え，またその人々が構成する大市場を当て込んで，都市には大規模な商業集積が形成される。観光者は，この商業集積を利用することができ，都市以外では入手困難な最先端の流行商品や珍しい商品を購買することができる。

また，歴史的に，都市には王侯貴族や大商人や企業家が住まい，彼らはその権勢や財力をもって様々な文物を集め，またその力を誇示するために収集品を展示したり芸術や文化活動を支援したりしてきた。都市にはそのような文化的集積もある。城郭，博物館，美術館，庭園，劇場，そして工芸などがその代表である。観光者は，これらの文化的集積を利用することもできる。

都市以外の地方から都市を訪れた観光者にとって，その観光は上り型観光であり，緊張感を持ちながら，最先端の流行や高度な文化に触れることができる。北川は，古来より，都から離れた地方の人々は，都の文化にあこがれを持っていたと指摘している。[41] 都市は，そこを経験して帰郷した後に，最先端の流行や文化に触れたことによって知的好奇心を満たし，教養を高める，あるいは実際はどうであれ，洗練されて帰ってきたと周囲の人々から見られるというアメニティである。

（4）都市景観

都市景観は，都市という人工環境に形成される景観であるから，必然的にその地域の歴史や文化あるいは気候風土と技術に影響を受けている。東

京や大阪といった大都市では，林立する高層ビルや交通量の多い大通りなどが巨大な都市であることを示し，その中でも○○街といったエリアごとの特徴を物理的に表している。また，金沢や高山といった地方都市では，小京都や昔と変わらぬ街並みといった言葉で表現されるように，その都市の特徴や風情を都市景観が代表しているのである。

　例えば，大正から昭和戦前期にかけて，鞆の街はまさに「絵の町」として描かれる対象になっていったと指摘されるように[*42]，都市景観は絵画の題材，あるいは写真の被写体という役割も担う。こうして描かれた絵画や撮影された写真が，その都市のイメージを再構成したり強化したりする役割を担うことになる。

　これらのことから，都市景観は，その都市のイメージを体現している一方で，観光者にとっては，その都市のイメージを体験する舞台であると同時に写真などに記録される被写体となるというアメニティである。

（5）ルーラル，グリーン

　地方の農山漁村を訪問する観光をルーラル・ツーリズムと称し，そのうち農業体験などを目的として農村を訪問する観光をグリーン・ツーリズムと呼ぶ。このような観光対象としてのルーラルまたはグリーンというのは，古き良き日本人の生活が残る地域であり，それらを訪問する観光者はそこで「ふるさと」を体験しようとする。「ふるさと」を持たない都市部の子どもたちを対象とした教育観光としては，ある程度以前からあったようであるが[*43]，日本で市場が拡大して注目を集めるようになったのはここ10年ほどである。

　景気の低迷や競争の激化で疲れ果てた都市住民が心と体の癒しを求めて訪れるようになったと考えられる。また，食の安全への不安から，地産地消や食育への関心が高まったことも追い風になっている。一方で，訪問される側の農山漁村も，基幹産業である農林水産業の衰退や高齢化の進行といった環境の中で，地域の経済を支える手段として観光に頼らざるをえないという側面もある。このように捉えると，「ふるさと」という商品は，

みずからを売る必要に迫られ続けてきた地域の姿でもある,[44]という指摘も可能である。

これらのことから，ルーラルやグリーンという観光対象は，昔ながらの生活や生産活動を体験し，地元産の食材やそれらを利用した素朴な地元料理を賞味し，さらに地域住民との交流をして，都市住民たちの疲れた心と体を癒すというアメニティであると考えられる。

(6) 宗教的聖地

橋本は，巡礼と観光とはまったく別のジャンルに属すると述べている。[45]もちろん，純粋な巡礼と観光とは類似性は非常に低いだろう。ここで考えている純粋な巡礼とは，非常に強い信仰心を持って禁欲的に聖地に赴き，そこで一心に祈りを捧げ，再び禁欲的に帰還するという行動である。しかし，現代の日本においては，このような純粋な巡礼は希有であろうし，観光にしても神社仏閣を参拝するのであれば，その時には観光者はある程度の信仰心を持って祈りを捧げたりお札やお守りを購入したりしている。したがって，ここではあくまで程度の問題と捉える。

宗教的聖地は，古くから重要な観光目的地の1つであった。受け入れる側である寺社も，自身を維持するための収入源の1つとして，巡礼観光を，場合によっては積極的に受け入れてきた。このような古くからの日本の宗教的聖地は，観光目的地としては，いわば定番として一定の集客力を保ってきた。ところが，このような状況は，訪問する側にすれば，聖地の神聖さを，少なくともイメージのレベルで，低めてしまう影響を発生させる。もちろん，粗末に扱うわけではないが，周遊の圏内に有名な寺社があるから，せっかくだから参拝しようという程度になり，参拝をし，おみくじを引き，お札やお守りを購入する程度のことでは，メインのアトラクションにはなりにくくなっている。

このような傾向を打ち破り観光来訪を増加させるために，これまで観光来訪を受け入れてこなかった宗教的聖地に観光者を呼び込もうという活動が起きるようになった。例えば，長崎県のカトリック教会がその1つであ

る。長崎県には，隠れキリシタンの歴史があったように，敬虔なキリスト教徒が多く，また歴史を持った教会も多い地域である。ここに目を付けた県の教育委員会や観光課によって，教会巡りを聖地巡礼として促進する動きが起き，同様の動きがカトリック教会側からも起こっているという。信徒の信仰生活に影響のでない範囲において，非信徒へカトリックをアピールしていく手段の1つとして，教会群や殉教の聖地巡礼を打ち出したのである。[46]

具体的には，長崎県観光連盟は，長崎大司教区との協働による聖地巡礼を推進し，これを受けて，大司教区は「長崎巡礼センター」を開設しスタッフを配置している。[47]ところが，このような動きに対して，信徒個人のレベルでは，自分たちの場所（教会）が観光資源化されることに対する不安の声も聞かれるという。[48]しかし，観光者には，このような教会巡りは，観光コースとして好評で，社会が急速にグローバル化に向かい，時空間の画一化・均質化・平準化が不可逆的に進行する中で，反対に個性的で唯一無二の場所として，聖地は再び脚光を浴びるようになったと捉えられている。[49]

観光者にとっては，宗教的聖地は，観光かたがた参拝することによっていくばくかの御利益が得られるのかもという少しの信仰心をもって，歴史のある建物や美術的価値のある彫刻や絵画といった収蔵物を拝観し，また信者たちの宗教的活動を目にすることで，日常生活の中では多くのものが忘れていた信仰心を呼び覚まし，心が洗われるといったアメニティであるといえるだろう。

（7）名所旧跡

旧来型の観光が衰退するにつれて，温泉はまだしも，古くからの名所旧跡はその観光対象としての重要度を低下させてきた。川島は，戦後の日本では，二見浦のような名所旧跡詣でも団体客を中心に高度成長期の頃までは余命を保ったが，観光の中心は自然美を楽しむ方向へと向かい，その結果，観光地はそれまでの都市近郊に所在を置くものではなく，観光地化がなされていない場所へと移る，と指摘している。[50]

日本三景クラスの，有力な名所旧跡であっても，例えば，仙台方面に出かけるので，せっかくだから松島も見ておこう，くらいの扱いになる。これは，先に紹介した宗教的聖地の場合と類似している。いずれも，定番になると，悪い意味での「観光地化」が進み，無視はされないまでも，魅力を感じてもらえなくなってしまう。

　このように，古くからの名所旧跡は，それが立地する地域に観光訪問した際に，いわばアリバイ証明的に，訪問しておこうかという程度のアメニティ要素であるといえよう。ただし，それが普遍的というわけではなく，例えば，世界遺産に登録されたり，テレビドラマで取り上げられるなど外的な変化が生じて，世界遺産やドラマの舞台という価値が追加されるとアトラクションとしての力が回復するという現象も見られる。

▶観光地イメージ

　潜在的観光者が，観光の機会を得て，どこに行くかを決定する場合，彼／彼女たちが手がかりにするのは，観光地に対するイメージである。観光行動が，遠隔地をその目的地とするという行動である限り，目的地である観光地は観光者にとっては事前に実体験によってその地域の状況を知るということは不可能である。少数回の訪問経験があっても，ある程度の面積を持った観光地について詳細に知っているということは不可能に近い。リゾート地のように，同一地域への長期滞在を何度も繰り返すのでない限り，潜在的観光者は詳細な実態情報なしに訪問するかどうかを決定しなければならない。

　このことは，観光の主要動機の1つが好奇心を満たすということであるから，当然といえば当然である。それでも，潜在的観光者はそのような状況下で，どの観光地を訪問するかを決定するために利用する手がかりが，観光地イメージである。観光地イメージは，クチコミも含めて，各種のメディアを通じて，事前に，あるいは決定をする時点で潜在的観光者に伝えられている各種情報を利用して，彼／彼女たちが構成した，この観光地はこういうものだというイメージである。

メディアを通じて作られた観光地イメージが，潜在的観光者たちにその観光地に行きたいという気持ちを惹起するということは古くからあった。北川によると，江戸時代における，近江八景の全国的な名声は，浮世絵や版画の流行による影響が考えられ，当時の道中記や案内書の出現とともに，浮世絵や版画が観光地の宣伝に影響を与えた[51]，と印刷メディアによる観光地イメージの効果を指摘している。

　現代では，メディアの種類もそれが伝える観光地に関する情報も格段に増加している。その結果，ますますメディア情報が観光地イメージ形成に果たす役割が増している。遠藤は，観光情報誌，観光パンフレットのほか，テレビドラマ，映画，アニメ等もまた，観光地のイメージを創りあげるメディアとして重要であると述べている[52]。

　このように，メディアを通じた観光地イメージ形成が重要であればあるほど，逆転現象が発生する。アーリは，観光客たちが知覚する風景は，メディアを媒介として構築されたものだといえようと指摘している[53]。すなわち，観光地イメージはあくまで選択の際に利用されるだけで訪問時にはその地域そのものを体験するというのではなく，観光者は自身の持つ観光地イメージを経験するために訪問する，あるいは観光地イメージを通してしか訪問先を見ることができない，ということである。

　たしかに，古くは歌枕の地を訪問し風景を目にしてその歌の世界を追体験する旅から，絵画や小説の舞台となった景色や町を訪ねる旅，といったように，メディアによって作られた観光地イメージそのものを求める観光は決して特殊なものではない。さらに近年では，ヒットした映画のロケ地やアニメの舞台となった場所，さらにアニメの場合は作画の参考にされた場所を訪れ，映画やアニメの印象的なワン・シーンと同じアングルで記念写真を撮る観光も盛んになっている。

　このように，様々なメディアを通じて伝えられた物語をはじめとしたコンテンツを通して醸成された地域固有の雰囲気・イメージを楽しむための観光をコンテンツ・ツーリズムと呼ぶ[54]。NHKの大河ドラマの舞台となった地域は，毎年たくさんの観光者の訪問を受け，少し前の『冬のソナタ』

ブームが多くの女性ファンを韓国内のロケ地へと向かわせた，といった現象はたびたび観察される。

　コンテンツ・ツーリズムのうち，とくにアニメに関連した観光は，アニメ聖地巡礼と呼ばれている。[55]このような現状に対して，遠藤は，観光客たちは実際の風景というよりも，メディアを通して見た映画，ドラマ，アニメの世界を旅しているのであると述べている。[56]

　いずれにせよ，潜在的観光者が観光地から物理的に離れており，現物をもって事前には確認することができないという観光の本質がある限り，観光地イメージが訪問地の決定に大きな影響力を持っていることに間違いはない。観光情報誌や観光パンフレットあるいは観光情報サイトのような直接的な観光宣伝メディアはもちろんのこと，映画やドラマあるいはアニメといったメディア，そして地域特産品や現地での提供物やサービスといった非言語メディアも含めた多様なメディアを通じて，どのように望ましい観光地イメージを伝えていくのかを統合的に計画し実行しなければならない。

　さらに，観光者が観光に求めることが，このようにメディアを通じて形成された観光地イメージであるなら，実際に彼／彼女たちが当該観光でその観光地イメージに合った経験をできるかどうかが観光に対する満足度に影響することになるだろう。[57]したがって，彼／彼女たちがどのような観光地イメージを持って訪問してくるのかを知り，それに対応した観光経験を提供するような観光地計画とその実施が観光訪問の満足度を向上させるためには不可欠である。このような視点からの観光地イメージに対する研究が必要である。

3. 旅行者と観光地の関係性をどう捉えてきたのか

▶観光事業

　観光者の観光行動を実現するためには，様々な事業が必要である。その中で，輸送業，宿泊業，そして旅行業の3つが，基本的な観光事業だとい

われている。すなわち，遠隔地に居住する観光者を，安全かつ確実に観光地に移動させ，観光地に不自由なく滞在させ，これらを含む各種の財・サービスについての情報提供と調整・手配を行って，結果として観光者に彼／彼女たちが望む観光体験を商品として提供する事業である。これらの事業は，観光地と遠隔地に居住する観光者とを結び付ける仲介者としての役割を果たす。

これらの観光事業における事業の論理としては，情報格差と規模の経済がある。情報格差は，遠隔地に居住する観光者はそもそも観光地やそこでの各種のアトラクションあるいは自身の活動について事前にそれほど情報を持っていない。訪問しようとする観光地は，遠隔地であるし，頻繁に訪れる場所ではないので，自身が事前に保有する情報は自ずと限られる。観光そのものが，せいぜい年に数回しか行かないのが普通なので，なおさらである。一方の観光事業者たちは，その地で事業をしていたり，そのような観光地を紹介したり調整・手配するのが仕事であるから，情報を豊富に持っている。この情報量の差が，情報格差をもたらす。

また，規模の経済とは，大量生産あるいは大量仕入れで単位費用を低下させることである。輸送業と宿泊業は，施設という固定部分のウェイトが大きいという性格を持っているので，需要さえあれば大きな施設で一度に大量のサービスを生産する方がコスト的に有利である。旅行業は，小口の需要をまとめることで大量仕入れが可能となり，仕入れ単価を下げることが可能となる。

これは，旅行業者が供給業者である輸送業者や宿泊施設業者，そして需要者である観光者よりも情報を多く持っているが故に，それぞれが販売や購買についての情報不足によるリスクを回避するために旅行業者に委託を行うことがもたらす結果である。同時に，多数の委託を引き受け，それらを縮約・統合することで，旅行業者は，ますます情報を蓄積し，情報的に有利な位置に立つことができる。

近年，これらの観光事業の基盤が脅かされている。何より，インターネットを代表とする情報通信技術の進歩が，だれもがリアルタイムで大量の

情報に双方向でアクセスできるようにしたことが，その大きな要因である。以前なら，一般消費者である観光者たちは，遠隔地である観光地にどんな観光アトラクションがあってそれらの営業時間や料金はどうなっているのか，どんな宿泊施設などがあるのか，そしてそこへ行くにはどのような交通機関をどのように利用するのか，といった情報が不足していた。しかし，今や，パソコンやスマホを使えば，何時でもどこからでも検索可能である。検索により，最新の情報を得られるだけではなく，多くの場合にはそのまま予約までできることが普通になってきている。

こうなると，情報格差を利用して，手配や紹介をするという旅行業の基盤は危うくなるし，それと結びついて大量送客を受けることを前提とした輸送業や宿泊業の事業基盤も大きな影響を受ける[*58]。この大きな変化にどのように対応するのかが，今後の観光事業の重大な課題である。1つの可能性としては，例えば，旅行業ではメディアを通じた販売を強化すると同時に，顧客である観光者の好みに応じた対応を提供するといった努力が見られる[*59]。

一方，観光地そのものを売るという視点からは，国や自治体の観光開発・観光振興も観光事業の1つである。この場合は，上述した個別の観光事業，自然や文化そして特産品なども含めた観光資源，そしてその地域の住民や直接は観光と関連がない企業や組織までも含めた地域全体を観光地として売り込むこと，すなわち観光来訪者を獲得することを目標とする事業である。この観光事業の困難さは，上で述べたようなまったく立場が異なり利害が異なる多数の関係者を調整し説得して，その地域の観光地としてのプロモーションを実現するということを成しとげなければならないということである。

観光関連の事業者たちは観光振興が自分たちの業績につながるという点では協力的かもしれないが，個々の事業者同士はライバル関係にあるので足並みをそろえさせるのは容易ではない。また，住民や観光とは関連しない企業などは，もしかしたら観光に否定的かもしれない。観光者たちが多数訪れることで，地域の環境が悪化する，あるいは混雑が発生して彼らの

本業にマイナスとなるかもしれないと危惧しているかもしれない。

　だからといって，彼らを地域の観光事業に非協力的なままにしておいてよいはずがない。たまたま道を聞いた地域住民が親切に対応してくれると，観光者がその観光地に対して持つ満足度は高まるが，逆なら低下してしまう[60]。

　かつてのように団体旅行が主流で，観光者たちがガイド付きの観光バスで移動してしまうのなら，地域住民との接触の機会も少なかったが，近年，団体旅行は減少し，一方で個人や小グループでの旅行が増えている。その結果，観光者の地域住民との接触機会は増え，地域住民との良好な接触を観光に求める観光者が増えている。

　さらに，観光資源も，地域に存在する様々なものの中から何を選んで観光資源として取り上げるかを決めるのは簡単なことではない。すでにそれと認められている観光資源をそのまま利用するのは容易だが，利用可能性は不変ではない。時代の変化や観光資源そのものの変化に応じて，取り上げ方や意味付けを変化させていかなければならない。これら多数の困難な問題に対応しながら，地域全体として統一感のある観光開発・観光振興を計画し実施するのが，国や自治体の観光事業である。

▶観光地の競争力

　多くの観光地が，自身への観光来訪の獲得を巡って，しのぎを削っている現在，望ましい観光来訪者数を得られるのは，競争力のある観光地だけである。競争力の源泉は，その観光地が，観光来訪全体の集計として，潜在的観光者が望む観光地アメニティを提供できると認識されるかどうかである。このために，招致したい観光者たちがどのようなアメニティを求めているのかを正確に把握するとともに，自分たちの地域がどのようなアメニティを提供しているか，不足するアメニティを追加するにはどのような方策が考えられるのかといったことを考慮して観光地のマーケティングを進めなければならない。

　さらに注意しなければならないのは，潜在的観光者たちがある観光地を

訪問するかどうかを決定する際に参照するのは，その観光地が実際にどのようなアメニティを提供しているかではなく，彼／彼女たちが持っている当該観光地に対するイメージだということである。イメージは，実態からの影響は受けるが，実態を反映しているとは限らない。様々なメディアを通じて伝えられる観光地に関する情報を潜在的観光者たちが独自に解釈して，イメージは構成されるからである。

したがって，招致したい潜在的観光者たちが，自身の観光地に対して現在どのようなイメージを抱いているのかを把握することと，適切なイメージを形成してもらえるような情報提供をいかに行うかを計画し実施することが観光地の競争力を獲得するためには必要である。

例えば，東北から北海道にかけて雪質の優れたたくさんのスキー場がある。しかし，それらの中で北海道のニセコだけがオーストラリアからのスキー客を多数惹きつけている。これは，たまたまニセコを気に入ったオーストラリア人スキーヤーが，母国の人々に対してニセコのスキー場としてのすばらしさを伝えたことによって，望ましいイメージ形成に寄与することとなり，それが引き金となり，たくさんのオーストラリア人が訪れた結果，オーストラリア人スキーヤーに対応する施設・サービスが充実して，実態として提供されるアメニティが向上し，そのことがさらにニセコのイメージを高めるという好循環ができたからであるといわれている。[61]

現在の日本のように，情報化が進み，流行などに合わせて多くの観光地が同様に開発を進めようとする傾向が強い状況下ではとくに，イメージレベルでの差別化が重要である。ブームなどの影響で，実態としては内容的に似通った観光地が多数存在し，お互いに観光需要を競い合うような状況下にあっては，とくにイメージを通じた差別化に成功できるかどうかが，観光地の競争力に作用する。

このような現象について，橋本は次のような事例を紹介している。[62]英国の海浜リゾートが，その競争力を失っている時に，評価を失わなかった２つのリゾートとは，「最新性」「最大性」を目指して「海浜リゾート」の枠組みを超えたブラックプールと，モダンを超えて残る「プレモダン」のサ

ウスポートであった，というのである．すなわち，モダンな海浜リゾートが林立した時に，競争力を獲得できたのは，モダンの中でも最先端を追求している観光地か，モダンには走らずにレトロなイメージを獲得できた観光地か，というように個性を主張できた観光地だったというのである．

▶**顧客の期待，満足，忠誠**

　当然，競争力の強い観光地は，相対的に高いアメニティが得られると潜在的観光者から期待を受けているはずである．この期待は，彼／彼女たちのこれまでの経験や様々なメディアを通じて得られた情報及び情報をもとにつくり上げた観光地イメージから形成される．中でも，価格は品質の手がかりとして重要であり，橋本は次のように指摘している．観光には楽しみのための消費という特徴もある．観光ではすべてのサービスに代金が支払われる．サービスの質と内容が，料金に反映する．高い料金を払えば，質の高いサービスを受けられるのは当然である．観光は優れて経済的な側面を持つ．[63]

　そして，実際に訪問し，観光を経験した時に，期待していたようなアメニティが得られたかどうかによって，当該観光地にたいする満足が導かれる．すなわち，期待通りあるいはそれ以上のアメニティが得られたと知覚されると，観光満足につながる．逆に，期待を下回った場合には，不満足となるだろう．

　さらに，ある観光地訪問が高い満足をもたらせば，その観光者は当該観光地に対して忠誠を尽くすようになり，再訪を行う．いわゆるリピーターとなるのである．現在の日本のように成熟した市場条件においては，多くの観光地が必要な需要を確保する方策としてリピーターの獲得を目指している．しかしながら，現実にリピーターを獲得することを目指すのであれば，上述したような関連を理解した上で，段階を追って訪問した観光者たちの満足度を向上させ，忠誠につなげるという努力をしなければならない．とくに，観光地のアメニティは，多様で，集計的であるから，それらに対する期待の状況と現実にどのように提供されているかの確認は，容易では

ないが,慎重に実施されなければならない。

例えば,2008年に国土交通省が行った観光者を対象とした意識調査の分析結果は,「観光地のにぎわい」と「おもてなし品質」という2つの領域での満足が「再来訪意向」という忠誠に正の影響を与えているという結果を示している。[64] ここで,観光地のにぎわいというのは,「住んでみたい」,「観光産業が盛んと認識」,「公共交通を利用しやすい」,「地場食材・料理に満足」,「観光客でにぎわう」,という指標で測定される観光地でのアメニティの状況に対する満足度であり,おもてなし品質というのは,「接客サービスに満足」,「観光地周辺の住民が温かく迎えてくれた・親切」という指標で測定される満足度である。

観光白書では,詳細な分析結果は示されていないが,個別の測定次元の再来訪意向への影響の強弱を知ることができれば,具体的にどのようなアメニティ要素を強化することが当該観光地に対する観光者の忠誠を上昇させるのに効果的かといったことが明らかにできるだろう。

▶地域ブランド論

観光のマーケティングでは,観光地や個別の観光資源ないし観光施設の実態もさることながら,それらに対するイメージが訪問決定に大きな影響を与えるという点で,ブランドのマーケティングとの類似性が認められる。また,上述のように,その成果として満足や忠誠に注目する点も,ブランド論との共通点である。

地域ブランド論は,観光地という地域そのものを,ブランドとして扱うことで,既存のブランド論の知見を援用して,観光市場における当該観光地の価値や地位を向上させ観光来訪者の誘致につなげること,同時に地域住民にとっての当該地域の価値を高めることを目標とする。電通abic projectは,体験価値を通じた地域ブランド構築は,買いたい→訪れたい→交流したい→住みたいという階層を進めることであると主張している。[65]

地域ブランドは,どのように創りあげればよいのだろうか。敷田らは,地域ブランドは,当該地域で生産され提供される財・サービス個々のブラ

ンドの集計として成立すると主張している[66]。そして，ブランディングとは，地域資源から観光サービスをつくり出すための地域資源への働きかけ，地域資源の付加価値を高めることとも述べている[67]。

　これらのことから，地域ブランドは，通常のブランド論における企業ブランドや傘ブランドのように複数の個別製品ブランドをまとめて，1つの統一されたアイデンティティを形成する対象と考えられる。ずなわち，地域ブランドは，その地域で生産されたり提供されたりする製品やサービスの特徴あるいは観光者たちが認知するイメージを方向付ける一方で，個々の製品やサービスが提供する内容やそれらがもたらす個々のイメージの集計として構成されると考えられる。

　松谷は，地域とその地域の特産食品との関係から，生産地のイメージが製品の認知に及ぼす生産地効果と，特産品に対して抱くイメージが地域そのもののイメージ形成に影響を与える特産品連想という逆方向の影響関係が想定され，観光者たちの認知において相対的に強い方が弱い方に影響を与えると考えられると指摘している[68]。

　いずれにせよ，地域という非常に多様で広範囲な対象をブランドとして取り扱い，管理するのは容易ではない。企業ブランドの場合は，その権利所有者である企業なりが，排他的にブランドに対する計画を立て実施することが可能だが，地域に属する様々な主体を地域ブランド形成のために強制的に行動させることは困難だからである。この様々な主体には，宿泊業や観光アトラクションといった観光に直接関連する企業もあれば，農林水産業やそれらの加工業あるいは飲食業のように地域の特産品を生産する企業や組織もあれば，住民や直接は観光や特産品と関連しない企業や組織も含まれ，それぞれの利害は異なるからである。

　利害が異なる多様な主体を説得し，望ましい地域ブランド確立のために協力体制を構築しなければ，地域ブランドを構築することは望めない。これらの点を考慮して，大橋は，観光目的地を統合する，強固なコラボレーションが観光ブランド確立には重要であると主張している[69]。

▶情報，交通システムの影響

これまでの議論から，観光が行われる社会のインフラとしての情報システムと交通システムが観光のあり方にどのように影響するのかにも注意をしておかなければならないことは容易に理解できるだろう。

まず，情報システムについては，すでに考察したように，潜在的観光者たちがこれからどの観光地を訪問するかを決定するために参照するのが，観光地イメージであることを考えれば，その観光地イメージを形成するもととなる情報の収集方法や情報の質や量が情報システムの発展によって大きく変わることが，結果として観光地イメージの形成や観光地選択に影響を及ぼすと考えるべきである。

また，すでに指摘したように，情報システムの発達が，観光事業の基盤そのものを変えてしまうという事態も生じようとしている。このような変化は，今後の観光に関連する企業の行動や観光者の購買行動をドラスティックに変える要因となるだろう。さらに，情報システムの進化が，観光行動そのものを変えてしまう可能性もある。アーリがいうように，観光の目的がメディアから得たイメージを確認するためというのであれば，メディアである情報システムの進化は観光目的のあり方やイメージの形成のされ方を大きく変えるだろう。

そして，先に紹介したアニメ聖地巡礼は，インターネット，とくにモバイル・インターネットの発達が創りあげた観光の形態だと捉えることも可能である。すなわち，アニメ聖地巡礼をしたアニメ・ファンは，自身が見つけたり訪問したりしたアニメ聖地を，インターネットを通じて同好の士に公開する。これを見た別のファンは，それを参考に訪問をしたり，先の者がまだ見つけていない新たな聖地探しをして見つけた聖地を公開したりする。さらに，アニメ聖地巡礼の際の注意など，聖地巡礼の仕方などもインターネットを通じて伝えあう，という行動をとっていることが観察されている[70]。

観光行動は，情報行動であると捉えることも可能である。であるとすれ

ば，情報技術革新であるインターネットの普及は，観光に影響を与えないではおかないだろう。現在，まさにその大きな変化が進行中であり，その変化に注目し続け，そこから様々な新たな研究のテーマを見つけ出し，研究を進めなければならない。

　観光行動は，必然的に長距離移動を伴うのだから，交通システムの変化が観光に与える影響は大きい。かつての徒歩の時代から，鉄道が高速大量輸送手段として出現したことによって観光の世界は革命的に変化した。鉄道を利用した団体旅行の開始はその象徴である。庶民にも負担可能な料金で，短い休暇期間に，都市住民が有名な観光地を訪問することを可能にしたのである。その後の，鉄道の高速化，航空機の誕生，自動車の普及は，それぞれの価格低下を伴って，多くの人々に対して移動における経済的距離，時間的距離，そして心理的距離を大幅に短縮し，観光の普及の大きい原動力となった。

　現在の日本では，新幹線網の整備，LCCの出現，高速道路網の整備と自家用車の増加といった現象が進行中である。鉄道や航空機はお互いの競争の中で高速化すると同時に料金を下げている。また，2009年に実施された高速道路料金の休日1000円均一化が，自家用車を使った観光の急増をもたらしたことは記憶に新しい。このように，交通システムの変化は，観光行動そのものを大きく変える要因となることから，観光と交通システムの関係に関する研究も，今後の展開が期待される。

注

*1　しかも，日常生活から隔絶されているが故にそれらに集中できるのである。
*2　さらに，安全や寝食を確保するという困難を共有することも重要な影響がある。
*3　たしかに，観光動機には多種多様なものが考えられるが，Pearceは，P. L. Pearce, *Tourist Behavior: Themes and Conceptual Schemes*, Channel View Publications, 2005において，多様な観光動機は14種に整理できるとした。これらは，「新しさの追求」，「日常生活からの逃避・リラックス」，「人間関係の強化・進展」，「自律性保持」，「自然景観鑑賞」，「受け入れ先についての配慮」，「刺激追求」，「自己充実」，「人間関係の修復・保全」，「自己満足」，「孤独状態追求」，「懐古趣味追求」，「ロマン主義追求」，「自

己力量の誇示」である。さらにPearceは，実証調査の結果，コアとなる旅行動機は「新しさの追求」，「日常生活からの逃避・リラックス」，「家庭的ないし社会的な人間関係の強化・涵養」の3種であり，これらは多様な旅行者で共通していると結論づけている（Pearce, pp.50-63）。先述した3種類の観光動機は，それぞれPearceのコア動機と対応している。

*4　ジョン・アーリ著，加太宏邦訳『観光のまなざし―現代社会におけるレジャーと旅行―』法政大学出版局，1995年，pp.4-6。
*5　橋本和也『観光人類学の戦略―文化の売り方・売られ方―』世界思想社，1999年，p.12。橋本は，記録された事例や観察した事例に基づいて，人類学的視点から観光を論じている。
*6　同上，p.54。
*7　観光庁編「観光白書（平成23年版）」日経印刷株式会社，2011年，p.12。
*8　パーセンテージは，回答者1,625人に占める複数回答での該当者割合。以下同様。
*9　内閣府編「観光白書（平成2年版）」大蔵省印刷局，1990年，p.34。
*10　回答者3,767人に占める複数回答での該当者割合。以下同様。
*11　橋本，前掲，p.56
*12　前田勇編著『現代観光総論 第三版』学文社，2006年，p.119。
*13　玉村和彦『パッケージ観光論』同文舘出版，2003年，p.9。
*14　呉羽正昭・金玉実「観光行動の空間特性」，神田孝治編著『観光の空間―視点とアプローチ』ナカニシヤ出版，2009年，pp.104-105。
*15　同上，p.106
*16　同上，p.105
*17　大橋昭一『観光の思想と理論』文眞堂，2010年，pp.92-96。
*18　観光白書の各種調査結果などを参照。
*19　金森敦子『お伊勢参り ニッポン観光事始め』『NHK 知るを楽しむ 歴史に好奇心 2007年10-11月号』日本放送出版協会，2007年，p.48。
*20　前田，前掲，p.35
*21　金森，前掲，p.15
*22　北川，p.85
*23　金森，前掲，p.16
*24　多くの場合は，遠方にまで出かける観光は，庶民にとっては一生に一度の大イベントであった。
*25　北川宗忠『観光・旅の文化』ミネルヴァ書房，2002年，p.51。北川は，膨大な資料を参照しながら，日本における観光の歴史を紹介している。
*26　北川，同上，p.52。
*27　金森，前掲，p.10。

*28 北川,前掲,p.84, p.105;金森,前掲,pp.21-48。
*29 北川,前掲,p.249及び齋藤枝里子『近代日本における船旅とツーリズム空間の形成』,神田孝治編著『観光の空間―視点とアプローチ―』ナカニシヤ出版,pp.28-32,2009年。
*30 北川,前掲,pp.252-255。
*31 金子直樹「国内観光とガイドブックの変遷」,神田孝治編著『観光の空間―視点とアプローチ―』ナカニシヤ出版,2009年,p.129。
*32 前田,前掲,p.10。
*33 遠藤英樹「観光空間・知覚・メディアをめぐる新たな社会理論への転回」,遠藤英樹・堀野正人編著『「観光のまなざし」の転回―越境する観光学』春風社,p.85, 2004年。
*34 西田正憲「自然観光における観光のまなざしの生成と発展」,遠藤英樹・堀野正人編著『「観光のまなざし」の転回―越境する観光学』春風社,2004年,p.30。
*35 北川,前掲,pp.166-189。
*36 西田,前掲,p.27。
*37 同上,p.34。
*38 川島智生「創出された観光地―鞆の浦,二見ヶ浦にみる海景名所の近代」,遠藤英樹・堀野正人編著『「観光のまなざし」の転回―越境する観光学』春風社,p.61, 2004年。
*39 松谷真紀「近年における観光資源としての「食」の重要性の変化に関する分析」,和歌山大学観光学会『観光学』第3号,2010年7月,p.28。
*40 森正人「リゾートと自宅のアジア的なるもの」,神田孝治編著『観光の空間―視点とアプローチ―』ナカニシヤ出版,2009年,p.183。
*41 北川,前掲,p.16。
*42 川島,前掲,p.48。
*43 ヨーロッパでは,農村に滞在する休暇の過ごし方というのはかなり以前から行われていた。
*44 堀野正人「地域と観光のまなざし―「まちづくり観光」論に欠ける視点」,遠藤英樹・堀野正人編著『「観光のまなざし」の転回―越境する観光学』春風社,2004年,p.121。
*45 橋本,前掲,p.57。
*46 松井圭介「聖地創造と消費される文化」,神田孝治編著『観光の空間―視点とアプローチ―』ナカニシヤ出版,p.51, 2009年。
*47 同上,p.52。
*48 同上,p.53。
*49 同上,p.54。
*50 川島,前掲,p.62。
*51 北川,前掲,p.182。
*52 遠藤英樹「メディアテクストとしての観光」,神田孝治編著『観光の空間―視点とアプローチ―』ナカニシヤ出版,2009年,p.168。

*53 アーリ，前掲，p.5。
*54 コンテンツ・ツーリズム全般については，増淵敏之『物語を旅するひとびと コンテンツ・ツーリズムとは何か』彩流社，2010年を参照。
*55 岡本健「「らき☆すた」に見るアニメ聖地巡礼による交流型まちづくり」，敷田麻美・内田純一・森重昌之『観光の地域ブランディング 交流によるまちづくりのしくみ』学芸出版社，2009年，p.70。
*56 遠藤，2009，p.171。
*57 MacCannellは，真正性（authenticity）という視点から，観光者に見せられる様々な事物が，舞台で演じられる演劇のように作られたものであると指摘した。このMacCannellの主張は，その後の観光研究に大きな影響を与えた。MacCannell, Dean, *The Tourist: A New Theory of the Leisure Class*, University of California Press, 1999（初版は1976年，また論文としては1973年に発表された）。このような視点からは，構成された観光経験と，観光者が持っているイメージとの一致が，観光者の満足に影響すると捉えることができる。
*58 インターネットを通じた，宿泊予約の影響については，大津正和「旅行商品流通におけるビジネス革新―イノベーションとしてのインターネット宿泊予約―」和歌山大学観光学会『観光学』第4号，2010年12月，pp.1-10を参照。
*59 このようなアプローチの例としては，高橋秀夫『理想の旅行業 クラブツーリズムの秘密』毎日新聞社，2008年を参照。
*60 西川英彦「観光ビジネスの本質」，高橋一夫・大津正和・吉田順一編著『1からの観光』碩学舎，2010年，pp.203-204。
*61 横山斉理「インバウンドの観光事業」，高橋一夫・大津正和・吉田順一編著『1からの観光』碩学舎，2010年，pp.181-186。
*62 橋本，前掲，p.46。
*63 同上，p.15。
*64 国土交通省編「観光白書（平成20年版）」株式会社コミュニカ，2008年，p.24。
*65 電通abic project編『地域ブランド・マネジメント』有斐閣，2009年，pp.6-8。
*66 敷田麻美・内田純一・森重昌之『観光の地域ブランディング 交流によるまちづくりのしくみ』学芸出版社，2009年，pp.29-30。
*67 同上，p.38。
*68 松谷真紀「地域ブランディングにおける地域特産食品ブランディングに関する考察」和歌山大学観光学会『観光学』第6号，2012年3月，pp.62-64。
*69 大橋，前掲，pp.125-126。
*70 増淵，前掲，pp.111-122。

資料編

付表1　観光依存行列:観光地観光客の居住地比率%(列計が100)
出所:観光庁「宿泊旅行統計調査」における「観光目的宿泊者率50%以上施設の居住
　　　県別延べ宿泊者数」2009年度に基づき作成

観光依存行列（1）

居住地	観光地										
	東京	神奈川	新潟	富山	石川	福井	山梨	長野	岐阜	静岡	愛知	三重
北海道	3.3	1.2	0.1	0.3	0.8	0.2	0.2	0.2	0.5	0.4	0.2	0.4
青森	1.0	0.2	0.1	0.0	0.1	0.1	0.1	0.0	0.1	0.0	0.0	0.0
岩手	0.9	0.3	0.2	0.1	0.2	0.1	0.1	0.1	0.1	0.1	0.0	0.1
宮城	2.0	0.8	0.9	0.3	0.5	0.1	0.3	0.1	0.4	0.2	0.1	0.2
秋田	0.7	0.3	0.2	0.2	0.2	0.2	0.1	0.0	0.0	0.1	0.0	0.0
山形	0.9	0.4	0.7	0.6	0.3	0.2	0.3	0.2	0.2	0.1	0.0	0.1
福島	1.3	0.6	1.2	0.6	0.5	0.5	0.3	0.7	0.4	0.4	0.1	0.2
茨城	1.1	1.3	2.1	1.0	0.6	0.2	2.3	1.2	0.6	1.1	0.5	0.3
栃木	0.8	1.1	1.7	1.1	0.5	0.2	1.0	0.6	0.7	0.6	0.2	0.2
群馬	0.9	1.0	2.6	1.5	0.8	0.5	1.3	1.1	0.7	0.9	0.3	0.3
埼玉	3.4	5.1	10.5	3.4	2.6	0.6	6.5	5.6	3.6	6.2	1.4	1.3
千葉	2.6	5.1	6.4	1.8	1.6	0.4	6.2	5.1	2.1	4.8	1.1	1.0
東京	38.3	32.8	30.4	7.3	13.8	4.0	30.4	28.8	9.8	32.4	8.8	7.0
神奈川	4.4	31.8	8.3	2.7	2.7	0.8	9.9	7.5	2.9	18.8	3.7	2.0
新潟	1.8	0.7	22.0	4.3	1.7	1.4	1.3	1.7	0.9	0.5	0.2	0.4
富山	0.7	0.3	0.7	21.6	6.7	2.3	0.6	1.4	1.8	0.1	0.3	0.4
石川	0.7	0.2	0.7	3.9	21.3	2.2	0.8	1.1	1.3	0.2	0.3	0.4
福井	0.4	0.2	0.2	1.8	4.5	30.1	0.2	0.3	0.7	0.4	0.2	0.4
山梨	0.6	0.6	0.6	1.1	0.4	0.2	11.4	0.8	0.5	1.0	0.6	0.2
長野	1.6	0.9	1.8	3.0	1.9	1.4	1.7	12.2	1.1	1.0	1.3	0.6
岐阜	0.9	0.5	0.4	4.0	3.3	3.3	2.1	1.7	18.1	1.1	4.8	3.1
静岡	2.2	2.7	1.1	4.8	1.8	1.8	5.5	2.6	3.5	15.2	3.6	2.0
愛知	4.4	3.2	2.4	12.6	8.5	10.1	8.4	9.7	22.8	6.9	59.1	17.4
三重	0.9	0.5	0.1	2.1	1.5	2.6	1.3	1.6	2.3	0.9	2.7	13.6
滋賀	0.7	0.3	0.1	1.8	2.2	3.8	0.4	1.6	1.5	0.5	0.8	2.4
京都	1.9	0.7	0.2	2.7	4.1	5.5	0.9	1.7	2.6	0.8	1.0	5.8
大阪	6.3	2.5	1.5	7.4	7.6	17.0	3.1	6.1	9.3	3.0	4.4	24.6
兵庫	3.1	1.1	0.3	3.7	3.3	4.1	1.1	1.7	3.7	0.9	1.6	5.2
奈良	0.7	0.3	0.1	0.8	1.4	1.8	0.5	1.1	1.2	0.3	0.7	5.5
和歌山	0.4	0.1	0.0	0.3	0.5	0.7	0.2	0.5	0.6	0.1	0.2	1.0
鳥取	0.2	0.1	0.0	0.1	0.1	0.1	0.0	0.1	0.1	0.1	0.0	0.1
島根	0.2	0.1	0.0	0.1	0.1	0.2	0.0	0.0	0.1	0.0	0.2	0.1
岡山	0.8	0.3	0.1	0.3	0.5	0.6	0.2	0.6	0.6	0.1	0.6	0.7
広島	1.6	0.4	0.2	1.8	0.7	0.9	0.3	0.3	1.8	0.2	0.4	0.6
山口	0.6	0.2	0.0	0.1	0.2	0.1	0.1	0.1	0.2	0.0	0.1	0.1
徳島	0.3	0.1	0.0	0.1	0.2	0.2	0.0	0.2	0.2	0.1	0.1	0.2
香川	0.4	0.1	0.2	0.2	0.4	0.4	0.1	0.2	0.6	0.1	0.1	0.3
愛媛	0.6	0.2	0.1	0.2	0.2	0.3	0.1	0.1	0.3	0.0	0.1	0.3
高知	0.4	0.1	0.1	0.1	0.1	0.0	0.0	0.1	0.2	0.1	0.0	0.1
福岡	2.6	0.7	0.8	0.2	0.9	0.2	0.2	0.7	1.1	0.2	0.2	0.8
佐賀	0.3	0.1	0.0	0.0	0.1	0.0	0.0	0.1	0.1	0.0	0.0	0.0
長崎	0.5	0.2	0.1	0.0	0.1	0.1	0.0	0.1	0.0	0.1	0.0	0.0
熊本	0.8	0.2	0.0	0.1	0.1	0.1	0.0	0.1	0.1	0.1	0.0	0.0
大分	0.5	0.2	0.0	0.0	0.1	0.0	0.0	0.1	0.1	0.1	0.0	0.0
宮崎	0.6	0.1	0.0	0.0	0.1	0.0	0.0	0.1	0.0	0.1	0.0	0.0
鹿児島	0.6	0.2	0.1	0.0	0.2	0.0	0.0	0.1	0.2	0.1	0.0	0.2
沖縄	1.2	0.2	0.1	0.0	0.2	0.0	0.1	0.0	0.2	0.0	0.1	0.1

観光依存行列（2）

居住地	観光地										
	東京	神奈川	新潟	富山	石川	福井	山梨	長野	岐阜	静岡	愛知	三重
北海道	3.3	1.2	0.1	0.3	0.8	0.2	0.2	0.2	0.5	0.4	0.2	0.4
青森	1.0	0.2	0.1	0.0	0.1	0.1	0.1	0.0	0.1	0.0	0.0	0.0
岩手	0.9	0.3	0.2	0.1	0.2	0.1	0.1	0.1	0.1	0.1	0.0	0.1
宮城	2.0	0.8	0.9	0.3	0.5	0.1	0.3	0.1	0.4	0.2	0.1	0.2
秋田	0.7	0.3	0.2	0.2	0.2	0.2	0.1	0.0	0.0	0.1	0.0	0.0
山形	0.9	0.4	0.7	0.6	0.3	0.2	0.3	0.2	0.2	0.1	0.0	0.1
福島	1.3	0.6	1.2	0.6	0.5	0.5	0.3	0.7	0.4	0.4	0.1	0.2
茨城	1.1	1.3	2.1	1.0	0.6	0.2	2.3	1.2	0.6	1.1	0.5	0.3
栃木	0.8	1.1	1.7	1.1	0.5	0.2	1.0	0.6	0.7	0.6	0.2	0.2
群馬	0.9	1.0	2.6	1.5	0.8	0.5	1.3	1.1	0.7	0.9	0.3	0.3
埼玉	3.4	5.1	10.5	3.4	2.6	0.6	6.5	5.6	3.6	6.2	1.4	1.3
千葉	2.6	5.1	6.4	1.8	1.6	0.4	6.2	5.1	2.1	4.8	1.1	1.0
東京	38.3	32.8	30.4	7.3	13.8	4.0	30.4	28.8	9.8	32.4	8.8	7.0
神奈川	4.4	31.8	8.3	2.7	2.7	0.8	9.9	7.5	2.9	18.8	3.7	2.0
新潟	1.8	0.7	22.0	4.3	1.7	1.4	1.3	1.7	0.9	0.5	0.2	0.4
富山	0.7	0.3	0.7	21.6	6.7	2.3	0.6	1.4	1.8	0.1	0.3	0.4
石川	0.7	0.2	0.7	3.9	21.3	2.2	0.8	1.1	1.3	0.2	0.3	0.4
福井	0.4	0.2	0.2	1.8	4.5	30.1	0.2	0.3	0.7	0.4	0.2	0.4
山梨	0.6	0.6	0.6	1.1	0.4	0.2	11.4	0.8	0.5	1.0	0.6	0.2
長野	1.6	0.9	1.8	3.0	1.9	1.4	1.7	12.2	1.1	1.0	1.3	0.6
岐阜	0.9	0.5	0.4	4.0	3.3	3.3	2.1	1.7	18.1	1.1	4.8	3.1
静岡	2.2	2.7	1.1	4.8	1.8	1.8	5.5	2.6	3.5	15.2	3.6	2.0
愛知	4.4	3.2	2.4	12.6	8.5	10.1	8.4	9.7	22.8	6.9	59.1	17.4
三重	0.9	0.5	0.1	2.1	1.5	2.6	1.3	1.6	2.3	0.9	2.7	13.6
滋賀	0.7	0.3	0.1	1.8	2.2	3.8	0.4	1.6	1.5	0.5	0.8	2.4
京都	1.9	0.7	0.2	2.7	4.1	5.5	0.9	1.7	2.6	0.8	1.0	5.8
大阪	6.3	2.5	1.5	7.4	7.6	17.0	3.1	6.1	9.3	3.0	4.4	24.6
兵庫	3.1	1.1	0.3	3.7	3.3	4.1	1.1	1.7	3.7	0.9	1.6	5.2
奈良	0.7	0.3	0.1	0.8	1.4	1.8	0.5	1.1	1.2	0.3	0.7	5.5
和歌山	0.4	0.1	0.0	0.3	0.5	0.7	0.2	0.5	0.6	0.1	0.2	1.0
鳥取	0.2	0.1	0.0	0.1	0.1	0.1	0.0	0.1	0.1	0.0	0.0	0.1
島根	0.2	0.1	0.0	0.1	0.1	0.2	0.0	0.0	0.1	0.0	0.2	0.1
岡山	0.8	0.3	0.1	0.3	0.5	0.6	0.2	0.6	0.6	0.1	0.6	0.7
広島	1.6	0.4	0.2	1.8	0.7	0.9	0.3	0.3	1.8	0.2	0.4	0.6
山口	0.6	0.2	0.0	0.1	0.2	0.1	0.1	0.1	0.2	0.0	0.1	0.1
徳島	0.3	0.1	0.0	0.1	0.2	0.2	0.2	0.2	0.2	0.1	0.1	0.2
香川	0.4	0.1	0.2	0.2	0.4	0.4	0.1	0.2	0.6	0.1	0.1	0.3
愛媛	0.6	0.2	0.1	0.2	0.2	0.3	0.1	0.1	0.3	0.1	0.1	0.3
高知	0.4	0.1	0.1	0.1	0.1	0.0	0.1	0.1	0.2	0.0	0.0	0.1
福岡	2.6	0.7	0.8	0.7	0.9	0.2	0.2	0.7	1.1	0.7	0.2	0.8
佐賀	0.3	0.1	0.5	0.0	0.1	0.0	0.0	0.1	0.1	0.0	0.0	0.0
長崎	0.5	0.2	0.1	0.0	0.1	0.0	0.0	0.1	0.1	0.1	0.0	0.0
熊本	0.8	0.2	0.2	0.1	0.2	0.1	0.1	0.0	0.3	0.1	0.0	0.1
大分	0.5	0.2	0.0	0.0	0.1	0.0	0.0	0.1	0.0	0.1	0.0	0.0
宮崎	0.6	0.1	0.1	0.1	0.1	0.0	0.1	0.0	0.1	0.0	0.0	0.1
鹿児島	0.6	0.2	0.1	0.0	0.1	0.0	0.0	0.2	0.2	0.1	0.0	0.2
沖縄	1.2	0.2	0.1	0.2	0.2	0.0	0.1	0.0	0.2	0.0	0.1	0.1

観光依存行列（3）

居住地	観光地										
	滋賀	京都	大阪	兵庫	奈良	和歌山	鳥取	島根	岡山	広島	山口	徳島
北海道	0.5	3.0	2.2	0.7	1.6	0.7	0.3	0.7	1.8	2.1	0.5	1.7
青森	0.1	0.4	0.4	0.1	0.4	0.1	0.0	0.1	0.1	0.1	0.1	0.1
岩手	0.0	0.4	0.2	0.1	0.4	0.1	0.0	0.5	0.1	0.2	0.0	0.1
宮城	0.6	1.0	0.9	0.3	0.7	0.4	0.0	0.4	0.3	0.3	0.1	1.0
秋田	0.0	0.3	0.2	0.0	0.4	0.1	0.0	0.1	0.0	0.0	0.1	0.2
山形	0.2	0.4	0.3	0.0	0.3	0.2	0.1	0.2	0.1	0.0	0.1	0.3
福島	0.3	0.8	0.5	0.1	0.6	0.2	0.1	0.4	0.5	0.6	0.2	0.3
茨城	0.3	1.3	0.8	0.2	1.0	0.4	0.1	0.7	0.2	0.4	0.2	0.4
栃木	0.2	1.0	0.5	0.2	0.7	0.2	0.1	0.2	0.3	0.4	0.1	0.2
群馬	0.5	1.0	0.6	0.2	0.9	0.3	0.1	0.3	0.1	0.3	0.2	1.0
埼玉	1.6	4.6	2.9	1.1	4.1	1.0	0.4	1.9	0.7	1.9	0.5	1.2
千葉	1.3	4.3	2.8	1.1	4.4	0.7	0.3	1.5	0.8	1.6	0.7	0.9
東京	12.3	27.1	14.8	7.2	24.0	7.5	3.4	10.3	4.8	19.3	7.0	11.1
神奈川	2.6	8.5	5.1	2.0	7.5	1.4	0.6	2.4	1.3	2.6	1.0	1.6
新潟	0.4	1.1	0.5	0.2	1.2	0.3	0.1	0.2	0.6	0.4	0.1	0.1
富山	0.5	0.9	0.8	0.4	0.5	0.4	0.1	0.4	0.1	0.4	0.1	0.1
石川	0.5	0.9	1.4	0.6	0.8	0.3	0.2	1.1	0.3	0.4	0.1	0.4
福井	0.7	0.5	1.0	0.4	0.4	0.4	0.1	0.4	0.2	0.2	0.1	0.5
山梨	0.4	0.5	0.3	0.1	0.7	0.2	0.1	0.2	0.2	0.2	0.1	0.6
長野	1.0	1.1	0.5	0.3	1.1	0.8	0.4	0.7	1.0	0.5	0.2	1.7
岐阜	1.6	0.8	1.3	1.2	0.8	1.7	0.9	0.9	0.8	0.8	0.4	0.3
静岡	2.2	3.0	1.6	0.9	3.1	1.3	0.5	1.4	0.4	1.2	0.4	1.2
愛知	9.6	4.4	6.5	4.6	4.1	7.2	2.6	5.5	2.9	5.5	2.9	2.5
三重	1.6	1.0	1.6	1.3	0.8	2.8	1.5	1.4	0.7	0.5	0.3	0.4
滋賀	13.4	0.9	1.4	2.1	0.5	2.3	1.6	1.2	1.2	0.7	0.4	2.0
京都	9.2	7.9	2.7	5.2	2.3	4.1	4.3	2.6	3.4	1.6	1.1	4.8
大阪	23.9	5.9	26.7	25.5	8.8	30.9	20.7	12.0	13.6	8.1	7.0	24.2
兵庫	4.8	2.7	4.9	28.8	3.7	6.7	14.3	7.2	14.3	4.4	4.4	15.6
奈良	1.8	0.8	1.3	2.8	14.2	3.6	2.9	1.4	2.1	0.6	0.5	2.9
和歌山	0.6	0.5	1.1	1.1	0.8	16.1	0.9	1.0	0.6	0.3	0.2	1.0
鳥取	0.2	0.4	0.5	0.7	0.3	0.2	12.6	2.0	1.1	0.5	0.5	1.7
島根	0.3	0.5	0.5	0.4	0.3	0.2	2.2	17.6	1.9	1.1	1.2	0.4
岡山	0.9	0.9	1.3	1.8	0.8	1.2	9.0	4.4	29.6	2.3	3.5	2.3
広島	1.6	1.8	2.5	2.1	1.6	1.2	9.6	7.1	7.4	31.3	14.3	2.5
山口	0.3	0.7	0.7	0.5	0.4	0.2	1.7	2.1	1.2	1.6	23.5	0.7
徳島	0.4	0.4	0.7	1.0	0.5	0.7	1.4	1.1	0.7	0.7	0.4	6.4
香川	0.6	0.6	0.9	1.1	0.4	0.7	2.3	1.5	1.1	0.6	0.8	2.7
愛媛	0.7	0.8	1.2	0.8	0.5	0.5	1.7	1.7	1.1	1.3	1.7	1.6
高知	0.2	0.4	0.5	0.5	0.2	0.2	0.6	0.6	0.4	0.4	0.4	0.6
福岡	1.2	3.4	3.0	1.5	2.2	2.0	1.6	2.7	0.9	2.3	15.7	1.6
佐賀	0.1	0.3	0.3	0.1	0.3	0.0	0.1	0.2	0.1	0.2	2.0	0.1
長崎	0.1	0.5	0.5	0.1	0.3	0.0	0.1	0.3	0.2	0.3	1.7	0.0
熊本	0.3	0.8	0.6	0.2	0.4	0.1	0.2	0.5	0.2	0.4	2.1	0.1
大分	0.1	0.6	0.4	0.1	0.4	0.1	0.1	0.4	0.3	0.4	1.5	0.5
宮崎	0.1	0.4	0.3	0.1	0.4	0.1	0.1	0.1	0.1	0.3	0.7	0.0
鹿児島	0.2	0.6	0.6	0.1	0.4	0.1	0.1	0.2	0.1	0.7	0.8	0.1
沖縄	0.1	0.4	0.5	0.1	0.3	0.2	0.0	0.1	0.1	0.3	0.3	0.3

観光依存行列（4）

居住地	観光地									
	香川	愛媛	高知	福岡	佐賀	長崎	熊本	大分	宮崎	鹿児島	沖縄
北海道	0.9	1.3	1.6	0.6	0.6	1.8	0.7	1.4	2.8	1.8	3.3
青森	0.2	0.1	0.1	0.1	0.1	0.2	0.0	0.1	0.1	0.1	0.3
岩手	0.2	0.2	0.1	0.0	0.0	0.1	0.0	0.1	0.0	0.1	0.2
宮城	0.7	0.6	1.0	0.3	0.1	0.6	0.3	0.5	0.5	0.4	0.9
秋田	0.1	0.2	0.1	0.0	0.0	0.2	0.0	0.1	0.1	0.1	0.2
山形	0.1	0.2	0.1	0.0	0.0	0.1	0.0	0.1	0.1	0.1	0.2
福島	0.3	0.4	0.1	0.2	0.1	0.4	0.1	0.3	0.2	0.4	0.5
茨城	0.3	0.5	0.4	0.2	0.2	0.5	0.3	0.3	0.4	0.5	1.6
栃木	0.3	0.5	0.2	0.3	0.2	0.4	0.2	0.3	0.2	0.3	1.3
群馬	0.2	0.4	0.3	0.2	0.3	0.4	0.1	0.2	0.1	0.3	1.3
埼玉	1.2	2.1	1.4	1.3	0.6	1.8	0.8	1.3	1.0	1.8	5.1
千葉	1.1	1.7	1.1	1.3	1.2	1.6	0.8	1.2	0.7	1.7	4.7
東京	8.2	10.0	12.0	12.8	9.1	12.9	7.4	10.6	12.6	15.4	28.8
神奈川	2.2	3.0	2.0	2.4	1.1	3.2	1.4	1.6	2.1	2.9	8.0
新潟	0.5	0.4	0.3	0.1	0.1	0.3	0.1	0.5	0.1	0.5	0.7
富山	1.5	0.4	0.2	0.0	0.1	0.1	0.1	0.0	0.0	0.2	0.2
石川	0.6	0.4	0.4	0.1	0.2	0.4	0.4	0.4	0.2	0.4	0.5
福井	0.6	0.3	0.3	0.1	0.1	0.3	0.1	0.2	0.1	0.2	0.4
山梨	0.2	0.3	0.2	0.1	0.1	0.2	0.0	0.2	0.1	0.2	0.5
長野	0.8	1.2	1.0	0.2	0.2	0.4	0.2	0.2	0.5	0.5	0.9
岐阜	1.8	0.7	0.8	0.2	0.3	0.8	0.2	0.5	0.2	0.4	1.2
静岡	1.4	1.0	1.9	0.5	0.7	1.4	0.7	0.8	0.6	1.5	1.6
愛知	7.5	5.6	4.5	3.0	5.1	5.8	3.1	4.5	2.3	5.1	7.7
三重	2.5	1.3	0.9	0.2	0.2	0.7	0.2	0.4	0.1	0.4	0.9
滋賀	2.7	1.1	1.6	0.3	0.3	0.5	0.2	0.5	0.1	0.4	0.7
京都	4.6	2.4	3.2	1.0	0.5	1.2	0.5	1.3	0.6	1.1	1.6
大阪	16.5	13.5	16.0	5.4	6.9	9.5	5.9	9.4	3.9	8.5	11.4
兵庫	9.7	7.5	12.4	1.9	1.4	2.6	1.4	2.1	0.7	2.0	3.3
奈良	2.5	1.2	2.1	0.4	0.6	0.5	0.3	0.6	0.3	0.7	0.9
和歌山	1.2	0.6	1.1	0.1	0.2	0.2	0.1	0.3	0.1	0.2	0.4
鳥取	0.7	0.7	0.8	0.1	0.1	0.1	0.2	0.2	0.0	0.1	0.1
島根	1.0	0.8	0.8	0.4	0.3	0.3	0.2	0.4	0.0	0.2	0.1
岡山	3.3	4.5	4.7	0.9	0.8	0.9	0.8	1.2	0.5	1.0	0.8
広島	5.5	12.0	7.1	2.7	2.6	2.4	3.1	3.4	0.7	2.0	1.2
山口	1.5	2.0	1.5	2.7	1.6	2.1	3.1	2.5	0.5	1.2	0.4
徳島	1.3	1.3	1.5	0.2	0.1	0.2	0.4	0.4	0.1	0.2	0.3
香川	8.5	2.9	2.9	0.7	0.6	0.4	0.5	0.9	0.2	0.4	0.5
愛媛	2.7	10.8	3.0	0.8	0.5	0.6	1.0	1.7	0.2	0.4	0.4
高知	1.3	1.4	6.9	0.1	0.4	0.1	0.2	0.3	0.1	0.1	0.1
福岡	1.8	2.2	1.9	40.8	29.6	19.4	32.0	21.4	18.5	12.6	4.6
佐賀	0.3	0.4	0.1	1.9	16.6	2.3	2.3	1.6	1.2	1.4	0.3
長崎	0.3	0.5	0.2	3.3	7.2	10.7	4.7	2.1	1.2	1.8	0.3
熊本	0.3	0.6	0.2	3.5	3.6	4.9	14.1	3.1	5.5	4.0	0.6
大分	0.4	0.6	0.9	3.0	2.4	2.8	3.0	16.9	2.0	1.4	0.4
宮崎	0.4	0.4	0.2	2.0	1.1	1.6	3.2	1.8	33.1	5.4	0.3
鹿児島	0.2	0.4	0.2	3.2	1.7	2.1	5.8	1.9	5.4	19.8	0.3
沖縄	0.2	0.1	0.3	0.7	0.7	0.6	3.5	1.3	0.5	0.8	6.3

付表2　出向行列:各居住地観光客の出向観光地比率%(行計が100)
出所:観光庁,「宿泊旅行統計調査」における「観光目的宿泊者率50%以上施設の居住別
　　延べ宿泊者数」,2009年度に基づき作成

出向行列（1）

居住地	観光地											
	北海道	青森	岩手	宮城	秋田	山形	福島	茨城	栃木	群馬	埼玉	千葉
北海道	74.1	0.4	0.8	0.5	0.6	0.0	0.1	0.0	0.1	0.1	0.1	6.8
青森	11.7	23.7	11.0	7.9	6.4	0.6	2.4	0.1	0.4	0.1	0.1	14.0
岩手	3.2	2.4	50.6	11.3	2.9	0.9	2.2	0.2	1.1	0.3	0.1	10.7
宮城	4.4	1.0	6.7	50.2	1.6	2.1	4.8	0.2	1.0	0.4	0.2	9.5
秋田	5.0	4.0	12.7	15.1	18.7	3.4	3.6	0.1	0.8	0.3	0.2	14.3
山形	2.7	0.9	2.3	16.8	2.1	31.7	4.5	0.9	2.2	0.6	0.3	12.3
福島	3.3	0.6	1.9	9.6	1.9	1.5	35.9	1.5	3.3	1.3	0.2	13.1
茨城	4.9	0.5	1.4	5.2	1.4	1.3	8.3	8.6	9.5	4.4	0.1	15.3
栃木	3.8	0.5	0.8	4.5	0.8	0.8	4.7	2.7	27.6	3.8	0.2	15.8
群馬	3.8	0.3	0.4	2.8	0.5	0.9	2.8	1.5	4.0	30.8	0.1	13.4
埼玉	7.9	0.5	0.8	3.1	0.6	0.9	3.8	1.7	6.9	8.8	1.3	13.7
千葉	9.1	0.5	0.8	2.6	0.6	0.6	4.1	1.4	4.4	5.1	0.1	23.7
東京	11.5	0.5	1.1	2.0	0.5	0.4	2.0	0.4	2.8	3.4	0.1	10.6
神奈川	9.1	0.4	0.7	1.7	0.4	0.3	2.1	0.4	1.7	2.6	0.1	12.2
新潟	2.5	0.2	1.0	3.6	0.9	3.2	4.7	0.4	2.0	5.3	0.2	13.5
富山	2.9	0.1	0.3	0.6	0.7	0.6	1.0	0.0	0.6	1.8	0.2	14.5
石川	2.9	0.3	0.1	0.4	0.3	0.2	1.5	0.0	0.3	2.0	0.1	11.7
福井	2.7	0.1	0.1	0.3	0.2	0.0	0.3	0.0	0.2	0.8	0.1	10.4
山梨	4.5	0.3	0.3	1.2	0.5	0.5	2.0	0.6	1.0	2.9	0.2	17.4
長野	3.2	0.4	0.3	1.3	0.2	1.0	1.9	0.6	1.3	3.1	0.2	19.1
岐阜	3.7	0.1	0.1	0.2	0.2	0.1	0.2	0.0	0.4	1.1	0.1	15.2
静岡	4.9	0.1	0.4	0.5	0.5	0.2	1.2	0.2	0.7	1.9	0.1	17.4
愛知	6.6	0.5	0.5	0.4	0.8	0.1	0.5	0.0	0.3	1.4	0.1	16.6
三重	4.1	0.1	0.1	0.3	0.3	0.1	0.2	0.1	0.3	0.9	0.1	16.7
滋賀	4.0	0.1	0.1	0.2	0.1	0.1	0.2	0.0	0.1	0.5	0.1	12.6
京都	5.3	0.1	0.2	0.3	0.2	0.1	0.2	0.1	0.1	0.5	0.1	10.7
大阪	7.7	0.7	0.9	0.4	0.4	0.1	0.2	0.0	0.3	0.6	0.1	10.1
兵庫	6.8	0.1	0.3	0.3	0.2	0.0	0.1	0.0	0.1	0.3	0.1	12.7
奈良	5.3	0.1	0.2	0.3	0.2	0.1	0.1	0.0	0.1	0.4	0.1	10.9
和歌山	3.7	0.1	0.1	0.2	0.1	0.0	0.1	0.0	0.1	0.3	0.1	8.9
鳥取	3.2	0.3	0.1	0.2	0.1	0.1	0.2	0.0	0.1	0.4	0.1	12.9
島根	2.7	0.2	0.1	0.1	0.2	0.0	0.3	0.0	0.5	0.0	0.1	8.9
岡山	6.4	0.2	1.0	0.3	0.1	0.0	0.2	0.1	0.4	0.5	0.1	13.7
広島	5.7	0.2	0.1	0.3	0.2	0.0	0.2	0.0	0.3	0.3	0.1	12.2
山口	3.7	0.1	0.1	0.2	0.1	0.1	0.1	0.0	0.1	0.1	0.1	11.0
徳島	9.7	0.2	0.2	0.3	0.2	0.1	0.2	0.0	0.2	0.2	0.1	12.3
香川	6.4	0.1	0.3	0.3	0.2	0.1	0.2	0.0	0.5	0.4	0.1	11.1
愛媛	6.4	0.1	0.3	0.2	0.3	0.1	0.3	0.1	0.4	0.1	0.1	12.8
高知	8.3	0.6	0.4	0.3	0.1	0.0	0.1	0.0	0.2	0.1	0.2	13.3
福岡	5.4	0.2	0.4	0.3	0.1	0.0	0.1	0.0	0.2	0.1	0.1	7.9
佐賀	6.0	0.1	0.1	0.2	0.1	0.0	0.1	0.0	0.1	0.1	0.1	8.8
長崎	2.5	0.1	0.1	0.1	0.1	0.0	0.1	0.0	0.1	0.1	0.1	7.6
熊本	3.6	0.3	0.1	0.2	0.0	0.0	0.1	0.0	0.1	0.7	0.1	9.1
大分	5.9	0.2	0.1	0.1	0.0	0.0	0.1	0.0	0.2	0.2	0.1	12.2
宮崎	2.6	0.1	0.0	0.1	0.1	0.0	0.1	0.0	0.2	0.2	0.1	8.0
鹿児島	2.9	0.1	0.1	0.1	0.1	0.0	0.1	0.0	0.3	0.2	0.1	9.8
沖縄	4.4	0.1	0.0	0.1	0.0	0.0	0.2	0.1	0.4	0.2	0.1	10.9

出向行列（2）

居住地	観光地										
	東京	神奈川	新潟	富山	石川	福井	山梨	長野	岐阜	静岡	愛知	三重
北海道	3.0	0.8	0.1	0.0	0.3	0.0	0.0	0.1	0.1	0.3	0.0	0.1
青森	7.8	1.3	0.2	0.0	0.4	0.0	0.1	0.1	0.2	0.2	0.0	0.1
岩手	5.2	1.2	0.5	0.0	0.4	0.0	0.1	0.1	0.1	0.2	0.0	0.1
宮城	4.4	1.4	0.9	0.0	0.4	0.0	0.1	0.1	0.2	0.2	0.0	0.1
秋田	6.8	2.1	0.9	0.1	0.6	0.2	0.2	0.1	0.1	0.4	0.0	0.1
山形	6.5	2.4	2.1	0.2	0.7	0.1	0.4	0.6	0.4	0.4	0.0	0.1
福島	5.7	2.0	2.3	0.1	0.8	0.2	0.2	1.2	0.4	1.2	0.1	0.2
茨城	4.0	3.7	3.5	0.2	0.8	0.1	1.5	1.7	0.6	2.7	0.3	0.3
栃木	3.6	3.8	3.4	0.2	0.8	0.1	0.8	1.0	0.8	1.8	0.1	0.2
群馬	3.7	3.4	5.1	0.3	1.3	0.2	1.0	1.7	0.8	2.6	0.2	0.4
埼玉	4.2	4.9	5.8	0.2	1.2	0.1	1.4	2.7	1.2	5.1	0.3	0.4
千葉	3.6	5.4	3.9	0.1	0.8	0.1	1.5	2.7	0.8	4.4	0.3	0.4
東京	10.2	6.8	3.6	0.1	1.3	0.1	1.4	2.9	0.7	5.8	0.4	0.5
神奈川	3.6	20.1	3.0	0.1	0.8	0.1	1.4	2.4	0.6	10.2	0.5	0.4
新潟	6.2	1.9	33.6	0.8	2.0	0.4	0.8	2.2	0.8	1.2	0.1	0.3
富山	5.9	1.9	2.5	9.5	20.4	1.8	1.0	4.7	4.1	0.8	0.5	0.3
石川	4.0	1.1	1.8	1.1	42.5	1.2	0.8	2.5	1.9	0.8	0.3	0.7
福井	4.0	1.5	0.8	0.9	15.4	27.7	0.4	1.2	1.8	2.4	0.4	0.9
山梨	6.3	4.6	2.5	0.6	1.5	0.2	20.2	3.1	1.4	6.8	1.0	0.6
長野	7.3	3.2	3.5	0.7	3.1	0.6	1.3	20.7	1.3	3.0	1.0	0.7
岐阜	4.0	1.8	0.7	0.9	5.1	1.4	1.7	2.9	20.7	3.1	3.7	3.6
静岡	5.1	4.9	1.1	0.6	1.5	0.4	2.3	2.4	2.1	24.0	1.5	1.3
愛知	3.9	2.2	0.9	0.6	2.7	0.9	1.3	3.3	5.2	4.1	9.3	4.1
三重	4.3	1.9	0.2	0.5	2.6	1.3	1.1	3.0	3.0	3.0	2.4	18.2
滋賀	3.5	1.1	0.3	0.5	4.1	1.9	0.4	3.1	2.1	1.6	0.7	3.3
京都	5.0	1.4	0.2	0.4	3.9	1.4	0.4	1.7	1.8	1.5	0.5	4.1
大阪	4.0	1.2	0.4	0.2	1.7	1.0	0.4	1.5	1.6	1.3	0.5	4.2
兵庫	4.8	1.3	0.4	0.3	1.8	0.6	0.3	1.0	1.5	0.9	0.4	2.1
奈良	4.2	1.3	0.2	0.2	2.7	1.0	0.5	2.4	1.8	1.3	0.7	8.3
和歌山	3.0	0.9	0.1	0.1	1.3	0.6	0.3	1.5	1.2	0.5	0.3	2.1
鳥取	4.9	1.2	0.2	0.1	0.8	0.3	0.2	0.5	0.8	0.2	0.1	1.0
島根	4.3	1.2	0.2	0.0	0.8	0.4	0.1	0.2	0.6	0.1	0.5	0.5
岡山	4.7	1.1	0.3	0.1	1.0	0.3	0.2	1.3	0.9	0.5	0.6	1.1
広島	5.2	1.0	0.2	0.3	0.8	0.3	0.2	0.4	1.6	0.3	0.2	0.6
山口	4.9	1.1	0.1	0.0	0.6	0.1	0.1	0.3	0.5	0.1	0.1	0.3
徳島	5.9	1.4	0.4	0.1	1.0	0.4	0.1	1.3	1.0	0.7	0.2	1.1
香川	4.9	1.1	0.8	0.1	1.5	0.5	0.2	0.8	1.8	0.3	0.1	1.0
愛媛	6.6	1.6	0.4	0.1	0.6	0.3	0.1	0.3	0.7	0.3	0.2	0.7
高知	9.3	2.2	1.0	0.1	0.7	0.1	0.1	0.7	1.0	0.2	0.1	0.4
福岡	3.6	0.8	0.5	0.0	0.4	0.0	0.0	0.4	0.4	0.2	0.1	0.3
佐賀	4.1	1.2	2.9	0.0	0.3	0.1	0.1	0.2	0.2	0.2	0.0	0.1
長崎	4.8	1.0	0.4	0.0	0.2	0.0	0.0	0.3	0.2	0.1	0.1	0.1
熊本	5.2	1.0	0.5	0.0	0.4	0.0	0.1	0.1	0.5	0.6	0.0	0.2
大分	5.2	1.2	0.2	0.0	0.2	0.0	0.0	0.1	0.2	0.2	0.0	0.1
宮崎	4.8	0.8	0.3	0.0	0.2	0.0	0.0	0.1	0.2	0.1	0.0	0.1
鹿児島	4.0	0.9	0.2	0.0	0.5	0.0	0.0	0.5	0.2	0.2	0.1	0.3
沖縄	7.6	0.9	0.2	0.1	0.4	0.0	0.1	0.0	0.3	0.1	0.1	0.2

出向行列（3）

居住地	観光地										
	滋賀	京都	大阪	兵庫	奈良	和歌山	鳥取	島根	岡山	広島	山口	徳島
北海道	0.2	2.3	1.1	0.3	0.2	0.2	0.0	0.1	0.1	0.2	0.1	0.1
青森	0.2	2.6	1.6	0.3	0.4	0.3	0.0	0.1	0.0	0.1	0.1	0.0
岩手	0.1	2.0	0.6	0.2	0.3	0.1	0.0	0.3	0.0	0.2	0.0	0.0
宮城	0.5	2.0	1.1	0.3	0.2	0.4	0.0	0.1	0.0	0.1	0.0	0.1
秋田	0.1	2.5	1.0	0.2	0.5	0.2	0.0	0.1	0.0	0.1	0.1	0.1
山形	0.5	2.5	1.2	0.2	0.2	0.4	0.0	0.1	0.0	0.0	0.1	0.1
福島	0.5	2.8	1.1	0.3	0.3	0.3	0.0	0.2	0.1	0.3	0.1	0.1
茨城	0.4	4.2	1.6	0.5	0.4	0.5	0.0	0.3	0.1	0.2	0.1	0.1
栃木	0.4	3.7	1.1	0.5	0.4	0.3	0.0	0.1	0.1	0.2	0.1	0.0
群馬	0.8	3.7	1.4	0.4	0.5	0.4	0.0	0.1	0.0	0.1	0.1	0.2
埼玉	0.8	4.9	1.9	0.8	0.6	0.4	0.0	0.2	0.1	0.3	0.1	0.1
千葉	0.7	5.1	2.1	0.9	0.7	0.3	0.0	0.2	0.1	0.3	0.1	0.1
東京	1.2	6.2	2.1	1.1	0.8	0.7	0.0	0.3	0.1	0.6	0.3	0.1
神奈川	0.8	6.0	2.3	1.0	0.8	0.4	0.0	0.2	0.1	0.3	0.1	0.1
新潟	0.6	3.3	0.9	0.3	0.5	0.4	0.0	0.1	0.2	0.2	0.0	0.1
富山	1.5	6.6	3.6	1.7	0.5	1.3	0.0	0.3	0.1	0.4	0.2	0.0
石川	1.1	4.6	4.1	1.8	0.5	0.6	0.1	0.6	0.1	0.3	0.1	0.1
福井	2.4	4.5	5.2	2.4	0.5	1.4	0.0	0.4	0.2	0.2	0.1	0.2
山梨	1.3	4.4	1.5	0.8	0.8	0.6	0.1	0.2	0.1	0.2	0.1	0.3
長野	1.6	4.2	1.1	0.9	0.6	1.4	0.1	0.3	0.3	0.3	0.1	0.4
岐阜	2.6	3.2	3.1	3.0	0.4	2.8	0.2	0.4	0.3	0.4	0.2	0.1
静岡	1.9	6.0	2.1	1.2	0.9	1.1	0.1	0.3	0.1	0.3	0.1	0.1
愛知	3.2	3.3	3.1	2.3	0.4	2.3	0.1	0.2	0.2	0.6	0.3	0.1
三重	3.0	4.2	4.3	3.9	0.5	5.1	0.4	0.7	0.2	0.3	0.2	0.1
滋賀	26.3	4.1	3.9	6.3	0.3	4.4	0.5	0.6	0.5	0.5	0.3	0.5
京都	9.1	17.9	3.9	7.9	0.8	4.0	0.6	0.7	0.7	0.5	0.4	0.6
大阪	5.8	3.2	9.2	9.3	0.7	7.2	0.7	0.7	0.6	0.6	0.6	0.7
兵庫	2.8	3.6	4.1	25.4	0.7	3.8	1.2	1.1	1.6	0.8	0.9	1.1
奈良	3.9	4.0	3.9	9.2	10.0	7.4	0.9	0.8	0.9	0.4	0.4	0.8
和歌山	2.0	3.8	4.6	5.2	0.8	47.1	0.4	0.8	0.4	0.3	0.3	0.4
鳥取	2.1	8.0	6.7	10.2	0.8	1.9	16.7	4.7	1.9	1.4	1.8	2.0
島根	2.3	7.4	4.8	4.4	0.6	1.3	2.1	30.6	2.5	2.5	3.0	0.3
岡山	1.9	4.7	4.2	5.9	0.6	2.5	2.8	2.5	12.6	1.7	2.8	0.6
広島	2.0	5.1	4.4	3.9	0.7	1.5	1.7	2.3	1.8	12.8	6.4	0.4
山口	0.9	5.0	2.9	2.0	0.4	0.7	0.7	1.6	0.7	1.6	25.1	0.3
徳島	2.8	5.9	6.2	10.4	1.0	4.8	1.3	1.8	0.9	1.6	0.9	5.4
香川	2.6	5.5	5.1	7.2	0.6	2.8	1.4	1.6	0.9	0.8	1.3	1.4
愛媛	2.8	6.7	6.6	4.8	0.6	1.9	0.9	1.7	0.8	1.7	2.4	0.8
高知	1.7	7.5	6.5	6.4	0.6	1.9	0.8	1.3	1.0	1.2	1.4	0.7
福岡	0.6	4.2	2.3	1.2	0.4	1.1	0.1	0.4	0.1	0.4	3.0	0.1
佐賀	0.6	3.8	2.4	0.8	0.4	0.1	0.1	0.3	0.1	0.3	3.8	0.0
長崎	0.5	3.9	2.4	0.5	0.3	0.1	0.0	0.3	0.1	0.3	2.0	0.0
熊本	0.7	4.4	2.3	0.6	0.3	0.3	0.1	0.1	0.1	0.4	1.9	0.0
大分	0.3	4.7	2.1	0.7	0.5	0.2	0.0	0.4	0.2	0.4	2.0	0.3
宮崎	0.4	3.0	1.4	0.4	0.4	0.2	0.0	0.1	0.1	0.3	0.8	0.0
鹿児島	0.4	3.0	2.1	0.5	0.3	0.1	0.0	0.1	0.0	0.5	0.7	0.0
沖縄	0.3	2.1	1.7	0.5	0.3	0.4	0.0	0.0	0.1	0.2	0.3	0.1

出向行列（4）

居住地	観光地									
	香川	愛媛	高知	福岡	佐賀	長崎	熊本	大分	宮崎	鹿児島	沖縄
北海道	0.1	0.1	0.1	0.2	0.0	0.6	0.2	0.1	0.3	0.6	4.4
青森	0.2	0.1	0.1	0.2	0.0	0.5	0.0	0.1	0.1	0.4	3.5
岩手	0.2	0.1	0.0	0.0	0.0	0.3	0.0	0.1	0.0	0.2	1.5
宮城	0.2	0.1	0.2	0.2	0.0	0.5	0.1	0.1	0.2	0.3	2.8
秋田	0.2	0.2	0.0	0.1	0.0	0.9	0.0	0.1	0.1	0.4	2.8
山形	0.1	0.2	0.0	0.0	0.0	0.4	0.0	0.1	0.0	0.3	2.1
福島	0.2	0.2	0.0	0.2	0.0	0.6	0.1	0.1	0.1	0.6	3.3
茨城	0.2	0.2	0.1	0.2	0.1	0.8	0.2	0.1	0.2	0.7	8.6
栃木	0.2	0.2	0.1	0.3	0.1	0.6	0.2	0.1	0.1	0.5	8.0
群馬	0.1	0.2	0.1	0.3	0.1	0.7	0.1	0.1	0.1	0.4	8.0
埼玉	0.2	0.3	0.1	0.5	0.1	0.8	0.2	0.2	0.2	0.8	9.2
千葉	0.2	0.2	0.1	0.5	0.1	0.8	0.3	0.2	0.1	0.8	9.3
東京	0.3	0.3	0.2	0.9	0.2	1.3	0.5	0.3	0.5	1.4	11.1
神奈川	0.3	0.2	0.1	0.5	0.1	1.0	0.3	0.2	0.2	0.8	9.5
新潟	0.2	0.1	0.1	0.1	0.0	0.5	0.1	0.2	0.1	0.6	3.4
富山	1.8	0.3	0.1	0.1	0.1	0.5	0.1	0.2	0.0	0.5	3.0
石川	0.5	0.2	0.1	0.2	0.1	0.8	0.6	0.3	0.2	0.7	3.8
福井	0.8	0.3	0.2	0.3	0.1	1.2	0.3	0.3	0.1	0.6	5.7
山梨	0.3	0.3	0.1	0.3	0.1	0.7	0.1	0.2	0.1	0.6	6.9
長野	0.5	0.5	0.3	0.2	0.1	0.7	0.2	0.1	0.3	0.8	5.9
岐阜	1.1	0.3	0.2	0.3	0.1	1.4	0.2	0.3	0.1	0.6	7.7
静岡	0.5	0.2	0.3	0.3	0.1	1.3	0.4	0.2	0.2	1.3	5.5
愛知	0.9	0.5	0.3	0.7	0.3	2.0	0.6	0.5	0.3	1.6	9.9
三重	1.7	0.7	0.3	0.3	0.1	1.3	0.3	0.2	0.1	0.8	6.5
滋賀	2.0	0.6	0.6	0.4	0.1	1.0	0.2	0.3	0.1	0.7	5.6
京都	1.7	0.6	0.6	0.7	0.1	1.2	0.3	0.4	0.2	1.0	6.2
大阪	1.5	0.9	0.7	0.9	0.3	2.3	0.9	0.7	0.3	1.9	10.5
兵庫	2.1	1.2	1.3	0.8	0.2	1.6	0.5	0.4	0.1	1.1	7.4
奈良	2.0	0.7	0.8	0.6	0.3	1.0	0.4	0.4	0.2	1.3	7.1
和歌山	1.4	0.5	0.6	0.2	0.1	0.6	0.2	0.2	0.1	0.6	4.1
鳥取	2.5	1.7	1.3	0.9	0.2	1.3	0.9	0.6	0.1	0.6	3.8
島根	2.6	1.4	0.9	2.1	0.4	2.3	0.9	0.7	0.1	1.0	3.5
岡山	2.7	2.6	1.9	1.4	0.3	2.1	1.1	0.8	0.4	2.0	6.9
広島	2.5	4.0	1.6	2.5	0.7	3.0	2.4	1.3	0.3	2.3	5.7
山口	1.7	1.6	0.8	5.9	1.0	6.4	5.8	2.3	0.6	3.3	4.6
徳島	3.1	2.3	1.8	0.8	0.2	1.1	1.7	0.8	0.3	1.0	6.6
香川	13.3	3.2	2.3	2.0	0.5	1.8	1.2	1.2	0.2	1.4	8.7
愛媛	4.0	11.2	2.1	2.4	0.4	2.2	2.3	2.0	0.2	1.6	6.7
高知	4.4	3.2	11.2	0.9	0.7	1.1	1.1	0.9	0.3	0.8	4.8
福岡	0.4	0.3	0.2	16.0	3.2	10.6	10.8	3.5	3.6	6.3	9.4
佐賀	0.6	0.5	0.1	7.3	17.0	12.2	7.3	2.5	2.1	6.5	5.7
長崎	0.4	0.4	0.1	7.8	4.7	35.7	9.7	2.2	1.4	5.4	3.8
熊本	0.3	0.4	0.1	6.5	1.8	12.4	22.1	2.4	4.9	9.2	5.3
大分	0.6	0.6	0.6	8.1	1.8	10.4	7.0	19.2	2.7	4.8	5.5
宮崎	0.5	0.3	0.1	4.6	0.7	5.1	6.1	1.7	36.8	15.5	3.3
鹿児島	0.2	0.2	0.1	5.5	0.8	4.9	8.4	1.4	4.5	42.9	2.9
沖縄	0.1	0.1	0.1	1.1	0.3	1.5	5.0	0.9	0.4	1.7	56.3

付表3　全国154観光地の月別変動係数

	観光地名	月別変動係数(%)		観光地名	月別変動係数(%)		観光地名	月別変動係数(%)
1	旭川	65.6	53	仙石原	42.1	105	奈良	41.1
2	層雲峡	48.2	54	真鶴・湯河原	20.9	106	新和歌浦	43.3
3	白金・富良野	69.3	55	新潟	35.2	107	白浜・椿	52.1
4	知床・ウトロ	87.1	56	越後湯沢	91.0	108	勝浦・湯川	46.4
5	川湯・弟子屈	85.1	57	佐渡	33.6	109	三朝・関金	27.9
6	阿寒湖畔	46.0	58	宇奈月	31.3	110	米子・皆生	35.4
7	釧路	58.7	59	富山	76.0	111	松江	38.2
8	十勝川・帯広	59.6	60	和倉	46.4	112	玉造	29.2
9	小樽・朝里川	50.4	61	金沢	122.5	113	岡山	25.6
10	赤井川	79.7	62	山代	57.6	114	広島	25.5
11	ニセコ	67.0	63	山中	83.2	115	宮島	44.4
12	札幌	33.4	64	芦原・東尋坊	32.5	116	湯田	22.7
13	定山渓	21.8	65	河口湖	69.7	117	萩	45.3
14	トマム	113.4	66	石和	41.7	118	鳴門	54.6
15	登別	26.4	67	軽井沢	24.8	119	徳島	26.3
16	洞爺湖	50.7	68	志賀高原	22.3	120	小豆島	65.8
17	湯の川	40.4	69	諏訪	19.9	121	高松・屋島	25.4
18	函館	41.0	70	信濃大町	48.0	122	琴平・観音寺	23.2
19	十和田湖畔	83.7	71	天竜峡・昼神	37.4	123	松山	16.6
20	繫・鶯宿	46.7	72	新穂高・平湯	47.8	124	道後	19.0
21	花巻	36.2	73	高山	25.0	125	高知	27.1
22	鳴子	33.3	74	下呂	21.2	126	足摺岬	43.0
23	松島海岸	31.1	75	岐阜・長良川	32.9	127	北九州	22.4
24	仙台	27.3	76	熱海・網代	30.1	128	福岡	19.4
25	秋保	24.2	77	伊東	39.9	129	嬉野	27.8
26	秋田	30.7	78	熱川・北川	42.7	130	ハウステンボス	30.7
27	天童	48.9	79	稲取・今井浜	32.4	131	長崎	38.2
28	蔵王	41.2	80	下田・下賀茂	66.0	132	雲仙	31.0
29	上ノ山	20.4	81	堂ヶ島	41.4	133	玉名	45.5
30	湯野浜	58.6	82	土肥・戸田	48.5	134	熊本	37.9
31	磐梯高原	62.9	83	浜松	38.9	135	黒川・瀬の本	22.7
32	猪苗代	84.1	84	舘山寺	40.4	136	内ノ牧・赤水	46.9
33	東山	50.3	85	三河三谷	49.5	137	別府	30.0
34	芦ノ牧	45.8	86	名古屋	14.3	138	城島高原・湯布院	25.0
35	磐梯熱海	37.0	87	長島	39.3	139	宮崎	29.3
36	いわき湯本	44.9	88	鳥羽	28.7	140	青島・日南	43.7
37	那須湯本	66.3	89	志摩	58.4	141	霧島	28.0
38	鬼怒川	32.5	90	長浜	25.5	142	鹿児島	25.2
39	日光	70.0	91	大津	35.6	143	指宿	21.5
40	日光湯本・中禅寺	47.6	92	雄琴	32.7	144	種子島・屋久島	51.1
41	水上	26.4	93	京都	29.2	145	本部・名護	25.0
42	伊香保	20.3	94	嵐山	44.1	146	オクマ・大宜味	81.1
43	草津	20.1	95	宮津・天橋立	37.7	147	沖縄・石川	25.8
44	成田	18.8	96	大阪	23.8	148	恩納	31.6
45	安房小湊	62.4	97	大阪（うちUFJ地区）	38.1	149	北谷	34.7
46	幕張	33.3	98	関空・泉佐野	25.7	150	那覇	15.4
47	舞浜	17.6	99	城崎	34.1	151	久米島	78.2
48	市川・船橋・新浦安	25.8	100	山陰湯村	25.0	152	宮古島	44.0
49	東京都区部	13.9	101	神戸・六甲	27.7	153	石垣・小浜・八重山	39.9
50	横浜	20.2	102	有馬	23.3	154	残波岬・読谷	45.0
51	箱根湯本	19.8	103	姫路	37.6			
52	宮ノ下・強羅	26.0	104	淡路島	39.5			

付表4　全国154観光地の四季別変動係数

	観光地名	四季別変動係数 (%)		観光地名	四季別変動係数 (%)		観光地名	四季別変動係数 (%)
1	旭川	58.2	55	新潟	23.7	109	三朝・関金	19.3
2	層雲峡	37.0	56	越後湯沢	76.5	110	米子・皆生	22.2
3	白金・富良野	55.1	57	佐渡	23.3	111	松江	24.0
4	知床・ウトロ	76.9	58	宇奈月	23.6	112	玉造	13.8
5	川湯・弟子屈	74.9	59	富山	67.5	113	岡山	14.2
6	阿寒湖畔	35.4	60	和倉	30.4	114	広島	12.4
7	釧路	51.1	61	金沢	93.3	115	宮島	33.6
8	十勝川・帯広	51.9	62	山代	46.9	116	湯田	11.9
9	小樽・朝里川	41.3	63	山中	67.3	117	萩	24.9
10	赤井川	54.9	64	芦原・東尋坊	24.6	118	鳴門	42.9
11	ニセコ	39.7	65	河口湖	53.6	119	徳島	16.9
12	札幌	25.3	66	石和	31.1	120	小豆島	44.4
13	定山渓	16.0	67	軽井沢	12.6	121	高松・屋島	8.4
14	トマム	78.7	68	志賀高原	11.9	122	琴平・観音寺	9.9
15	登別	18.8	69	諏訪	14.2	123	松山	5.9
16	洞爺湖	38.5	70	信濃大町	30.5	124	道後	5.0
17	湯の川	32.4	71	天竜峡・昼神	26.2	125	高知	14.1
18	函館	34.2	72	新穂高・平湯	32.4	126	足摺岬	25.0
19	十和田湖畔	60.2	73	高山	13.0	127	北九州	7.0
20	繋・鴬宿	35.9	74	下呂	10.9	128	福岡	10.1
21	花巻	26.1	75	岐阜・長良川	29.7	129	嬉野	9.0
22	鳴子	21.7	76	熱海・網代	17.2	130	ハウステンボス	9.7
23	松島海岸	19.9	77	伊東	25.4	131	長崎	15.3
24	仙台	15.9	78	熱川・北川	28.3	132	雲仙	13.9
25	秋保	14.5	79	稲取・今井浜	22.8	133	玉名	21.4
26	秋田	26.4	80	下田・下賀茂	46.6	134	熊本	22.5
27	天童	15.1	81	堂ヶ島	26.2	135	黒川・瀬の本	9.9
28	蔵王	21.8	82	土肥・戸田	33.8	136	内ノ牧・赤水	28.0
29	上ノ山	5.1	83	浜松	15.9	137	別府	17.9
30	湯野浜	45.7	84	舘山寺	27.0	138	城島高原・湯布院	6.5
31	磐梯高原	41.6	85	三河三谷	29.2	139	宮崎	17.1
32	猪苗代	43.6	86	名古屋	10.2	140	青島・日南	28.7
33	東山	39.4	87	長島	25.9	141	霧島	11.9
34	芦ノ牧	37.2	88	鳥羽	18.6	142	鹿児島	15.4
35	磐梯熱海	25.1	89	志摩	39.8	143	指宿	4.7
36	いわき湯本	31.4	90	長浜	14.7	144	種子島・屋久島	41.1
37	那須湯本	51.5	91	大津	22.9	145	本部・名護	16.2
38	鬼怒川	23.2	92	雄琴	10.9	146	オクマ・大宜味	58.6
39	日光	51.8	93	京都	20.8	147	沖縄・石川	14.8
40	日光湯本・中禅寺	25.7	94	嵐山	30.7	148	恩納	24.3
41	水上	19.6	95	宮津・天橋立	25.6	149	北谷	18.8
42	伊香保	11.5	96	大阪	14.9	150	那覇	8.3
43	草津	12.4	97	大阪（うちUFJ地区）	24.0	151	久米島	57.8
44	成田	7.8	98	関空・泉佐野	16.1	152	宮古島	33.8
45	安房小湊	37.4	99	城崎	27.9	153	石垣・小浜・八重山	32.1
46	幕張	22.6	100	山陰湯村	19.8	154	残波岬・読谷	33.8
47	舞浜	9.7	101	神戸・六甲山	21.2			
48	市川・船橋・新浦安	15.4	102	有馬	17.7			
49	東京都区部	5.8	103	姫路	21.9			
50	横浜	14.3	104	淡路島	25.7			
51	箱根湯本	11.7	105	奈良	23.8			
52	宮ノ下・強羅	15.5	106	新和歌浦	32.9			
53	仙石原	26.9	107	白浜・椿	40.8			
54	真鶴・湯河原	11.5	108	勝浦・川湯	28.6			

付表5　全国154観光地の集客力の高い季節，集客力の低い季節（相対評価）　単位：％

	観光地名	春	夏	秋	冬		観光地名	春	夏	秋	冬		観光地名	春	夏	秋	冬
1	旭川	22.3	49.5	14.7	13.4	55	新潟	22.2	35.1	22.9	19.9	109	三朝・関金	16.9	26.2	29.4	27.5
2	層雲峡	21.7	40.7	16.6	21.1	56	越後湯沢	29.7	53.4	15.1	1.8	110	米子・皆生	20.2	34.2	24.5	21.1
3	白金・富良野	16.0	48.8	16.4	18.8	57	佐渡	16.2	26.9	24.6	32.4	111	松江	24.3	32.4	27.5	15.9
4	知床・ウトロ	24.2	56.6	11.6	7.7	58	宇奈月	19.7	32.4	29.1	18.7	112	玉造	24.8	27.5	28.2	19.4
5	川湯・弟子屈	26.6	54.7	12.9	5.7	59	富山	17.3	54.1	15.0	13.5	113	岡山	30.4	24.8	24.2	20.5
6	阿寒湖畔	22.9	40.0	17.8	19.4	60	和倉	35.9	28.2	19.7	16.4	114	広島	24.8	28.0	27.1	20.0
7	釧路	20.0	47.0	16.1	16.9	61	金沢	8.7	11.0	15.1	65.2	115	宮島	22.2	24.2	38.3	15.2
8	十勝川・帯広	21.3	45.9	22.6	10.3	62	山代	19.4	43.9	24.3	12.3	116	湯田	24.3	25.0	29.5	21.2
9	小樽・朝里川	21.6	42.7	19.1	16.8	63	山中	22.8	51.3	21.6	4.4	117	萩	24.3	28.0	32.3	15.4
10	赤井川	10.9	47.4	17.7	24.0	64	芦原・東尋坊	24.7	33.6	25.5	16.2	118	鳴門	18.0	43.5	19.5	18.8
11	ニセコ	11.9	24.9	23.4	39.8	65	河口湖	21.8	45.5	24.9	8.0	119	徳島	27.0	30.5	21.0	21.5
12	札幌	21.5	35.8	22.9	19.8	66	石和	24.2	37.3	22.6	15.9	120	小豆島	20.1	42.2	25.8	11.9
13	定山渓	20.2	31.3	23.8	24.9	67	軽井沢	20.0	27.5	24.6	27.9	121	高松・屋島	26.0	27.7	24.0	22.1
14	トマム	4.3	56.7	14.3	24.5	68	志賀高原	22.0	28.2	27.8	22.1	122	琴平・観音寺	23.1	29.2	23.4	24.2
15	登別	20.7	32.7	24.8	21.7	69	諏訪	19.5	24.3	28.8	27.3	123	松山	23.4	27.4	25.1	24.3
16	洞爺湖	23.3	40.9	20.8	15.1	70	信濃大町	14.4	35.7	26.7	23.2	124	道後	23.9	26.3	26.2	23.6
17	湯の川	25.4	36.6	24.2	13.7	71	天竜峡・昼神	26.5	35.0	20.7	17.9	125	高知	22.2	29.6	21.0	27.1
18	函館	23.6	37.9	24.5	13.9	72	新穂高・平湯	19.9	37.2	27.0	15.9	126	足摺岬	31.7	29.2	23.7	15.4
19	十和田湖畔	30.0	44.2	23.4	2.4	73	高山	22.4	29.4	26.0	20.4	127	北九州	22.6	26.0	24.2	27.2
20	繋・鶯宿	27.4	35.7	26.1	10.8	74	下呂	23.3	28.2	27.1	21.5	128	福岡	21.7	26.8	24.5	25.0
21	花巻	27.4	32.5	25.4	14.6	75	岐阜・長良川	19.6	36.5	26.4	17.4	129	嬉野	25.2	22.9	28.6	23.3
22	鳴子	23.5	28.2	31.4	17.0	76	熱海・網代	19.3	31.3	23.9	25.6	130	ハウステンボス	23.9	28.7	25.2	22.1
23	松島海岸	23.2	32.2	26.2	18.5	77	伊東	18.1	35.0	21.4	25.5	131	長崎	24.2	22.3	31.5	22.1
24	仙台	22.5	31.1	25.8	20.6	78	熱川・北川	20.6	37.1	19.7	22.6	132	雲仙	23.3	23.6	30.9	22.1
25	秋保	22.3	27.7	29.4	20.7	79	稲取・今井浜	18.4	33.6	21.8	26.4	133	玉名	23.9	33.2	24.7	18.2
26	秋田	20.4	36.4	22.5	20.9	80	下田・下賀茂	19.4	44.9	17.3	21.5	134	熊本	23.3	26.8	26.3	23.7
27	天童	22.7	30.4	20.4	26.6	81	堂ヶ島	21.9	36.3	21.6	20.2	135	黒川・瀬の本	24.8	28	26.1	21.2
28	蔵王	23.5	34.2	20.1	22.1	82	土肥・戸田	19.6	39.6	20.9	19.9	136	内ノ牧・赤水	27.6	30.6	28.8	13.0
29	上ノ山	26.5	23.6	26.1	24.0	83	浜松	27.1	30.5	21.2	21.2	137	別府	20.7	32.4	24.5	22.4
30	湯野浜	20.5	41.2	28.3	9.9	84	舘山寺	16.3	34.4	27.6	21.7	138	城島高原・湯布院	23.4	26.5	26.7	23.3
31	磐梯高原	21.4	41.7	25.7	16.4	85	三河三谷	15.9	35.7	26.9	21.5	139	宮崎	20.2	31.7	22.8	25.4
32	猪苗代	21.6	40.8	10.5	27.1	86	名古屋	21.1	27.9	26.5	24.4	140	青島・日南	19.4	37.0	24.2	19.5
33	東山	32.2	34.0	24.8	9.0	87	長島	15.8	30.4	22.1	31.7	141	霧島	20.4	28.6	26.1	24.8
34	芦ノ牧	20.4	37.1	29.9	12.6	88	鳥羽	19.1	31.5	22.5	26.9	142	鹿児島	20.4	30.6	26.3	22.7
35	磐梯熱海	21.4	29.5	32.3	16.6	89	志摩	17.1	42.0	19.2	21.8	143	指宿	23.5	25.0	26.8	24.7
36	いわき湯本	21.5	38.5	21.2	18.9	90	長浜	22.7	26.9	30.0	20.5	144	種子島・屋久島	22.9	42.8	24.1	10.2
37	那須湯本	19.3	46.7	21.2	12.9	91	大津	21.3	33.2	27.3	18.3	145	本部・名護	22.8	31.8	24.1	21.3
38	鬼怒川	21.2	33.3	27.3	18.2	92	雄琴	27.1	26.23	26.3	20.3	146	オクマ・大宜味	16.3	49.7	21.8	12.2
39	日光	17.0	38.2	36.8	7.9	93	京都	25.9	25.3	31.6	17.0	147	沖縄・石川	25.3	24.4	30.3	19.9
40	日光湯本・中禅寺	22.7	33.7	27.6	16.2	94	嵐山	23.7	27.9	34.8	13.6	148	恩納	21.8	35.5	20.8	22.0
41	水上	20.9	33.3	24.1	21.9	95	宮津・天橋立	19.7	33.1	29.3	19.8	149	北谷	21.9	30.4	28.7	19.0
42	伊香保	21.8	26.9	28.7	22.7	96	大阪	18.6	27.6	27.3	26.5	150	那覇	21.8	25.0	27.6	25.5
43	草津	23.3	30.3	22.7	23.6	97	大阪(うちUFJ地区)	15.3	29.6	24.7	30.3	151	久米島	11.3	48.7	24.3	15.8
44	成田	22.6	26.3	27.4	23.6	98	関空・泉佐野	21.4	28.5	29.4	20.5	152	宮古島	19.1	39.6	20.1	21.2
45	安房小湊	17.7	40.8	18.4	23.1	99	城崎	13.9	25.1	27.9	32.9	153	石垣・小浜・八重山	21.7	38.8	19.8	19.6
46	幕張	18.8	30.3	19.9	30.9	100	山陰湯村	20.5	23.1	33.4	23.1	154	残波岬・読谷	22.4	39.4	20.2	18.0
47	舞浜	21.3	27.8	24.5	26.4	101	神戸・六甲山	17.0	28.1	31.1	23.9						
48	市川・船橋・新浦安	19.3	24.3	26.6	29.9	102	有馬	18.2	25.9	30.6	25.3						
49	東京都区部	22.6	26.0	25.1	26.3	103	姫路	15.9	25.8	28.5	29.9		集客力の高い時期				
50	横浜	22.7	30.9	24.8	21.7	104	淡路島	20.5	36.1	22.0	21.5						
51	箱根湯本	22.5	28.0	26.7	25.0	105	奈良	26.5	22.9	33.5	17.1		集客力の低い時期				
52	宮ノ下・強羅	20.1	30.4	26.5	22.9	106	和歌山	16.3	34.3	29.3	18.06						
53	仙石原	20.9	36.3	23.9	19.1	107	白浜・椿	19.2	42.6	18.1	20.0						
54	真鶴・湯河原	20.2	25.5	27.6	26.7	108	勝浦・湯川	20.8	37.3	20.3	21.4						

付表6　全国154観光地のアイドル・キャパシティ率

単位：%

	観光地名	アイドル・キャパシティ率		観光地名	アイドル・キャパシティ率		観光地名	アイドル・キャパシティ率
1	旭川	85.0	53	仙石原	75.1	105	奈良	77.5
2	層雲峡	85.8	54	真鶴・湯河原	50.9	106	新和歌浦	79.4
3	白金・富良野	95.9	55	新潟	71.9	107	白浜・椿	79.8
4	知床・ウトロ	96.3	56	越後湯沢	99.2	108	勝浦・湯川	76.3
5	川湯・弟子屈	95.5	57	佐渡	73.6	109	三朝・関金	69.4
6	阿寒湖畔	81.5	58	宇奈月	62.8	110	米子・皆生	68.6
7	釧路	83.3	59	富山	87.0	111	松江	73.8
8	十勝川・帯広	80.7	60	和倉	80.8	112	玉造	55.3
9	小樽・朝里川	84.6	61	金沢	99.7	113	岡山	59.1
10	赤井川	99.3	62	山代	88.0	114	広島	60.5
11	ニセコ	97.3	63	山中	95.1	115	宮島	78.8
12	札幌	73.7	64	芦原・東尋坊	64.9	116	湯田	47.0
13	定山渓	53.7	65	河口湖	90.4	117	萩	77.3
14	トマム	100.0	66	石和	67.6	118	鳴門	79.1
15	登別	64.2	67	軽井沢	55.9	119	徳島	64.3
16	洞爺湖	79.8	68	志賀高原	54.0	120	小豆島	90.1
17	湯の川	75.4	69	諏訪	46.2	121	高松・屋島	62.7
18	函館	72.5	70	信濃大町	83.0	122	琴平・観音寺	56.8
19	十和田湖畔	98.9	71	天竜峡・昼神	72.6	123	松山	47.6
20	繋・鶯宿	81.4	72	新穂高・平湯	77.9	124	道後	44.9
21	花巻	72.9	73	高山	58.0	125	高知	59.7
22	鳴子	68.1	74	下呂	50.4	126	足摺岬	84.0
23	松島海岸	67.7	75	岐阜・長良川	63.7	127	北九州	62.8
24	仙台	62.4	76	熱海・網代	60.9	128	福岡	48.6
25	秋保	57.9	77	伊東	76.4	129	嬉野	60.5
26	秋田	63.2	78	熱川・北川	74.0	130	ハウステンボス	62.1
27	天童	84.2	79	稲取・今井浜	70.8	131	長崎	78.0
28	蔵王	71.6	80	下田・下賀茂	84.9	132	雲仙	61.2
29	上ノ山	46.3	81	堂ヶ島	77.1	133	玉名	77.1
30	湯野浜	91.4	82	土肥・戸田	75.9	134	熊本	69.9
31	磐梯高原	91.3	83	浜松	71.5	135	黒川・瀬の本	55.7
32	猪苗代	90.6	84	舘山寺	75.8	136	内ノ牧・赤水	86.3
33	東山	84.4	85	三河三谷	79.3	137	別府	62.7
34	芦ノ牧	76.7	86	名古屋	41.8	138	城島高原・湯布院	51.7
35	磐梯熱海	65.3	87	長島	77.3	139	宮崎	66.9
36	いわき湯本	74.0	88	鳥羽	68.0	140	青島・日南	83.2
37	那須湯本	88.3	89	志摩	82.8	141	霧島	66.4
38	鬼怒川	70.1	90	長浜	56.8	142	鹿児島	57.4
39	日光	89.9	91	大津	80.0	143	指宿	54.0
40	日光湯本・中禅寺	84.2	92	雄琴	65.7	144	種子島・屋久島	91.6
41	水上	55.6	93	京都	67.2	145	本部・名護	55.7
42	伊香保	47.8	94	嵐山	79.9	146	オクマ・大宜味	89.7
43	草津	50.0	95	宮津・天橋立	74.5	147	沖縄・石川	48.7
44	成田	40.5	96	大阪	62.2	148	恩納	63.3
45	安房小湊	84.1	97	大阪（うちUSJ地区）	84.4	149	北谷	71.2
46	幕張	62.3	98	関空・泉佐野	57.4	150	那覇	44.0
47	舞浜	43.7	99	城崎	71.6	151	久米島	88.5
48	市川・船橋・新浦安	62.1	100	山陰湯村	61.7	152	宮古島	70.5
49	東京都区部	37.9	101	神戸・六甲山	69.2	153	石垣・小浜・八重山	69.2
50	横浜	54.8	102	有馬	61.1	154	残波岬・読谷	71.3
51	箱根湯本	45.5	103	姫路	71.8			
52	宮ノ下・強羅	57.1	104	淡路島	71.4			

資料編　257

索 引

あ

アーリ	213
アイドル・キャパシティ	172
アイドル・キャパシティ・コスト	172
アイドル・キャパシティ率	184
アクセスの便宜性	9
アクセス不便性	28
アクセス便宜性	4
アクセス便利	61
アジアからの外客	92
アジアからの観光客	98
アジア諸国からの外客構成比	94
アジア諸国からの外客数	94
遊び	6
アニメ聖地巡礼	232
アメニティ	10, 31, 169, 224
アメニティ指数	22, 26, 30
アメニティの大きさ	26
アメニティの吸引力	25
アメニティの実体	32, 38
アメニティ・ミックス	44
アンテナショップ	68

い

一般団体客	103
イメージ尺度	10
入込客	7
因子得点	35
因子分析	34
インターネット	67, 233
インターネットによる情報提供	71

お

御師・先達	221
オルタナティブ・ツーリズム	32, 127, 132, 140, 143, 157
温泉町	82

か

海外観光地との競合	80
海外観光比率	80
外客	89
外客市場	92
外客数の成長	94
外客の推移	90
外客の旅行起点プロフィール	99
外国観光客	94
会社団体旅行	6, 8
階層格差の生成要因	18
開放市場	89
買物アメニティ	112
学生団体客	103
学生団体旅行	6, 8
カプセル化された都市空間	76
観光アメニティの開発	84
観光依存行列	20
観光入込客統計	7
観光因子	35
観光因子得点	35
観光外客市場	96
観光外客のアメニティ期待	106, 109
観光外客の経済学	101, 102
観光外客のトリップ圏	102

観光外客のまなざし	115	観光地アメニティの魅力素	10
観光外客を吸引している中核アメニティ	104	観光地イメージ	230
観光外客を吸引するアメニティ	104	観光地階層間格差	30
観光機会	76	観光地商圏	19
観光客	5, 11, 12	観光地情報	63
観光客依存率	20	観光地選択の将来基準	60
観光客歪度	82	観光地についての物語的情報	66
観光客シェア	2, 12	観光地の位置指標	22
観光客数	2, 18	観光地の階層体系	14
観光客体	223	観光地の将来市場成長率	57
観光客団体率	96	観光地の選択基準	59
観光客の地域集中	13	観光地のゾーニング問題	4
観光客の地域集中度	14	観光地のタイプ	44
観光客の範囲	5	観光地の魅力	2, 9
観光客のまなざし	49, 89, 96, 104,	観光地の優位性	40
観光客を吸引しているアメニティの中核内容	104	観光地分岐線	15
観光形態	215	観光地への距離	9
観光圏	3, 146-148, 150-152, 154, 158, 160, 162, 163	観光地訪問状態の推移図式	52
		観光地魅力	17, 18
		観光庁	1
観光圏整備事業	140, 148, 154-156, 158, 163	観光地ライフサイクル仮説	122
		観光地ライフサイクル論	128, 129, 160
観光圏整備法	3	観光テーマ	36
観光先訪問状態	50	観光動機	212
観光事業	232	観光統計	1
観光資源	223	観光とは何か	5
観光施設	223	観光の経済学	117
観光主体	212	観光の非マニア層	81
観光商圏線	25	観光のまなざし	213
観光商圏範囲	30	観光パンフレットの定番メニュー	72
観光人口	18	観光マーケター	98
観光対象	223	観光マニア市場	80
観光地	3	観光魅力点のテーマ・レベル	35
観光地アメニティ	11, 132, 137, 145, 148, 150, 159, 160, 162	観光立国	1
		観光流動行列	18
		観光流動ネットワーク	18

韓国からの観光客 117
韓国観光客 109

き

機会ロス 172
期待アメニティ 124
郷土文化 61
協力会 133, 134, 144
均衡訪問状態 54
均衡訪問率 54
均衡訪問率のスクリー・プロット 56
均衡未訪問率 54
近隣型 15, 31

く

空間行動 17
口コミ 65
グリーン 61
黒川温泉 137, 138

け

限界的な観光先 98
限界利益 197

こ

講 219
広域観光圏構想 3
広域観光圏施策 101
交通システム 7
高齢化 92
高齢化社会 78
国際旅行収支 90

国内旅行 1
個人・グループ客 103
個人所得 21
個人旅行 96
ご当地料理 74

さ

最頻旅行日数 99
細分市場 104
再訪問意向率 52, 62
再訪問無意向率 52
サプライヤー 132-135, 140-144, 148, 149, 157, 158, 161
差別性 38

し

シェア下位地区 66
シェア上位地区 66
時間距離 9
事業ネットワーク 127, 128, 138-141, 146-149, 151, 152, 155, 157, 159-162
社会生活基本調査 76
周遊型観光 216
周遊パターン 99
収容能力（キャパシティ） 171
宿泊施設の質 74
宿泊施設の魅力度 74
宿泊施設魅力度 75
宿泊旅行統計調査 8, 12, 18, 74
出向確率 21
出向行列 21
出向率 21
出入国地 99
出入国の全体的パターン 99

需要平滑化 — 169
準アーバン因子 — 42
巡礼 — 218
商業広告 — 64
商圏の形状 — 22
商圏の地理的範囲 — 28
消費者意向 — 76
消費者意向の実現の先導者 — 79
情報提供の中身 — 68
食事アメニティ — 110
所得 — 77
人口減 — 92
新聞記事 — 71
新聞記事，新聞広告 — 66

す

推移行列 — 53
スクリー・プロット — 15

せ

接点媒体 — 64
接点媒体による効果 — 71
全国型 — 15, 31
全国型観光地のコミュニケーション活動 — 65
全国型の観光地 — 102
潜在市場規模 — 29
戦略的魅力素 — 38

そ

総合的なアクセス不便性 — 28
総合旅行代理店 — 98

た

対応（コレスポンデンス）分析 — 107
大規模リゾート・ホテル — 76
滞在型観光 — 216
大衆観光 — 32, 98
旅 — 8
単純構造 — 35
単純マルコフ過程 — 54
団体旅行 — 96, 97

ち

地域型 — 15, 31
地域ブランド — 44, 68, 74
地域ブランド化 — 74
地域ブランド論 — 238
地方観光地 — 111
中国からの観光客 — 118
直線距離 — 9
地理空間行動 — 8

つ

月別変動係数 — 173

て

低価格航空 — 82
テーマ — 32
テレビ番組 — 65
典型的観光 — 6, 7

と

登録ホテル・旅館 — 75
トーマス・クック — 97

特産品の地域ブランド化 68
独自性 38
トリップ 18
トリップ連鎖ベース 101

に

日常生活圏 5
日経調査 10, 33
日本人の海外旅行者 89, 90
日本人の国内旅行 90
日本人旅行者市場 92
日本への往復運賃 102
日本旅行業協会 145, 161, 164, 165, 168
ニュー・ツーリズム 32

ね

ネットワークでの観光地の位置 28

は

媒体の到達率 64
パッケージ休暇旅行 98
初訪問意向率 52, 62
初訪問意向率の促進 66
初訪問者 96
初訪問無意向率 52
初訪問率 96
バトラー 128, 129, 135
バトラーの観光地ライフサイクル論 128, 129
パンフレット 68

ひ

日帰り旅行 6, 7
ビジネス客 12
非日常生活圏 5

ふ

風土グルメ 42
物産展・フェア 68

へ

平均宿泊料金 82

ほ

訪日リピーター 121, 124
訪日リピーターの特質 121
訪問者 50
ホテルの割引価格 82

ま

マーケター 1
マスコミ記事・広報 64
町並み・景観 42, 72
満足度 71

み

未訪問者 50
土産物 68, 74
魅力素 10, 33, 38, 72

ゆ

遊休キャパシティ ……………………… 83
雪国観光圏 ……………… 4, 101, 152,-156, 158-160,
　　　　　　162-164

り

リピーター ………………………………… 69
流通販路 …………………………………… 65
旅行期間 …………………………………… 4
旅行経験の蓄積 …………………………… 98
旅行の歴史 ………………………………… 97
旅行マニア ………………………………… 79

れ

歴史遺産 …………………………………… 61

ろ

ローレンツ曲線 …………………………… 13

わ

割引価格 …………………………………… 82

【執筆者紹介】

大津　正和（おおつ　まさかず）第Ⅵ章
　　神戸大学大学院経営学研究科博士前期課程修了
　　和歌山大学観光学部教授を経て，
　　現在，流通科学大学サービス産業学部教授
　　〈主要著書〉
　　『マーケティング・ダイナミズム』（共著）白桃書房，1996年
　　『企業価値評価とブランド』（共著）白桃書房，2002年
　　『1からの観光』（共編著）碩学舎，2010年

島津　望（しまづ　のぞむ）第Ⅳ章
　　神戸大学大学院経営学研究科博士後期課程修了
　　上智大学総合人間科学部教授を経て，
　　現在，北海商科大学商学部教授，経営学博士
　　〈主要著書〉
　　『医療の質と患者満足』千倉書房，2005年
　　『地域医療・介護のネットワーク構想』（共著）千倉書房，2007年
　　『介護イノベーション』（共著）第一法規，2011年

橋元　理恵（はしもと　りえ）第Ⅴ章
　　神戸大学大学院経営学研究科博士後期課程（会計システム専攻）修了
　　現在，北海商科大学商学部教授，経営学博士
　　〈主要著書〉
　　『先端流通企業の成長プロセス』白桃書房，2007年
　　『管理会計研究のフロンティア』（共著）中央経済社，2010年

【編著者紹介】

田村　正紀（たむら　まさのり）第Ⅰ～Ⅲ章
現　職　北海学園特任教授，神戸大学名誉教授，商学博士
専　攻　マーケティング・流通システム
主要著書　『マーケティング行動体系論』千倉書房，1971年
　　　　　『消費者行動分析』白桃書房，1972年
　　　　　『現代の流通システムと消費者行動』日本経済新聞社，1976年
　　　　　『大型店問題』千倉書房，1981年
　　　　　『流通産業：大転換の時代』日本経済新聞社，1982年
　　　　　『日本型流通システム』千倉書房，1986年　（日経・経済図書文化賞受賞）
　　　　　『現代の市場戦略』日本経済新聞社，1989年
　　　　　『マーケティング力』千倉書房，1996年
　　　　　『マーケティングの知識』日本経済新聞社，1998年
　　　　　『機動営業力』日本経済新聞社，1999年
　　　　　『流通原理』千倉書房，2001年　中国語訳，China Machne Press，2007年
　　　　　朝鮮語訳，Hyung Seoul Publishing Co. 2008年
　　　　　『先端流通産業：日本と世界』2004年，千倉書房
　　　　　『バリュー消費：「欲張りな消費集団」の行動原理』日本経済新聞社，2006年
　　　　　『立地創造：イノベータ行動と商業中心地の興亡』白桃書房，2008年
　　　　　『業態の盛衰：現代流通の激流』千倉書房，2008年
　　　　　『消費者の歴史－江戸から現代まで』千倉書房，2011年
　　　　　『ブランドの誕生―地域ブランド化実現への道筋』千倉書房，2011年，ほか

■ 観光地のアメニティ―何が観光客を引きつけるか―

■ 発行日──2012年7月6日　初版発行　　　　　　〈検印省略〉

■ 編著者──田村正紀

■ 発行者──大矢栄一郎

■ 発行所──株式会社　白桃書房

　　　　　〒101-0021　東京都千代田区外神田 5-1-15
　　　　　☎ 03-3836-4781　📠 03-3836-9370　振替00100-4-20192
　　　　　http://www.hakutou.co.jp/

■ 印刷・製本──藤原印刷

© Masanori Tamura 2012 Printed in Japan　ISBN 978-4-561-76196-9 C3063

本書のコピー，スキャン，デジタル化等の無断複製は著作権法上での例外を除き禁じられています。本書を代行業者等の第三者に依頼してスキャンやデジタル化することは，たとえ個人や家庭内の利用であっても著作権法上認められておりません。

JCOPY　〈㈳出版者著作権管理機構　委託出版物〉
本書の無断複写は著作権法上の例外を除き禁じられています。複写される場合は，そのつど事前に，㈳出版者著作権管理機構（電話 03-3513-6969，FAX 03-3513-6979，e-mail：info@jcopy.or.jp）の許諾を得てください。

落丁本・乱丁本はおとりかえいたします。

田村正紀 著

立地創造
イノベータ行動と商業中心地の興亡

立地創造とは，商業適地でない場所に店舗や商業集積を計画的に起こし，成功を収めることである。本書は，地理情報データベースを駆使して，大都市圏での流通イノベータの行動とそれによる商業中心地の興亡を実証的に解明した。

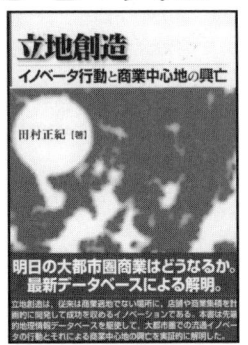

ISBN978-4-561-63168-2 C3063　A5判　328頁　本体 3,400円

田村正紀 著

リサーチ・デザイン
経営知識創造の基本技術

経営現象から質の高い新知識を迅速に効率よく創造することが今求められる。本書はリサーチ・デザインの基本原理を我が国で初めて体系的に解説。論文，レポート作成を目指す社会人院生，学部学生，産業界のリサーチ担当者必携の書。

ISBN978-4-561-26457-6 C3034　A5判　212頁　本体 2,381円